D0621825

José Mª de Mena

Leyendas y Misterios de Madrid

PLAZA & JANES EDITORES, S. A.

Portada de

GS-GRAFICS, S. A.

Diseño de la portada:

VALLHONESTA

Primera edición: Mayo, 1989
Segunda edición: Junio, 1989
Tercera edición: Setiembre, 1989
Cuarta edición: Febrero, 1990
Quinta edición: Junio, 1990
Sexta edición: Noviembre, 1990
Séptima edición: Febrero, 1991
Octava edición: Junio, 1991
Novena edición: Febrero, 1992

Quedan rigurosamente prohibidas, sin la autorización escrita de los titulares del «Copyright», bajo las sanciones establecidas en las leyes, la reproducción parcial o total de esta obra por cualquier medio o procedimiento, comprendidos la reprografía y el tratamiento informático y la distribución de ejemplares de ella mediante alquiler o préstamo públicos.

© 1989, José M.ª de Mena
Editado por PLAZA & JANES EDITORES, S. A.
Enric Granados, 86-88. 08008 Barcelona

Printed in Spain — Impreso en España

ISBN: 84-01-37372-7 — Depósito Legal: B. 5.149 - 1992

Impreso en HUROPE, S. A. — Recaredo, 2 — Barcelona

ÍNDICE

NOTICIAS DE POR QUÉ ES MADRID
LA CAPITAL DE ESPAÑA

Para muchos autores, Madrid es capital de España solamente por un capricho de Felipe II, quien, cargado de malos recuerdos de su infancia en Toledo, quiso cambiar la Corte a la que hasta entonces fuera solamente una villa casi ignorada.

Pero esta explicación es totalmente falsa. Por el contrario, Madrid fue capital de España tras un largo proceso de varios siglos en que fue convirtiéndose en centro de la vida política, por residir en ella los Reyes en los momentos más importantes y difíciles, y trascendentales de la vida española.

Madrid, que había sido conquistada bajo el reinado de Alfonso VI en el año de 1083, por su situación estratégica empieza a ser escala obligada en los desplazamientos de los monarcas entre Toledo y el resto de Castilla.

No existía en aquellos tiempos medievales un organismo permanente de Parlamento sino que cada varios años se reunían Cortes a las que concurrían los representantes de las distintas ciudades del reino. Pues bien, en Madrid se reunieron varias de estas Cortes: en 1308, en que el rey Fernando IV pidió y obtuvo de todo el reino tropas para reanudar la guerra contra los moros y reconquistar Algeciras.

En 1329, volvieron a reunirse Cortes en Madrid.

En 1369 el rey Enrique II convoca en Madrid las primeras Cortes de su reinado. Poco después Madrid es destruido por un incendio, lo que resulta un indudable beneficio ya que la villa se reconstruye con un plan urbanístico más moderno, mejores edificios y más servicios públicos.

En 1419 se reúnen Cortes en Madrid, las cuales aclamaron como rey a Juan II, que da un gran impulso al papel político de la villa en el concierto del reino castellano.

Pero no son solamente las Cortes reunidas en Madrid las que le van dando el perfil de futura capital de España, sino también el reconocimiento por parte de los Reyes de su importancia como ciudad y como conjunto de ciudadanos, entre los más leales, animosos y eficaces en la lucha por la independencia de España contra los moros. No olvidemos ni un momento que desde el año 1085, en que entraron los almorávides y los almohades, que eran marroquíes, toda España, desde Teruel y Castellón, pasando por la línea del Tajo hasta el Algarbe, fue convertida en provincia de Marruecos. El emperador de Marruecos, el Yusuf, el Ben Yucef, el «Miramamolín», son sucesivamente los dominadores de España. La Giralda de Sevilla, es decir la torre o alminar de la Gran Mezquita, es construida por arquitectos marroquíes, cuyos nombres figuran en los libros de historia del Arte: Gever, ingeniero, Alí Al Gomarí, y su sobrino Aben Baso, eran de la cabila de Gomara, que está cerca de Taza. La ciudad de Valencia, que había sido reconquistada por el Cid Campeador, es nuevamente ocupada por los almorávides y sometida a la autoridad del emperador de Marruecos en 1102, poco después de la muerte de Rodrigo. Y más tarde, en 1171, los almohades, nuevos gobernantes de Marruecos que se han apoderado del mando del imperio mogrebí, someterán a todo el Levante, Murcia, La Mancha, Andalucía y el sur de Extremadura al yugo marroquí.

Es en esta época cuando Madrid, que había sufrido la dominación musulmana, y que había estado en tierra disputada, cuatro veces reconquistada por los cristianos y tres veces nuevamente por los musulmanes, sabe como pocas lo que significa la dominación extranjera. Por ello participa como ninguna otra en la lucha, con sus mejores hombres convertidos en soldados. En 1123, Madrid recibe su primer Fuero o cuerpo jurídico para su gobernación. Se conceden al Ayuntamiento como bienes de propios y a los vecinos para su uso y beneficio todos los montes y sierras que hay entre Madrid y Segovia. «E estos donadíos se facen porque Magerit e su gente sirvieron en la guerra contra los moros e porque entre sus moradores Yo el Rey he hallado siempre la mayor fieldad.»

En 1152, el rey Alfonso VII otorga a Madrid nuevo privilegio y promete al Concejo de la Villa muchos privilegios más que no llega a cumplir porque le sorprende la muerte en 1157.

En 1202, el rey Alfonso VIII, atendiendo a esta circunstancia y al aumento de la población, otorga a Madrid su «Carta Municipal».

En 1210, al producirse la invasión de los Almohades, que procedentes de Marruecos intentan apoderarse nuevamente de toda España, con el más poderoso ejército conocido hasta entonces, acaudillado por el Emir Ben Yusuf, llamado «Miramamolín», el rey don Alfonso VIII viene a Madrid y establece su Cuartel General, según reseña Modesto Lafuente en el tomo tercero de su *Historia de España.* «El monarca de Castilla se preparó a tomar las medidas convenientes, no sólo para la defensa de su reino sino también para combatir el poder de los moros. Hallábase con este intento en Madrid.»

El ejército de Alfonso VIII, en el que formaron numerosos madrileños en un cuerpo de milicia concejil, y todos los caballeros residentes en la villa y su contorno, participó en la famosa batalla de las Navas de Tolosa, en donde se quebrantó el poderío musulmán, con lo que no sólo se impidió la progresión de los almohades hacia el norte de España, sino que se abrió el camino para la Reconquista de Andalucía.

Después de la victoria de las Navas de Tolosa, y alejado el peligro musulmán, Madrid va adquiriendo poco a poco mayor rango político por su situación geográfica, relegando a un segundo plano a Burgos, León y Segovia, según nos informa en su *Historia de Madrid* Federico Bravo Morata (tomo I, página 47).

En 1230, coronado Fernando III como rey de León y de Castilla, emprende su campaña para reconquistar Andalucía, Extremadura y Murcia. Para ello necesita ante todo numerosos soldados. Madrid le ofrece sus milicias concejiles, que constituyen una tropa selecta, y que pelearon junto a Gome Ruiz Manzanedo, según consta en documento publicado en el «Boletín» de la Real Academia de la Historia (volumen IX, página 27). La campaña de Andalucía duró desde el año 1228, en que se ganó la batalla de Baeza, el día de San Andrés, hasta la conquista de Sevilla, en noviembre de 1248. Cuando San Fernando entra en Sevilla, abandonada por los moros, hace el célebre «REPARTIMIENTO» de ella, tanto de las casas *dentro en la ciudad* como en los campos de su alfoz y pueblos, hasta Jerez y Huelva. En dicho repartimiento concede al Monasterio de Madrid sesenta aranzadas y diez yugadas al sitio de Barberena, en Villanueva.

Tras la reconquista de Sevilla, todavía sube más la importancia de Madrid en la política nacional. En 1317, a la muerte del rey don Fernando IV, queda en minoría su hijo el niño Alfonso XI, que tiene solamente un año de edad. Los nobles quieren apartar de la regencia a doña María, pero ésta defiende el derecho de su nieto, y el concejo de Madrid, reunido no en donde solía sino en el cementerio de la iglesia de San Salvador, se pone al lado del rey niño y de la Regente, conservando así la dinastía. En 1328, proclamado ya solemnemente mayor de edad el rey niño, uno de sus primeros actos de gobierno es otorgar a Madrid un nuevo Fuero que sustituya el viejo. El mismo rey Alfonso XI concederá a Madrid un privilegio autonómico en 1339, al otorgar a la Villa el derecho a elegir su propio gobernador.

En 1339 celebra sus bodas en Madrid el rey don Enrique III, casándose con doña Catalina de Lancaster. (En los papeles de la época se escribe Caterina de Alencastre.) Conviene aclarar que ambos se habían casado cuando Enrique tenía diez años, bodas que se celebraron en Palencia, y solamente al llegar ambos a la mayoría de edad, se consumó el matrimonio, para lo cual hubo previamente una nueva ceremonia, según era la costumbre de aquella época. El mismo año de 1393 Enrique II reunió Cortes en Madrid.

A partir de entonces Madrid es prácticamente la capital de España. Así podemos colegirlo si examinamos los papeles de cuentas de Ayuntamientos de diversas ciudades de España, y encontramos repetidamente pagos de partidas correspondientes a «troteros» o mensajeros, que a caballo van y vienen llevando órdenes del Rey, expedidas desde Madrid. En algunos casos se emplea ya la palabra «corte», no en el viejo sentido de parlamento o reunión de representantes para legislar, sino de órganos fijos del Estado.

Así, en los «Papeles del Mayordomazgo del Ayuntamiento de Sevilla» aparecen en los años 1402 a 1406 numerosos pagos a troteros, y se especifica: «haber pagado 300 maravedises a Juan García, trotero, por llevar a Madrid, *donde se hallaba la Corte*, una carta de Sevilla para Bartolomé Martínez, Regidor de esta Ciudad»; y otra «para llevar una carta de Sevilla al Rey y otras cuatro para los Señores de su Consejo».

En los reinados siguientes se mantuvo la misma situación. Juan II vive la mayor parte de su vida en Madrid, y aquí le nacen algunos de sus hijos. Enrique IV también residió en Madrid la mayor parte de su reinado. Aquí vivió en paz con su primera esposa, celebró su boda con la segunda, doña Juana, e incluso tuvo amores (como asegura Flórez en sus *Memorias de las Reinas Católicas*) con una dama de palacio llamada doña Guiomar.

Enrique IV, en 1454, otorgó a la villa de Madrid el título de «Muy Noble y Leal» para que lo ponga en su escudo.

También los Reyes Católicos van a desarrollar gran parte de su política desde Madrid, haciéndola temporalmente capital de España:

(«La capitalidad de Madrid», opúsculo de Enrique de Aguinaga, Madrid, 1985.)

En 1477, apenas consolidada en el trono de Castilla Isabel *la Católica*, se apresura a ir a Madrid y efectuar su entrada con gran ceremonia, dando así la impresión ante todo el reino de la importancia que tiene el ser reconocida reina en Madrid, porque «quien tiene a Madrid, tiene a Castilla».

No tardando mucho, los Reyes Católicos, en muchos de sus documentos circulares a los Ayuntamientos españoles, utilizan la fórmula: «envíesenos la respuesta a Valladolid, a Medina del Campo, a nuestra corte de Madrid».

En 1478 convocan reunión de las Cortes, que se celebra en Madrid. En ella se reitera lo que ya habían pedido por cartas en 17 de marzo del año anterior, tropas para hacer la guerra contra el príncipe de Portugal, que les ha invadido Castilla metiéndose por Extremadura.

A partir del primer año de reinado de Isabel *la Católica* saldrán de Madrid las disposiciones más variadas e importantes de todos los ramos de la gobernación, tanto de Guerra como de Hacienda, Asuntos Exteriores, etc., entre ellos:

— Normas de recaudación de la moneda forera (18-3-1477).
— Concesión de seguro a los mercaderes que vayan a la Feria de Medina del Campo (25-3-1477).
— Señalamiento del nuevo valor de la dobla y del florín (2-3-1477).
— Firma del Tratado de Tregua con Francia (12-4-1477).
— Secuestro de los molinos al Maestre de Santiago (12-4-1477).

A partir de este primer año de reinado de Isabel y Fernando encontramos que casi todos los años pasan largas temporadas en Madrid, pero no de descanso sino de gran actividad política. Así, de 1477 a 1479 expiden desde aquí 23 documentos de importancia. Desde 1479 a 1485, 30 documentos importantes. Y todavía en plena campaña contra Granada, desde 1485 a 1492, casi los únicos documentos que no están expedidos en Andalucía están firmados en Madrid.

Cisneros, en su regencia, piensa que Madrid es el sitio ideal para gobernar España. Madrid, capital de España. Pero capital intelectual. Y Cisneros pone junto a Madrid, como todo un símbolo de su capitalidad cultural, la Universidad de Alcalá de Henares. Universitas Complutense.

Carlos I establece la capital de su Imperio en Toledo. Toledo, ciudad imperial. Pero su recreo lo tiene en Madrid, cuando no ha de andar a caballo, revestido de fulgurante armadura, y empuñando la lanza de la Cristiandad, por los campos de Mulberg, por Flandes y Alemania, en los lienzos del Tiziano.

Carlos I construye aquí un soberbio palacio: el Palacio del Emperador, que después su hijo, para albergar infantas, convertirá en monasterio: el Real Monasterio de las Descalzas Reales, que aún subsiste, cuando ya no era necesario ese palacio porque se había adaptado, para vivir definitivamente en Madrid los reyes, el Alcázar, más tarde convertido en el actual Palacio Real de la Plaza de Oriente.

Para Carlos I: Alemania, el campo de batalla; Madrid es el ocio, el «otium» de los romanos, y Toledo será la oficina, el despacho, el «neg-otium», el negocio o el negociado político para gobernar.

Además, Carlos I hace a Madrid escenario de su gloria militar, al traer a la villa a su prisionero real, Francisco I de Francia, y tenerle aquí en prisión durante un largo año, para espanto de Europa.

En fin, Felipe II *el Prudente* es el que establece ya de forma oficial la capital de sus reinos en Madrid. Porque Barcelona es «bona» para gobernar Nápoles y las dos Sicilias, y el Milanesado, y Flandes, pero Sevilla es buena para gobernar la Nueva España, y la Nueva Granada, y el Perú, y el Río de la Plata y las Islas del Mar Océano. Pero entre la una y la otra, entre la Barcelona mediterránea y la Sevilla del Nuevo Mundo hay que poner una capital que haga el equilibrio del mayor Imperio que vieron los siglos. Así, Felipe II *el Prudente* convierte en situación «de jure» la capitalidad que ya en varios siglos, a lo largo de grandes ocasiones, había venido siendo «de facto». Esto ocurrió en 1561.

¡Salve Madrid, capital de las Españas!

DE CÓMO EL FUGITIVO OCNO BIANOR
Y LOS LLAMADOS «HOMBRES SIN CIUDAD»
FUNDARON MADRID

Escudriñando en los libros de la Mitología antigua, y en viejos cronicones españoles de pasados siglos, podemos reconstruir, zurciendo retazos de noticias, cómo ocurrió la fundación de Madrid, a manera de cómo se reconstruye un puzzle histórico y legendario:

A la terminación de la guerra de Troya, sus habitantes fueron pasados al filo de la espada o sometidos a la más dura esclavitud. Solamente algunos consiguieron huir en la última noche, entre el resplandor de las llamas que consumían templos y palacios, y cuando corrían arroyos de sangre sobre el pavimento de las calles de la hermosa ciudad de Ilion.

Uno de los príncipes troyanos, Eneas, llevando sobre sus hombros a su anciano padre Anquises, y seguido por un puñado de leales, consiguió llegar al puerto y apoderarse de unas naves, con las que emprendió la desesperada aventura de encontrar una nueva patria, y tras llegar a Cartago y otros lugares, pudo recalar en Italia, donde fundó una ciudad de la que más tarde saldría el Imperio romano.

Menos afortunado que Eneas fue otro de los próceres troyanos, el príncipe Bianor, quien, no encontrando naves en el puerto, hubo de abrirse paso peleando, recorrió la Grecia asiática y después la Grecia europea, y pudo llegar al fin a Albania, donde fundó un reino. Este Bianor era el hijo de otro Bianor que en la guerra de Troya sucumbió peleando brazo a brazo con Agamenón.

En Albania, pasado algún tiempo, murió Bianor y heredó el

trono su hijo Tiberis, llamado también Silvio, que murió ahogado
en un río, y que por sus buenas acciones y prudente reinado fue
elevado a los altares como semidiós. Este Tiberis/Silvio había
tenido dos hijos, el uno en legítimo matrimonio, que heredó el
reino y el nombre familiar de Tiberis, y el otro lo engendró en
una aldeana llamada Manto o Mantio, y a éste le puso el nombre
de Bianor, en recuerdo de su antepasado troyano. Para evitar que
pudieran pugnar ambos hermanos por heredar el reino, el prudente Tiberis decidió alejar de Albania al bastardo, y para ello
colmó de riquezas a la madre, Manto, la cual, acompañada del
pequeño Bianor, emprendió el viaje hacia la Italia del Norte, donde
fundó la ciudad de su mismo nombre, Manto, que hoy llamamos
Mantova o Mantua.

Cuando el niño Bianor creció y se hizo un hermoso joven, la
madre quiso entregarle el reino de Mantua, pero Bianor lo rechazó,
diciendo que en un sueño el dios Apolo se le había aparecido arro-
jando sus flechas sobre la ciudad de Mantua, y que cuando él le
interrogó por qué lo hacía, el dios le había contestado:

—Disparo mis flechas para matar a los malos espíritus de la
epidemia.

—¿Qué epidemia?

—Una peste terrible que destruirá la ciudad, exterminando a
sus habitantes.

—¿Y tú, poderoso Apolo, no puedes evitarlo?

—No; solamente puedo intentar luchar contra los espíritus que
la traen. Pero hay un medio de impedir la mortandad. Que tú
renuncies a reinar y abandones Mantua, dirigiéndote hacia el lugar
donde muere el sol. Allí volveré a aparecerme a ti.

Cuando el joven Bianor explicó el sueño a su madre, ésta se
burló de él y le dijo que aquella visión había sido el producto de
una cena copiosa.

Pero a los pocos días murieron de una enfermedad desco-
cida el sacerdote de Apolo, el guardián de las murallas y el jefe
de la caballería real. Comprendió la reina Manto que el sueño de
su hijo había sido profético, y para satisfacer al dios Apolo auto-
rizó a Bianor a emprender el viaje, no sin antes encargarle que
en lo sucesivo se llamase con el prenombre Ocno, significando así
que poseía el don de ver el porvenir en los sueños. Así Ocno Bianor, con la bendición de su madre, emprendió el camino de la
peregrinación hacia donde muere el sol para salvar a su pueblo.

No es posible aquí relatar una por una las peripecias que ocurrieron al príncipe Ocno Bianor durante su piadoso viaje: de cómo
pasó los Alpes en invierno y durmió durante tres días y tres no-

ches en una cueva, abrazado a un oso feroz, que le dio calor con su cuerpo; de cómo un jabalí le guió mansamente hasta un valle donde encontró frutas para saciar su hambre; de cómo un cuervo le avisó de que unos sanguinarios bandidos le esperaban para matarle.

Ocno Bianor estuvo vagando por espacio de más de diez años, cruzando ríos y montañas. Se detuvo en aldeas de tribus salvajes a las que enseñó a fundir el hierro para hacer arados, observó el curso de los vientos y las nubes para predecir las cosechas y, guiado por las nocturnas estrellas, llegó por fin a un lugar en donde nuevamente se le manifestó el dios Apolo.

—Tu peregrinación ha terminado —le dijo el dios, que ya no llevaba en la mano el arco con que disparaba sus flechas contra los espíritus de la peste.

—¿Puedo entonces regresar a mi ciudad de Mantua? —preguntó Ocno.

—Tu ciudad ya no es tu ciudad. Tu madre ha muerto hace ya tiempo, y tu reino ha sido ocupado por los romanos. Pero la felicidad de tu pueblo está asegurada por los dioses.

—Entonces, ¿qué debo hacer?

—Fundar aquí una nueva ciudad, poblarla y ofrecerla a los dioses.

—¿Y cómo podré hacer para que también esta ciudad sea feliz?

Apolo guardó silencio y Ocno Bianor repitió su pregunta. Entonces el dios le respondió tristemente:

—Para que tu nueva ciudad sea feliz habrás de ofrecerle tu vida. Solamente cuando tú hayas muerto se habrá asegurado la pervivencia de tu ciudad por tantos siglos como vivan los mismos dioses.

Cuando despertó de su sueño, Ocno Bianor observó el terreno y lo encontró hermoso, apacible, abundoso de agua y rico en vegetación de encinas y madroños. Diseminados por los montes circundantes había pequeños grupos de chozas habitadas por gente de condición amable, que se ocupaba en el pastoreo. Habló Ocno con el jefe de los ancianos de ellos y le interrogó:

—¿Quiénes sois, de dónde venís y cómo habéis llegado aquí?

—Nuestro pueblo es la raza de los carpetanos, y procedemos del Oriente. Nos llamamos «carpetanos» que significa «los sin ciudad». Nuestros antepasados vinieron hace largo tiempo y se establecieron en esta península, donde construyeron grandes ciudades en la costa. Pero después llegaron otros pueblos y nosotros perdimos nuestra patria y nos refugiamos aquí, en el interior. Por eso nos llamamos «los sin ciudad».

—¿Y por qué no habéis fundado otra ciudad como las que
perdisteis?

—Porque, según nuestros sacerdotes, debemos esperar hasta
que recibamos una señal de los dioses.

—Los dioses ya han decidido vuestra suerte —replicó Ocno
Bianor—. El dios más poderoso, el que dispara las flechas de su
arco para ahuyentar a los espíritus de la peste, el hijo de Zeus
y de Latona, el hermano de Diana, la que guía de noche la luna
y que de día caza en las florestas y en los bosques, me ha visitado,
ordenándome fundar aquí una ciudad para vosotros.

—¿Para nosotros o para ti? —murmuró desconfiado el anciano.

—Para vosotros, porque el mismo dios Apolo me ha anunciado
que yo no podré reinar en ella. El dios me ha dicho que si quiero
que la ciudad pueda vivir feliz, habré de ofrecerle mi vida.

Aceptaron los ancianos la propuesta de Ocno Bianor, y en seguida llamaron a las tribus de carpetanos que estaban dispersas
por toda la comarca, desde el río Tajo, el que lleva en su corriente
pepitas de oro, por lo que fue llamado «Tagus aurifer», hasta
las blancas sierra del Guadarrama; desde los altos de las navas
hasta la llanura que se pierde por el Oriente.

Los carpetanos, los hombres sin ciudad, reunidos en torno a
Ocno Bianor, comenzaron a labrar su nueva patria. Poco a poco,
valiéndose de adobes cocidos al sol, trazaron el recinto de la muralla. Y dentro del recinto construyeron sus casas, un palacio y
un templo, tal como habían sido las ciudades de sus antepasados.
También hicieron algunas casas de piedra para los ancianos y
sacerdotes.

Cuando la ciudad estuvo terminada, dispusiéronse a consagrarla
a los dioses, pero entonces surgió la discordia, pues mientras los
primeros que habían hablado con Ocno Bianor aceptaban al dios
Apolo, del cual Ocno había sido mensajero, los llegados de la sierra
querían mantenerse fieles al culto de los toros y verracos de piedra.

Para evitar la discordia, Ocno suplicó a Apolo que se manifes-
tara y le iluminase con su sabiduría. Tras hacer oración se reclinó
en el lecho y se quedó profundamente dormido. Entonces vino
Apolo a su sueño y le dijo:

—La ciudad debe ser consagrada a la diosa Metragirta, llamada
también Cibeles, que es diosa de la Tierra, hija de Saturno, y que
lleva un disco de oro en la mano, y a la que también se llama «la
buena diosa».

Después añadió Apolo:

—Tu momento ha llegado. Si ahora ofreces tu vida, cesará la
discordia y la ciudad se habrá salvado. Si no lo haces así, tus

hombres se matarán unos a otros y la ciudad se perderá.

Cuando Ocno Bianor despertó de su sueño reunió a los ancianos y les dijo:

—La voluntad de los dioses se ha manifestado durante mi sueño. —Y les explicó cuanto le había dicho Apolo. Y añadió—: Ahora debo morir, y para ello habéis de abrir un profundo pozo en el que me sepultaré vivo. Cuando yo haya muerto tendréis la confirmación de cuanto os he dicho, y terminará pacíficamente vuestra discordia.

Cavaron entonces, como ordenó Ocno, un profundo pozo y labraron una gigantesca piedra para taparlo. Cuando todo estuvo dispuesto, Ocno Bianor se purificó con abluciones, ciñó a su frente una corona de flores silvestres, que ató con una cinta, y tras abrazar a los ancianos, descendió al fondo del oscuro pozo, que inmediatamente cubrieron con la losa.

Todo el pueblo permaneció sentado alrededor del pozo durante toda una luna, esperando el milagro. Allí comían y dormían, y el resto del tiempo lo dedicaban a los cánticos fúnebres y a la oración.

La última noche de aquella luna se desató una terrible tormenta, y al resplandor de los relámpagos vieron todos cómo desde las cumbres del Guadarrama descendía una nube en forma de carro sobre el que se adivinaba, vagamente modelada, la figura de una mujer.

—¡Es el carro de la diosa! —gritó el jefe de los ancianos.

—Es Metragirta, la madre de los dioses.

Todos cayeron de rodillas y humillaron el rostro en la tierra, porque no se puede mirar de frente a los dioses. Entonces se sintió temblar la tierra y cayó del cielo una espesa cortina de lluvia, que obligó a todos a dispersarse y refugiarse en sus casas.

A la mañana siguiente cuando acudieron a ver el pozo que se había convertido en la tumba de Ocno Bianor, la losa había desaparecido y en su lugar había nacido la hierba entre la que aquí y allá aparecían esmaltadas flores.

Desde entonces la ciudad se llamó con el nombre de la diosa, Metragirta, nombre que, con el paso de los siglos, pasó a ser Magerit, y Madrid.

La ciudad unas veces creció, otras se hizo más pequeña, alternativamente, pero nunca desapareció ni desaparecerá, tal como Apolo, el que dispara sus flechas contra la peste, le prometió a Ocno Bianor, y éste a los que se llamaban carpetanos, que significaba «hombres sin ciudad», y que a partir de entonces ya tuvieron una patria.

Esta leyenda, como todas las leyendas, debe tener un remoto origen histórico real. Durante siglos fue creída como cosa cierta, aunque deformada y embellecida por la transmisión oral y literaria.

Sólo en el siglo XIX, al poner de moda los escritores del Romanticismo la explicación árabe de la historia y el arte español, se puso en tela de juicio el origen de Madrid como anterior a la época árabe. Forzosamente había que admitir que Madrid debía su fundación al castillo o fortaleza de Magerit, construido por el emir Muhamad I, para la defensa de Toledo ante el avance de los cristianos en la Reconquista. De Magerit saldría el vocablo Madrid, y de un castillo o fortaleza saldría una villa o pueblo cada vez más grande, que se convertiría en la capital de España.

Hoy las cosas no parecen tan sencillas. Por lo pronto sabemos con certeza que Madrid estuvo poblado mucho antes de la época musulmana, puesto que en excavaciones arqueológicas han aparecido restos de poblados de la Edad del Hierro, de la Edad del Bronce y de otras civilizaciones no identificadas pero que prueban la existencia de una ciudad o como le queramos llamar, que abarcó no pequeña extensión en la ribera del Manzanares, llegando hasta el Arco de Santa María, donde también han aparecido objetos cuya antigüedad se remonta a una época anterior a la romanización de España.

Por otra parte, los filólogos no están ya tan seguros como los del siglo XIX de que Magerit fuera el nombre creado por los árabes para una fortaleza de nueva planta, sino que parece más probable que los árabes conservasen un nombre ya existente en el lugar, aunque modificasen algo su fonética, arabizándolo. El parentesco que parece haber entre el nombre de Madrid, tal como puede reconstruirse que sería antes de los árabes, y otros topónimos del Oriente Medio, anteriores a la islamización (Mayyit en Israel, Mataryya en Egipto junto a Suez, y Maghra al sur de Alejandría), apoya la antigua leyenda de que Madrid fuera fundado por un personaje procedente de la Grecia asiática, como Ocno Bianor, descendiente de la a la vez legendaria e histórica Troya.

DE CÓMO EL CID CAMPEADOR GANÓ MADRID

Don Nicolás Fernández de Moratín, famoso escritor, poeta y autor dramático, que vivió en Madrid entre 1737 y 1780, fue uno de los primeros en afirmar que la Reconquista de Madrid en el siglo XI fue realizada por el Cid Campeador, Rodrigo Díaz de Vivar.

Tan convencido estaba de ello, que escribió un romance titulado *Fiesta de toros en Madrid*, para explicar por qué el Cid vino a rescatar de la servidumbre musulmana a la villa que dos mil años antes había fundado Ocno Bianor. Este romance comienza así:

> *Madrid, castillo famoso*
> *que al rey moro alivia el miedo...*

La descripción no puede ser más exacta ni decirse en menos palabras. El rey moro de Toledo, Al-Mimún o Al-Mamún, consideraba al castillo y plaza de Madrid como su principal baluarte defensivo contra los cristianos de Castilla, que ya se encontraban instalados en la Sierra de Guadarrama, por el Norte, y en la Sierra de Gredos, por el Oeste. Madrid era, pues, la llave de la llanura de la Sagra, que se prolongaba peligrosamente por Parla, Torrejón, Illescas, Yuncos y Olías, hasta la Toledo musulmana.

Para aumentar el temor del rey moro de Toledo, los cristianos mandados por Fernando I habían puesto sitio a Coimbra. Existe un documento valiosísimo para determinar la fecha en que el Cid aparece en la escena bélica: se trata de una escritura por la que el rey Fernando hace donación a los monjes del monasterio de Lorbaón de ciertas tierras y dineros, como agradecimiento por el

envío de víveres que estos monjes le habían hecho para mantener
con sus tropas el asedio de la ciudad de Coimbra, que estaba todavía dominada por los moros. Gracias a ese socorro pudo Fernando
mantener el asedio y conquistar la ciudad en 1064. El documento
ha sido publicado por Sandoval en la crónica de *Cinco Reyes*,
y es citado por Modesto Lafuente en su *Historia General de España*.
Pues bien, una vez reconquistada Coimbra, al consagrarse como
catedral la mezquita mayor musulmana, en la misma ceremonia,
una vez purificado el templo y consagrado el altar, el rey Fernando I procedió a armar caballero a Rodrigo Díaz de Vivar, que
hasta entonces era solamente un doncel guerrero. Y en la escritura que acabamos de mencionar, por la que el rey hace dichas
mercedes a los monjes de Lorbaón, junto a la firma del rey aparece
la de Rodrigo, que confirma junto con otros caballeros y prelados.
(Precisamente «confirmar» significa «firmar con», firmar con otra
persona. Los reyes medievales, para dar más solemnidad a un
documento, hacían que su firma fuera acompañada de las de sus
principales caudillos o ministros.)

La toma de Coimbra debió aumentar los miedos de Al-Mimún
de Toledo, máxime cuando existía el precedente de que años atrás,
en el 993, Ramiro de León había conquistado Madrid y llegado a
las puertas de Toledo, aunque se retiró. Así que Al-Mimún ordenó
reforzar las defensas de Madrid.

Constaba Madrid de dos partes, una la Almudaina (que nos ha
legado el nombre de Almudena), la cual era el recinto amurallado,
que los árabes habían aprendido del Imperio Romano de Oriente,
y que formó parte del sistema de edificaciones militares de los
romanos. Esto se llamó en la época de Augusto un «oppidum» o
ciudadela fortificada. En realidad tampoco era invención romana,
sino griega, y los griegos le llamaron «acrópolis».

En España encontramos muchos recintos fortificados de este
tipo, y quizás el mejor conservado sea el recinto de murallas del
Alcázar de Sevilla, de la época Almorávide. Así debió ser la Almudaina de Madrid. Al lado de la Almudaina, y comunicada con ella,
estaba la Medina, o sea la villa, habitada por artesanos, mercaderes, agricultores, etc.

El recinto primitivo debió comprender lo que hoy son las
calles Mayor, Sol, Príncipe, plaza de Santa Ana, la plaza de Matute,
Antón Martín, Tirso de Molina, la plaza de Cascorro, la plaza de
la Puerta de los Moros, Mancebos, Bailén, la calle Mayor, y tendría
esta muralla varias puertas, de las que conocemos la Puerta del
Sol, la Puerta de los Moros y la Puerta de Vega. El recinto militar
o Almudaina iría separado de la Medina por un muro, desde la
Puerta de los Moros hasta la Cava de San Miguel, que precisamente
se llama Cava porque era el foso o cava de la muralla. En esta

parte está también la Cava Baja, que corresponde al foso o cava
del lienzo de muralla inmediato a la Puerta de los Moros. Todo
esto puede verse hoy en cualquier plano de Madrid, y se entenderá
perfectamente cómo fue la villa en la época de la dominación árabe.

Pero volvamos al Cid Campeador. Dos veces estuvo desterrado,
según los últimos trabajos de investigación y los documentos que
se han publicado recientemente. Hay ya mucho material histórico
sobre Rodrigo Díaz dc Vivar, y es de justicia señalar que la Insti-
tución «Fernán González», de la Academia Burgense de Historia
y Bellas Artes, se lleva la palma en estas investigaciones cidianas.

Es durante el período comprendido entre una y otra expulsión
o destierro cuando el Cid realiza sus incursiones en el reino moro
de Toledo, y concretamente el año 1081.

No podía menos que ser así, pues en su primera época había
recorrido el valle del Henares. Existen serias dudas respecto a que
un fragmento del *Cantar de Mio Cid*, que conocemos por la copia
del juglar Per Abbat y por la transcripción de Menéndez Pidal,
mantenga la cronología de la conquista de Valencia. El *Cantar*
ofrece un relato que va desde el destierro, ininterrumpidamente,
hasta la toma de Valencia, pero la realidad es muy otra. El destierro por la jura de Santa Gadea se produce en 1073, el mismo año
en que Alfonso VI presta el juramento exigido por el Cid de que
no había sido inductor de la muerte de su hermano. Pero la conquista de Valencia por el Cid ocurre el año 1094. Hay, pues, veinte
años en los cuales el Cid realiza toda su vida militar. Lo que ocurre
es que el juglar de Medinaceli, para dar más belleza y emoción
al *Cantar de Mio Cid*, condensa los hechos bélicos en menos tiempo.

Si reelemos el *Cantar* podemos deducir que en los versos 475
a 485, que el poeta da como relato de sucesos breves, que pudieran
durar unos días o unas semanas, en la realidad histórica pudieron
durar varios años. Lo mismo que en los versos 540 y siguientes.

Veamos el texto:

«Afevos los dozientos e tres en el algara
e sin dubda corren, toda la tierra preaban
fasta Alcalá llegó la seña de Minaya,
e desí arriba tórnanse con la ganancia;
Fenares arriba e por Guadalfajara.»

que puesto en castellano actual diría así:

«He aquí a los doscientos tres (caballeros), en incursión,
quienes sin vacilar recorren toda la tierra saqueándola;

hasta Alcalá (de Henares) llegó el estandarte de Minaya, y desde allí hacia el Norte regresan con la ganancia por el río Henares arriba y por Guadalajara.»

Todavía encontramos otra cita del territorio del río Henares, en los versos 540 y siguientes:

«Vanse Fenares arriba quanto pueden andar;
entre Fariza e Cetina Mio Cid iva possar.»

Tenemos, pues, que no de paso hacia Valencia, sino durante varios años, el Cid realizó correrías, unas veces mandando directamente la tropa, y otras enviando a su lugarteniente Álvar Fañes de Minaya, mientras él permanece en Alcocer, que ha convertido en sus cuarteles.

Las relaciones del Cid con los reyezuelos, walíes y cadíes de los pueblos y ciudades musulmanas son relativamente buenas. Cuando conquista un pueblo, en vez de vender como esclavos los vecinos según costumbre, y apoderarse de todos sus bienes, el Cid procede humanitariamente, ofreciendo a cambio de un rescate la libertad y la paz. Su trato con algunos reyezuelos moros es de total amistad, como con el moro Abengalvón, reyezuelo de Molina de Aragón.

En estas circunstancias no es extraño que, como plantea don Nicolás Fernández de Moratín, acudiera el Cid a Madrid para participar en una fiesta de alancear toros. La asistencia de moros a fiestas de cristianos y de cristianos a fiestas de ciudades moras era cosa corriente. En el poema de Los siete infantes de Lara encontramos que a las bodas de doña Lambra con don Ruy Blázquez, señor de Vilvestre, celebradas en Burgos, acudieron invitados caballeros moros de Córdoba y Toledo, y precisamente los elogios dedicados por doña Lambra a la habilidad de los caballeros moros, desmereciendo con ello a los caballeros cristianos, fue lo que desató la tragedia.

«Amade damas amade, cada una en su lugare
que más vale un caballero dels de Córdoba la llana
que no veinte ni treinta dels de la Casa de Lara.»

había gritado doña Lambra, entusiasmada por la habilidad del moro en manejar la lanza, a lo que el menor de los infantes de Lara contestó desafiante:

«Amade, putas, amade, cada una en su lugare
que más vale un caballero de los de la Casa de Lara
que cuarenta ni cincuenta dels de Córdoba la llana.

Para vengar la ofensa inferida a doña Lambra, Ruy Blázquez, traicionando a Castilla, vendería a los moros la muerte de los Siete Infantes de Lara.

Bien: hemos recordado este episodio para razonar que muy bien podemos admitir que el Cid viniera a Madrid a alancear toros en una fiesta, como buen caballero y buen aficionado a alancear y rejonear.

Por otra parte, era un ardid de los cristianos el visitar las ciudades que pensaban atacar, para conocer sus defensas. Esto lo hizo Alfonso VI con Toledo, y más tarde lo haría Fernando III *el Santo* con Sevilla, entrando disfrazado en ella.

No podemos, pues, rechazar como falso o inverosímil el que el Cid viniera a Madrid a la fiesta de toros. Antes al contrario, debe ser una norma que, cuando lo que afirma la leyenda es verosímil, y encaja dentro de lo usual en la historia, debemos aceptarlo como histórico, puesto que a su verosimilitud añade la transmisión consuetudinaria.

Ya por esta época eran muchos los moros de aquellos contornos que se mostraban partidarios del Cid. La fama de su comportamiento benigno con los pueblos que había conquistado contrastaba con la dureza de los reyezuelos moros con sus vasallos, de tal modo que muchos musulmanes deseaban dejar de obedecer al rey moro de Toledo y pasar a convertirse en vasallos del Cid. Por toda Teruel, Guadalajara y el valle del Henares, «fasta en Alcalá», resuenan las bendiciones que los vecinos de Alcocer dirigen al Cid.

Mientras el Cid, que está alanceando toros, tiene un pique de amor propio con Aliatar, caudillo de los moros, dicen que por la galantería que el Cid ha tenido brindando su toro a Zaida, amada de Aliatar, estalla en los graderíos y balcones la cólera de unos y el aplauso de otros. El Cid, que había entrado solo en la villa, recela que van a atacarle todos, y se dispone a morir matando. Pero su hueste, que estaba cerca de Madrid, acude a socorrerle:

Ya fiero bando con gritos
su muerte o prisión pedía
cuando se oyó en los distritos
del monte de Leganitos
del Cid la trompetería.

24 JOSÉ MARÍA DE MENA

Cesa el alboroto, y el alcaide, con diplomacia, sale a acompañar al Cid hasta la puerta de la muralla:

El Alcaide, recelando
que en Madrid tenga partido
se templó disimulando,
y por el parque florido
salió con él razonando.

Pero el Cid ya ha visto lo suficiente: conoce el camino, y ha visto, con sus ojos de aguilucho montaraz, las defensas de Magerit. Ha calculado la altura de las murallas y la anchura y profundidad de la cava, y ya sabe por dónde hay que atacar para derrotar a los moros. Se despide y comienza a bajar, al paso de su caballo, la cuesta de la Vega:

Y es fama que, a la bajada,
juró por la cruz el Cid
de su vencedora espada,
de no quitar la celada
hasta que gane a Madrid.

Poco después, en 1083, el rey Alfonso VI decide iniciar las operaciones para la reconquista de Toledo. Alfonso emprende la campaña partiendo de Salamanca, y conquista Ciudad Rodrigo. Lo deja guarnecido y regresa a su Corte. Al año siguiente entra desde Ciudad Rodrigo hacia el Este, derrota a los moros de Mérida, que han intentado interceptarle el paso, y gana Navalmoral y Talavera. Al tercer año conquista Talavera de la Reina y desde allí, por Maqueda y Torrijos, se dirige ya a conquistar Toledo.

Paralelamente a esta progresión de Alfonso VI, y de acuerdo con ella, el Cid sale de Burgos, dirigiéndose hacia el Sur, para coincidir con Alfonso VI en el mismo objetivo. El Cid ocupa ya el cargo de alférez del rey, cargo que hoy significaría, poco más o menos, general al mando de las tropas de vanguardia. Lleva como jefe de Estado Mayor a Álvar Fañez de Minaya, gran estratega, y como jefe segundo de la caballería a su sobrino Pero Bermudo, valerosísimo y gran táctico.

La hueste del Cid recorre los caminos que ya habían pateado sus caballos durante los años anteriores, en algaras y razzias: riberas del Henares, Azuqueca, Alcalá de Henares, y, si leemos con atención la crónica de *Cinco Reyes*, de Sandoval, y *De rebus Hispaniae* (liber VI), podemos seguir con todo detalle el avance de las tropas cidianas, que llevan inevitablemente hacia Magerit.

Llegamos ahora a un punto importante y controvertido. La

fecha en que el Cid reconquistó Magerit, o Madrid, para el rey
Alfonso VI.

Algunos historiadores han querido vincular la toma de Madrid
a la de Toledo en una misma campaña, y dado que Toledo se rindió
a los cristianos el 25 de mayo de 1085, sitúan alrededor de la misma
fecha la toma de Madrid.

Sin embargo, desde hace ya algunos años ha ganado terreno
la tesis de quienes señalan que la toma de Madrid debió ser en la
campaña de 1083, y así lo ha sostenido recientemente en foros
internacionales el hispanista alemán doctor Peter Baumgarten.

Por nuestra parte aventuramos la hipótesis de que el Cid debió
ocupar Madrid a finales de la campaña de 1083, para que, echándose el invierno encima pronto, los musulmanes no pudieran mo-
ver tropas para intentar recuperar la plaza perdida. Así pues, aventuramos la fecha de octubre de 1083.

El año 1084 debió el de Vivar dedicarlo a ampliar el territorio
cristiano y consolidar las defensas de Guadalajara, Alcalá, Madrid
y pueblos del sur de Ávila hasta Arenas de San Pedro. Pero, además, en ese año 1084 debió traer gente de Burgos, La Rioja, Santander y Asturias para repoblar el territorio y disponer así de
una sólida marca fronteriza, capaz de mantener a raya a los moros.
En el mapa podemos comprobar la importancia capital de Madrid
en esa etapa, y cómo se va conformando como la cabecera de un
amplio arco fronterizo, cuartel general frente a Toledo. Asimismo,
y para fortalecer a los cristianos, pese a la convivencia de éstos
con moros «apazguados» o apaciguados, que habían aceptado continuar residiendo en estos lugares ocupados por los cristianos,
debió el Cid favorecer la creación de templos, como lo hizo después en Valencia. Seguramente la iglesia de la Almudena fue el
primer templo parroquial del Madrid reconquistado.

Lo que viene después ya no es historia de Madrid. Las tropas
castellanas entran en Toledo en 1085, un ejército por el Norte
mandado por el Cid y otro por el Oeste mandado por Alfonso VI.
El Cid queda como gobernador al regresar Alfonso a León. Y después de algún tiempo, en la campaña siguiente, el Cid regresa a
Madrid, y desde aquí inicia los preparativos para la conquista de
Valencia. Probablemente cuando el Cid abandonó Madrid, la plaza
más importante que había conquistado hasta entonces, y la que
había organizado y recristianizado, debió sentir una nostalgia casi
tan grande como cuando salió de Vivar para el destierro:

de los sos ojos tan fuertemientre llorando.

Nota

Poco después de estos sucesos, los musulmanes, aun habiendo experimentado los efectos del valor y la fuerza del Cid, no podían menos de admirarle. Así, uno de los grandes historiadores más destacados de la literatura arábigo-española, Alí Abembasam, nacido en Santarem hacia 1065 y que perdió su casa al ser conquistada su ciudad por el Cid, y que después asistió a las victorias de éste en Toledo y en Valencia, escribe estas palabras, en su obra *Adafira*, uno de los libros más importantes de tema histórico escritos en la España musulmana:

«Esta terrible calamidad fue un rayo para todos los habitantes de la península. El poderío de este tirano fue siempre en aumento, de suerte que resultó un pesado fardo para las comarcas bajas y para las altas, y llenó de temor a nobles y plebeyos. Alguien me ha contado haberlo oído decir: Bajo un Rodrigo se perdió esta península, pero otro Rodrigo la libertará. Frase que llenó los corazones de espanto, y que hizo pensar a los hombres que lo que ellos temían tanto llegaría muy pronto.

»A pesar de esto, el Cid Rodrigo, el rayo de su tiempo, fue, por su amor a la gloria, por la firmeza de su carácter y por su valor heroico, uno de los milagros del Señor.»

(*Adafira*, de Alí Abembasam. Manuscrito existente en la Real Academia de la Historia. Transcripción de Dozy.)

LA VIRGEN DE LA ALMUDENA, PATRONA DE MADRID

La devoción a la Virgen María es muy temprana en toda España. La primera imagen de la Madre de Dios que se labró fue, todavía en vida de ella, apenas ocho años después de la crucifixión y muerte de Jesús, obra del escultor Pío, que tenía su taller en la localidad de La Puebla del Río (Sevilla), quien la hizo a instancias del Apóstol Santiago para presidir la comunidad cristiana hispalense.

Poco después se extendió el culto a la Virgen por toda España, y en la época visigoda, aún más por la influencia bizantina, introducida por San Isidoro, San Leandro, San Braulio y Santa Florentina, los cuatro hermanos santos, hijos del gobernador Severiano, que mandaba la base bizantina de Cartagena.

Esta devoción se afincó en Toledo durante el tiempo de los Concilios, y aumentó con motivo de la aparición de la Virgen a San Ildefonso, en la primera iglesia toledana.

Desde Toledo, la devoción mariana pasó a Madrid, y muy pronto contó con dos imágenes de la mayor devoción popular, la que hoy llamamos Virgen de la Almudena y la Virgen del Atochar, llamada así por tener su ermita en un atochar o campo de esparto, y que hoy llamamos la Virgen de Atocha.

En el año 711 se produce la invasión marroquí, que vulgarmente llaman invasión de los árabes. En realidad no se trataba de un ejército árabe sino de un ejército formado por marroquíes, argelinos y mauritanos, estos últimos «mauros» o «moros» son los que darán su nombre al pueblo invasor. Los jefes militares, los santones o alfaquíes sí eran árabes, sirios y jordanos, enviados por el califa de Damasco para conquistar y convertir España a la religión musulmana.

La traición del obispo de Sevilla, don Oppas, quien creyó que al meter a los moros en España echaría del trono visigodo a don Rodrigo, y los sustituiría por los hijos de Witiza, el anterior rey destronado, y que luego los moros regresarían a su Marruecos, trajo a España la catástrofe o, como se dice en las crónicas, «la perdición y *destruición* general de España».

En realidad la islamización de casi toda España no obedeció a la fuerza de las armas, pues el ejército marroquí, aun mandado por jefes árabes, era inferior al de los españoles godos. Pero había un proletariado hambriento que creyó ganar la libertad, cuando en realidad lo que hizo fue pasar de un amo a otro amo, de una tiranía a otra, si cabe peor.

Así, de una parte la traición de don Oppas, trayendo los moros a este lado del estrecho, y pasándose con sus tropas al bando musulmán, y de otra parte el levantamiento de los numerosos campesinos desprovistos de tierras, hicieron que un ejército que probablemente no pasaba de cuarenta mil hombres se apoderase con la mayor facilidad de toda España, y llegase incluso a penetrar en el sur de Francia.

Al conocerse en Toledo, donde residía el Gobierno y el arzobispo primado jefe de la Iglesia española, la terrible noticia de la derrota de don Rodrigo, y que los moros avanzaban rápidamente hacia la capital del reino, cundió el pánico. El arzobispo de Toledo, don Raimundo, envió rápidamente una carta decretal a todas las parroquias, disponiendo que las imágenes y las reliquias fueran escondidas a fin de evitar que los infieles las profanasen.

Llegó, pues, la carta decretal a Madrid, y el pueblo cristiano decidió inmediatamente ocultar la imagen de Nuestra Señora que se veneraba en la iglesia mayor. Al efecto, y derribando algunas piedras de la muralla, se hizo un hueco en el que se instaló la imagen, poniéndole a los lados dos velas encendidas, y seguidamente se colocaron las piedras de tal modo que el nicho u hornacina quedó totalmente disimulado, y la imagen puesta a salvo de toda profanación.

Cuando los moros entraron en Madrid, durante los primeros tiempos toleraron la religión cristiana, aunque la mayoría de los vecinos, creyendo en las promesas que les hicieron de mejorar su condición, abrazaron la religión musulmana. Quedó sólo una minoría que siguió profesando el cristianismo, pero sin que se les permitiese el culto público, sino solamente en privado. Éstos eran los llamados «mozárabes», los cuales seguían con el viejo ritual hispanovisigótico.

Pero poco a poco los musulmanes fueron tratándolos peor, les aumentaron los impuestos llamados «de capitación», o sea a tanto por cabeza, con lo que las familias numerosas quedaron asfixiadas por el fisco, y el gobierno musulmán llegó a privarles de la libertad vendiéndolos como esclavos para cobrarse las deudas fiscales.

Por fin, en el año 913, estalló en toda la España musulmana la persecución religiosa con el pretexto de que los cristianos estaban confabulados con los reyes cristianos de León para sublevarse en toda España contra el poderío musulmán. Esto no era cierto, pero las masas, incitadas por los alfaquíes o santones, exigieron, la muerte de los cristianos, y la mayoría de los mozárabes hubieron de huir hacia el Norte, a refugiarse en Asturias y León. De esta emigración forzosa han quedado como vestigios los templos de San Miguel de Escalada y Santa María de Liébana en el norte de España, construidos por los mozárabes exiliados, y que por su estilo muestran haber sido edificados por arquitectos y albañiles procedentes de Sevilla, Córdoba y del reino de Toledo; probablemente entre ellos habría algunos de Madrid.

Así casi desapareció la cristiandad madrileña, quedando, según la tradición, una sola familia cristiana, que conservó, aunque inconcreta, la vaga noticia de que la imagen de la Virgen había sido ocultada doscientos años atrás en un lugar desconocido de la muralla.

Pasaron todavía cien años más. Y de aquella familia cristiana solamente quedó un último superviviente. Una mujer llamada María, pero que, para no ser notada como cristiana, había arabizado su nombre, convirtiéndolo en Miriam.

María era la última depositaria del secreto, aunque no sabía en qué lugar estaba oculta la imagen. Además, durante los tres siglos Madrid había experimentado grandes cambios, pues si en la época visigoda solamente estaba amurallada la estricta zona militar, el antiguo «oppidum», la proximidad de los reinos cristianos de León y Aragón había hecho que los moros fortificasen también la «medina», de tal modo que lo que era inicialmente un pequeño castillo se había convertido en una villa enteramente murada, partida por gala en dos: el alcázar o alcazaba, en donde residía el «walí» o gobernador, y la medina o pueblo, donde moraba el vecindario.

María, cada mañana al despertar, lo primero que hacía era rezar sus oraciones, en las que siempre se dirigía a la Virgen pidiéndole que le manifestase dónde estaba escondida su imagen. Pero cada día al anochecer, cuando hacía sus últimas oraciones, se sentía descorazonada porque aquel día, un día más, no se había producido el ansiado milagro.

En el año de 1083, las tropas castellanas que mandaba el Cid Campeador, con doscientas lanzas y unos seiscientos peones, conquistaron Madrid. María dio gracias a Dios, y acudió prontamente al alcázar para comunicar al Cid la antigua noticia heredada de sus mayores. Escuchó el Cid con respetuoso interés aquella confidencia, y ordenó a sus soldados que examinasen detenidamente la muralla por si se encontraba en ella indicio de que algunas piedras pudieran tapar una hornacina, pero todos los esfuerzos resultaron infructuosos.

Marchó el de Vivar a continuar la campaña, y comunicó al rey Alfonso VI, que se disponía a conquistar Toledo, lo que le habían comunicado en Madrid.

Abandonó momentáneamente Alfonso sus operaciones militares y, reuniendo en el campamento Real a sus caballeros y clérigos, hizo ante ellos voto solemne de que buscaría la Virgen oculta en Madrid, aunque para ello tuviera que derribar piedra a piedra la muralla.

Todavía hizo más. Dejando el ejército al mando del Cid, marchó con breve escolta a Madrid, y no pudiendo por el momento prescindir de su muralla, por si tenía que retirarse del sitio de Toledo, en señal de sus intenciones piadosas mandó que un pintor, sirviéndose de la descripción que pudiera suministrar María, pintase en la iglesia que se había establecido en la que fuera mezquita musulmana, un cuadro representando a la Virgen de Madrid, y dejó a su esposa la reina doña Constanza encargada de vigilar la realización de su orden. Doña Constanza hizo que el pintor siguiera las indicaciones de María *la Beata*, como ya la llamaban y además ella, por su cuenta, hizo que el pintor pusiera en la mano de la Virgen una flor de lis, pues ella era hija del rey Enrique de Francia, y de este modo quería doña Constanza significar que también ella, aunque francesa, se sentía devota y sierva de la Virgen de Madrid.

La imagen, en pintura mural, quedó expuesta al culto, y es la que se llama con la advocación de Nuestra Señora de la Flor de Lis.

Pasado casi un año, el rey Alfonso VI conquistó Toledo. Y tras los primeros momentos de asentar su gente en la ciudad, y dar las disposiciones pertinentes, dejó como gobernador de ella al Cid Rodrigo, y se encaminó a Madrid, dispuesto a cumplir totalmente su voto.

Llegó, pues, a Madrid el día 8 de noviembre de 1085, y aquella noche durmió en el Alcázar.

Aquella noche, también, la beata María no durmió sino que se pasó las horas y las horas en oración, y a la primera luz del alba tuvo de repente una inspiración, y dirigiendo su oración nuevamente a la Virgen le dijo:

—Señora, te ofrezco mi vida a cambio de tu imagen. Haz que sea encontrada y yo moriré gustosa en pago de tan grande favor. La vida es lo único que puedo ofrecerte, pues soy pobre. Acéptala en rescate de tu imagen.

A la mañana siguiente, 9 de noviembre, se dispuso el rey a cumplir el voto solemne que había formulado ante sus caballeros y prelados tiempo atrás.

Ordenó, pues, que todos sus soldados, clérigos y vecinos de Madrid se dispusieran a derribar las murallas, pero antes se celebrase una solemne procesión alrededor del recinto de la villa, a manera de rogativa, para impetrar del Cielo el buen éxito de la búsqueda de la imagen, tal como lo intentaban.

Formóse un cortejo muy lucido en el que participaban los obispos de Toledo y de las diócesis sufragáneas, capellanes reales, Ricos-homes, Infanzones, Barones, caballeros, guerreros, escuderos, y todo el vecindario.

Junto al rey y la reina iba María *la Beata*, entonando cánticos de la vieja liturgia mozárabe, la cual era continuación de la liturgia que san Isidoro había creado en tiempo de los Concilios de Toledo.

Si inició la procesión en el Alcázar, subiendo por la que hoy es calle de Arrieta, Costanilla de los Donados, calle de las Fuentes, a la Puerta del Sol, que en aquel entonces estaba en la calle Mayor, esquina a la Cava de San Miguel. Siguió el cortejo por dicha Cava, o foso exterior de la muralla, y calle de Cuchilleros, bajando por la Cava Baja, al barrio de Carreteros, pasando ante la Puerta de los Moros, y por la calle de Mancebos al barrio de la Morería, para descender a la Cuesta de la Vega.

Éste era el perímetro que tenía en aquel entonces la «medina» o villa de Madrid, pues el resto, la alcazaba o alcázar, ocupaba aproximadamente el mismo espacio que hoy ocupa el Palacio Real con sus anejos.

Ya había rodeado entre rezos y cánticos la mayor parte del recinto, cuando al llegar a la Cuesta de la Vega, ante la Alhóndiga o depósito de granos en que se almacenaban los cereales para el mantenimiento de la villa, se oyó un gran ruido en el cubo de la muralla que estaba enfrente.

Todos los circunstantes se volvieron a mirar y vieron cómo, prodigiosamente, se rajaba el cubo de la muralla, desplomándose unas cuantas piedras, y aparecía ante sus ojos una hornacina en la que estaba la imagen de la Virgen, con las dos velas encendidas a sus lados.

El rey y sus acompañantes cayeron de rodillas, y los prelados entonaron el Te Deum Laudamus, mientras las gentes lloraban, se abrazaban entre sí y rezaban a gritos en medio de un fervor indescriptible.

Cuando, terminado el Te Deum, el rey y sus acompañantes se pusieron en pie para continuar hacia la iglesia Mayor, observaron todos con sorpresa que María *la Beata* no se levantaba. Y al intentar ayudarle comprobaron que estaba muerta, inmóvil, de rodillas y con los ojos en éxtasis dirigidos hacia la hornacina donde la Virgen parecía sonreírle.

La imagen fue llevada aquel mismo día a la iglesia Mayor de Santa María, la antigua mezquita consagrada. Pronto las gentes empezaron a llamarla Virgen de la Almudena, por haber sido encontrada en la almudena o muralla. El lugar exacto corresponde a donde hoy está el muro de contención de la Plaza de Armas. Así, Madrid había recobrado a su primitiva patrona.

Durante ocho siglos permaneció recibiendo culto la Virgen de la Almudena en la iglesia Mayor de Santa María, hasta que en 1868, derribado el templo, fue trasladada la imagen al convento de las Religiosas Bernardas del Santísimo Sacramento. Allí estuvo hasta el año 1911 en que, habiéndose construido ya una parte de la Catedral de la Almudena (cuyas obras se iniciaron el 4 de abril de 1883, colocando la primera piedra el rey Alfonso XII), la imagen fue trasladada a dicha Catedral, y colocada en un altar de la cripta.

Sin embargo, en 1936, durante la guerra civil, y ante el temor de que pudiera sufrir daños, se trasladó la imagen otra vez al convento de las Bernardas de la calle Sacramento, donde permaneció hasta el año 1954, en que el día 2 de febrero se trasladó a la Catedral de San Isidro, en donde hoy sigue recibiendo el culto de todos los devotos madrileños.

El 10 de noviembre de 1948 se celebró la solemne coronación canónica de la Virgen de la Almudena, concedida por el Papa a petición del entonces obispo de Madrid-Alcalá monseñor Eijo Garay.

Finalmente, en el año 1977, el Papa Pablo VI firmó un Breve en el cual confirmó el patronazgo de la Virgen de la Almudena, que ya tradicionalmente, desde los tiempos de los visigodos, había sido tenida por patrona de Madrid, y de la que habían sido devotos san Ildefonso y san Isidro Labrador y su esposa santa María de la Cabeza.

Patrona perpetua, dice el Breve de Pablo VI, de la Archidiócesis de Madrid-Alcalá, con lo que amplía su protección a todo el Gran Madrid, y a los pueblos de su comarca y obispos de las diócesis sufragáneas.

Ojalá que pronto esté terminada la Catedral de la Almudena, y pueda pasar a recibir culto en su templo propio, situado junto al lugar de su milagroso hallazgo.

Pero mientras tanto nos conformaremos con ver en el muro de contención de la Plaza de Armas, en una hornacina, una reproducción de la imagen, en el lugar donde estuvo oculta y se encontró, y en la catedral de San Isidro la imagen venerable, que desde allí extiende su mirada protectora sobre todos los madrileños.

DE CÓMO UN LABRADOR LLAMADO ISIDRO
FUE HECHO SANTO Y PATRONO DE MADRID

Poco se sabe de la fecha del nacimiento de san Isidro ni del
origen de su familia. Probablemente sus padres fueron de aquellos
campesinos que el rey don Alfonso VI trajo de León para repoblar
el territorio madrileño, tras la Reconquista. Tal presunción se
basa en el nombre de Isidro, que no es sino modificación del de
Isidoro. Tanto que en muchos escritos de los primeros siglos de
la lengua castellana, incluso en el *Poema del Cid*, se llama «Esi-
dre» a san Isidoro de León.

La devoción a san Isidoro venía de poco tiempo atrás, a principios del siglo XI, en que el rey Fernando I de León envió una
embajada al rey de Sevilla Almotadhi para pedir que le entregase
las reliquias de santa Justa y santa Rufina. No se encontraron,
ni podían encontrarse, pues los cuerpos de ambas santas fueron
retirados de la capital andaluza para evitar su profanación el
año 711, y llevados a las montañas de Teruel. Pero en cambio durante la búsqueda, que dirigió el obispo Alvito, embajador de
Fernando I, apareció en un sepulcro oculto el cuerpo de aquel san
Isidoro, nacido en Cartagena, arzobispo de Sevilla, y que fuera
hermano de Leandro, Braulio y Florentina, todos ellos santos, e
Isidoro gloria de las letras y las ciencias hispánicas.

El hallazgo y traslación de los restos de san Isidoro a León
produjo una intensa eclosión de fervor hacia su persona y su
nombre, lo que explicaría que a un niño nacido en Madrid, de
familia de inmigrantes leoneses, le pusieran en la pila del bautismo el nombre de Isidoro o Isidro.

Por la tradición sabemos que Isidro fue desde niño muy religioso, y que gran parte de su tiempo lo dedicaba a la oración, y que era muy devoto de la Virgen de la Almudena.

Sí parece probado que siguió el oficio de su padre, y que se dedicó a la agricultura, y que muy joven se asentó como mozo de labranza con un amo llamado Juan de Vargas. (Algunos le llaman Iván de Vargas, pero lo de Iván no pasa de ser una incorrección gramatical, pues si en letras mayúsculas romanas la J no existe y se escribe con I, la evolución del idioma nos obliga a escribir y leer hoy Juan. De no ser así deberíamos hacer extensivo el Iván a todos los Juanes, desde el Bautista hasta los actuales, desde el cantante Iván Pardo hasta el Papa Iván Pablo II, y el rey de España Iván Carlos I. Dejemos, pues, de llamar Iván de Vargas al labrantín que tuvo en su finca trabajando a san Isidro allá por los años de 1100.

Llegado a la edad adecuada para casarse, buscó Isidro una esposa que fuera tal como la describe Lope de Vega en su comedia *San Isidro Labrador:*

> *Dadle una mujer prudente*
> *que su hacienda y vida aumente,*
> *no de mala condición*
> *que es afrenta del varón*
> *la mujer inobediente.*
> *Que la moza honesta sea*
> *y advertid*
> *ni muy linda ni muy fea*
> *y que sea de Madrid.*

Buscó esposa y no tardó en encontrarla, pues Isidro era mozo de buenas prendas. Así que, habiendo conocido a una muchacha llamada María de la Cabeza Torribia, se unió a ella en santo matrimonio. María de la Cabeza heredó de sus padres una granja pequeña en Carraquiz, un lugarejo o aldea próximo a Madrid, y desde entonces Isidro trabajó en su propia heredad, aunque en algunos meses continuaba trabajando a jornal en la finca de Juan de Vargas. La casa de Iván de Vargas se conserva aún en la calle hoy llamada Doctor Letamendi.

Isidro y su mujer vivieron por este motivo unas veces en la granja de Carraquiz y otras en la casa de él en Madrid, que según los datos que han llegado hasta nosotros fue primero en la Costanilla de San Andrés, y más tarde en la calle de Toledo. En esta última ya no trabajaba Isidro para Juan de Vargas sino para una familia de apellido Vera.

Tuvieron un solo hijo que se les murió siendo niño, y entonces

Isidro y María de la Cabeza acordaron de consuno no volver a
tener trato carnal, manteniéndose en completa y amorosa casti-
dad el resto de sus vidas.

Hasta aquí es cuanto sabemos de Isidro. Que tuvo una vida
laboriosa, y a la vez piadosa.

Pero, ¿cuál fue en realidad el motivo de que le hicieran santo?
He aquí algo que nos sorprende y nos intriga. Ciertamente que se
atribuyeron a Isidro varios milagros, como el de los ángeles que
venían a guiar la yunta de bueyes que tiraban del arado, mientras
Isidro se entregaba a la oración. O el de que, habiendo dejado su
jumento atado a un árbol mientras él entraba en una iglesia a
rezar, vino un lobo, pero no devoró al jumento, sino que cayó
muerto milagrosamente. Y aun otros: que habiendo caído un niño
a un pozo, hizo que milagrosamente subiera el nivel del agua hasta
que el niño, flotando, pudo salir por el brocal. O que en tiempo
de sequía hizo brotar un manantial entre las rocas.

Pero todos estos milagros, que se le atribuyen pero que no
están documentados sino que forman parte de una tradición oral,
poco fiable, no justificarían algo tan serio y grave como una cano-
nización.

¿Cuál fue entonces la verdadera causa, la justificación de que
Isidro fuera elevado a los altares?

Para entenderlo hay que situarse en la época y en las circunstancias en que transcurrió la vida de Isidro. Una villa de Madrid
en la que coexisten tres religiones, la de los moriscos, que se han
quedado en sus casas en gran número, porque los únicos que huyeron, como ocurre siempre, serían los jefes y los ricos; al lado de
los moriscos un grupo medianamente numeroso de judíos, que
acaparan los negocios urbanos, el préstamo, el cambio, el comercio; y en tercer lugar los cristianos, cuya espiritualidad dejaría
bastante que desear, pues más que gente formada en el dogma habrían de ser soldados y campesinos, poco versados en el conocimiento de la religión, y dispuestos a mezclar la superstición con
las rectas creencias. Toda la Edad Media es en el fondo una mez-
cla de fanatismo, milagrería, astrología, y hasta nigromancia. No
hay sino leer a Alfonso X *el Sabio* para comprender cuánta falsa
ciencia era asumida incluso por sabios y prelados. Y eso siglo y
medio después de la vida de san Isidro.

Aquí parece que pueda radicar el quid de la cuestión. San Isidro no fue aclamado santo por milagros más o menos taumatúr-
gicos y espectaculares, como impedir a distancia que un lobo devo-

re a un asnillo o conseguir que suba el nivel del agua de un pozo
prodigiosamente. Lo que sin duda hizo que Isidro fuera aclamado
como santo fue su conducta distinta de la usual en su tiempo, y
que sirvió de ejemplo a toda una sociedad. El propio clero de la
época dejaba mucho que desear en cuanto a conducta. Curas dedicados más a la caza y a la comilona que a la predicación y el
sacramento. Clérigos amancebados, que retozarán en las páginas
del Arcipreste de Hita aún varios siglos después.

Cierto día llegan unas letras del arzobispo a todos los arcipres-
tes y párrocos, exhortándoles a llevar una vida honesta, y mandán-
doles que dejen a sus barraganas, so pena de ser trasladados a
otro pueblo. Y la respuesta es que prefieren el cambio de residencia antes de dejar a sus coimas:

> *¿Que yo dexe a Orabuena?*
> *Irme he a Oropesa.*

En una cristiandad tan insegura como aquélla, con un clero
escasamente formado —curas de misa y olla casi analfabetos—,
un vecindario de cristianos sin el más mínimo conocimiento de la
teología, y una masa de población musulmana y hebrea, la presencia de un individuo de creencias firmes, de certeza en la fe, de
espíritu desasido de apetitos carnales y de mundanales intereses,
debió ser como una antorcha que iluminase a sus convecinos.

La Humanidad necesita guías o, dicho con un término más actual, líderes. Si no hay esos guías la Humanidad se convierte en
rebaño, en masa.

La significación de Isidro en aquellos comienzos del siglo XII es,
sin duda, la de un estímulo que ejemplariza a toda una comunidad
humana. Chica, porque Madrid no pasaría de dos o tres mil almas,
pero muy importante como cabeza de una comarca.

Isidro es, en fin, la restauración espiritual de Madrid, después
de su restauración jurídica. Porque de nada habría servido la Reconquista, el devolver Madrid como tierra a España, si hubiera
permanecido ajena a la cristiandad española, vinculada a un mundo musulmán, lejano en costumbres, en moral, en proyecto de
vida, a la historia de España.

A Isidro sus paisanos del siglo XII le reconocen como un hombre excepcional, al que no entienden del todo porque está por
encima de la norma. Tal vez ese no entenderle, pero seguirle, sea
el origen de la invención de historias milagreras, a manera de justificación del por qué se le admira y se le imita. ¿O quizá para
aleccionar a su pueblo y adoctrinarle hubo de valerse de la tau-
maturgia porque fuese lo único que en su sencillez entendían?

En cualquier caso, con milagros o no, Isidro es el motor de la transformación de Madrid, que de ser una medina morisca, injerta en un campamento de soldados de tierra fronteriza, descreídos, jugadores, pendencieros, va a convertirse, por el ejemplo de Isidro, en una auténtica villa castellana, con su vida religiosa, moral y social a la española.

Si no conocemos la fecha del nacimiento de san Isidro sí sabemos la de su muerte, que fue el 15 de mayo del año 1172, cuando contaba cerca de noventa años de edad. Su cuerpo fue enterrado en el cementerio de la parroquia de San Andrés.

Desde el primer momento, parece que se inició la veneración a la tumba de Isidro por parte de los madrileños y de los comarcanos, convirtiéndose el lugar en punto de peregrinación.

Pasados cuarenta años, se le construye un sepulcro en el interior del templo, y al exhumarse el cadáver para su traslado es encontrado incorrupto, lo que aumentó la devoción popular. El nuevo sepulcro estaba entre el altar Mayor y el de San Pedro. Ya en esta fecha la gente hablaba del sepulcro «del Santo».

Poco tiempo después el rey don Alfonso VIII, para solemnizar su victoria en la batalla de las Navas de Tolosa en 1212, hizo construir una capilla junto a la parroquia de San Andrés para depositar en ella el cuerpo del santo.

Todavía se erigió otra capilla para la sepultura de san Isidro, pasados trescientos años. En 1520, don Francisco Vargas, que se considera descendiente de aquel Juan de Vargas, obtiene licencia del Papa León X, y la construye, terminándola en 1535, cuando él era tesorero del emperador Carlos I. Esta capilla se llama «Del Obispo» y en ella fue depositado el cuerpo de san Isidro en el presbiterio, en el lado del Evangelio.

En el año de 1620 el gremio de plateros de Madrid, reunido en asamblea gremial, acordó para festejar la beatificación de Isidro labrarle un arca de plata en la que depositar su cuerpo incorrupto, como así se hizo. Todavía en 1669 se hizo otra nueva capilla en el centro de la iglesia, en el crucero, nombrándose para su culto doce capellanes, y un capellán mayor, que habría de ser siempre el arzobispo primado de Toledo.

Tras la expulsión de los jesuitas, el cuerpo de san Isidro fue trasladado a la que había sido iglesia de la Compañía de Jesús y que el arquitecto Ventura Rodríguez restauró y mejoró, convirtiéndola en la actual catedral de San Isidro, en la calle de Toledo número 49.

Por la descripción que nos ha legado don Ramón Muñoz y Andrade, capellán Real, en ocasión de haberse abierto la urna que contiene el cuerpo de san Isidro en el año de 1833, sabemos que «el cuerpo de san Isidro se halla entero, en huesos, carne y piel.

Está echado sobre un colchoncillo de tela listada que ocupa todo el fondo de la urna, envuelto en un sudario de lienzo muy fino de más de tres varas de largo y dos de ancho, guarnecido de encaje muy fino de una tercia de ancho. Este sudario es el que le mudaron en abril de 1751 los reyes don Fernando VI y doña Bárbara de Portugal. Todo esto está cubierto con un paño de seda bordado, algo mayor que el hueco de la urna. Es admirable el estado de conservación de este cuerpo, después de 684 años que hace que murió san Isidro, habiendo estado cuarenta debajo de tierra y expuesto a las inclemencias del tiempo en el cementerio de la parroquia de San Andrés».

La romería de San Isidro, que se celebra cada año el día 15 de mayo, se hace ante la ermita del santo, en la pradera de su nombre. Lo que no sabe la mayoría de los madrileños es que esa ermita está erigida precisamente sobre la parcela de tierra propiedad de Juan de Vargas en la que el santo labraba y donde se produjo el milagro de aquellos ángeles que le ayudaron en su tarea.

Éste es, en pocas líneas, el relato de la vida, muerte y enterramiento de san Isidro, patrono de Madrid, cuya fiesta es la fiesta mayor de la Villa y Corte y todo madrileño debería visitar alguna vez su sepulcro en la catedral de la calle de Toledo, centro y corazón de la cristiandad madrileña.

CÓMO ERAN LAS MURALLAS DE MADRID CUANDO MADRID TENÍA SUS MURALLAS

Madrid fue en tiempos, y hasta época reciente, una Plaza amurallada. Hay signos de su antigüedad, puesto que en diversas obras que se han hecho, en la construcción del Metro y en cimentaciones de edificios, aparecieron vestigios de sus primitivas defensas, cuando era un «castro ibérico» y cuando fue un «oppidum» romano. Siempre en torno a lo que es hoy el Palacio Real, donde se asentó desde la más remota antigüedad el núcleo militar para la defensa de la comarca.

Uniendo los datos sueltos que nos brindan estos hallazgos arqueológicos, y además comparando la estructura de Madrid con la de otras plazas defensivas de distintas épocas, podemos deducir con bastante aproximación lo que fue el recinto amurallado madrileño, aunque, naturalmente, con un margen de error que consideramos inevitable. Vcamos, pues, lo que se puede creer, como más fidedigno, que fue el Madrid «castillo famoso» de otros tiempos.

1. ÉPOCAS PRERROMANA, ROMANA Y VISIGODA

Debió limitarse el amurallamiento a una fortaleza, comprendiendo la superficie de lo que hoy es el Palacio Real, y a su alrededor unas «torres albarranas» o castillejas, situadas en la que hoy es Estación del Norte, Campo del Moro, Parque de Atenas, calle del Sacramento, Plaza de Santiago, y la Encarnación.

2. ÉPOCA MUSULMANA HASTA 993

El recinto amurallado comprendería el Alcázar o Alcazaba, que era el actual Palacio Real, incluyendo la Plaza de la Armería. Pero además, siguiendo la costumbre de los walíes moros, junto a la Alcazaba habría unos jardines, también murados, que comprenderían el llamado Campo del Moro. La «medina» o pueblo, habitado por artesanos y comerciantes, no estaba amurallada.

3. ÉPOCA MUSULMANA, DESPUÉS DE 993

En el año 993, los cristianos, cuyos reinos de León y de Aragón van creciendo hacia el Sur, comienzan a realizar incursiones sobre Madrid, y el rey Ramiro se apodera de ella, probablemente por su escasa guarnición en la Alcazaba y nula defensa de la villa o medina. Para remediar esta indefensión, tan pronto como los cristianos se retiran, la medina entera es amurallada. Su perímetro es: Calle Bailén a calle de los Ángeles, Costanilla de los Donados, calle de las Fuentes, Cava de San Miguel, Cuchilleros, Cava Baja, Plaza Puerta de los Moros, Plaza de los Carros, Don Pedro, a Bailén; éste es el recinto de la medina. Además la Alcazaba desde la Cuesta de la Vega, recto hasta el Paseo de la Virgen del Puerto, y abarcando casi todo el Campo del Moro, el recinto amurallado en la Plaza de Oriente.

Por consiguiente, la medina o villa comprendía en su interior, como puede verse en cualquier plano actual, la Plaza de Oriente, Cabo Noval, Requena, Factor, calle Lepanto, Amnistía, Plaza de Ramales, Plaza del Biombo, J. de Herrera, Vergara, Mesón de los Paños, Espejo, Santiago, y al otro lado de la calle Mayor, Cava de San Miguel, Conde Miranda, calle de la Pasa, Puñonrostro, Cordón, Sacramento, calle Villa y Pretil, y pasando la calle de Segovia, Nuncio, Almendro, Príncipe de Anglona, la Cava Baja, Plaza de los Carros, Costanilla de San Andrés, Mancebos, Granado y Morería.

Este recinto amurallado de la medina o villa tenía varias puertas al campo, de las cuales podemos conocer la Puerta de los Moros, todavía existente, la que había en donde desemboca la Cava de San Miguel a la calle Mayor, que probablemente se llamó Puerta del Sol (aunque luego, en un ensanche de la muralla, se hiciera más allá otra Puerta del Sol, que es la que nos ha llegado con su nombre hasta hoy). Y una puerta que debió estar en la calle Arrieta.

El conjunto de la medina estaba dividido casi en dos partes por una calle dirigida de Oeste a Este, desde la Cuesta de la Vega,

es decir, desde el lado de la Alcazaba, y que en época musulmana
se llamaría Hara Mayur, y después calle Mayor.

Las puertas que tendría esta cerca o muralla en la época musulmana serían.

1. Bab Benaldú (Puerta de Benaldú), en calle Bailén, junto a
jardines de Sabatini.

2. Bab el Wad (Puerta del Agua), en la calle Arrieta.

3. Bab al Kalat (Puerta de Alcalá), en la costanilla de los Donados.

4. Bab Wad al Harah (Puerta de Guadalajara), en la calle
Mayor, junto a la Cava de San Miguel.

5. Nombre ignorado. (Se llamó después Puerta Cerrada), en la
calle de Segovia.

6. Nombre ignorado. (Se llamó después Puerta de los Moros
en su plaza.)

7. Bab al Csar (Puerta del Alcázar), en la calle Bailén, en el
muro que separaba el recinto de la medina o villa del recinto
del Alcázar o Alcazaba.

8. Nombre ignorado. (Puerta de la Vega), en la Cuesta de
la Vega. Además, obligatoriamente, hubo de haber una puerta orientada exactamente hacia La Meca, o sea hacia Oriente. Quizás es la
misma que en otro momento se llama Puerta de Guadalajara, y
Puerta del Sol, que hemos reseñado en la calle Mayor, junto a la
Cava de San Miguel.

También existió, aunque no creemos que en época árabe sino
posterior, una Puerta de la Almudena, que es la que después se
llamó Arco de Santa María.

4. ÉPOCA DE LA RECONQUISTA

Después de ser reconquistada Madrid e incorporada a Castilla,
aumentó muy pronto su población. Los moros —excepto los notables que huyeron a otros reinos musulmanes— se quedaron en
Madrid, ocupando el barrio que por eso se llamó de la Morería,
que ocupaba desde la Puerta de los Moros hasta la calle Príncipe
de Anglona, Toro, Alamillo, Mancebos y Morería. El resto debió
repoblarse con cristianos mozárabes descendientes de los que en
tiempos pasados habían huido a León y Castilla. También vinieron
a asentarse castellanos de los valles de Carrión y Pisuerga, formándose un extenso arrabal que, por fuera de la muralla antes
descrita, ocuparía un rectángulo que tiene sus vértices en San Martín, San Nicolás, Plaza de Canalejas y Donados.

Sabemos con certeza que todo esto era un arrabal extramuros
hasta mucho después de la Reconquista, pues la iglesia de San

Ginés, según consta en la bula de su fundación, se erigió «en el arenal de extramuros de Madrid» (lo que consta en la lápida de su fachada, bajo el soportal). Solamente en el siglo XIII, a finales, bajo el reinado de Alfonso X *el Sabio*, se ensanchó la cerca abarcando dicho arrabal (según el Colegio de Arquitectos de Madrid, en su «Guía» de 1982).

Para incluir dicho Arrabal dentro de la Villa, se derribó el muro o muralla que iba desde la Plaza de los Carros por Cava Baja, Cava de San Miguel, calle de las Fuentes y Costanilla de los Donados. Y en cambio se construye un nuevo muro que va desde la Puerta de los Moros, por Plaza de la Cebada, San Millán, Juanelo, Cabeza, San Nicolás esquina a Amor de Dios, Matute, Príncipe, Plaza de Canalejas, Puerta del Sol, calle Arenal, hasta la Plaza de San Ginés, y desde ahí, cruzando la calle Francisco Piquer y la calle de las Hileras, a la calle Flora para enlazar con la muralla conservada en la calle de Arrieta.

Este ensanche incluía en el perímetro murado todo el antiguo arenal, así como el Arrabal, con lo que se duplicó la superficie de la Villa.

Puertas de la Muralla: A partir de esta ampliación de la cerca en el siglo XIII y hasta el año de 1476, las Puertas de la muralla son: Puerta de la Vega, en su cuesta que mira hacia la glorieta de Bocherini; Puerta de los Moros, en su plaza; otra en la Plaza de Cascorro, otra en la calle de La Cabeza, otra en Amor de Dios, otra en la Plaza de Santa Ana, otra en la Plaza de Canalejas, la Puerta del Sol, otra al final de Arenal esquina a Donados, y las que habían quedado del muro viejo en Arrieta y Jardines de Sabatini. Se conserva el recinto propio del Alcázar, con la puerta del Alcázar en la calle de Bailén, y la Puerta del Campo, que da salida del Alcázar al Campo del Moro.

Todo este recinto, a excepción de la muralla que rodeaba el Alcázar, fue derribado el año 1476 por orden de los Reyes Católicos, para evitar que la villa murada se pudiera convertir en una plaza fuerte durante la guerra contra los partidarios de la Beltraneja. Se reconstruiría más tarde pero ya con una superficie mayor, como se verá.

5. EL RECINTO DE MURALLAS EN LA ÉPOCA DE LOS AUSTRIAS

Si tomamos un plano del Madrid actual podremos dibujar sobre él el perímetro de la Villa y Corte en la época de los Austrias. Para ello contamos con los datos de edificios conservados, y noticias que nos ofrecen los escritores de la época. Así, en la famosa

Guía y avisos de forasteros que vienen a la Corte, escrita por don
Antonio Liñán y Verdugo en el año de 1620, nos dice textualmente:
«Por la parte de Oriente que mira al Mediodía, siguiendo la calle
de Atocha hasta la Plaza Mayor, está aun antes de entrar en Madrid, Nuestra Señora de Atocha, monasterio de religiosos de la
Orden de Santo Domingo, y el monasterio de Santa Isabel, de
monjas Agustinas Recoletas, monasterio Real y Fundación de las
Doncellas Hijas de los Criados de su Majestad, y luego a pocos
pasos el Hospital General y frontera de él las monjas Capuchinas.»
    Por consiguiente ya sabemos que todo eso quedaba fuera de
murallas. Ahora veamos otro de los puntos cardinales, en su entrada a Madrid.
    «Si entráis por la parte de Septentrión, está antes de entrar
en Madrid, San Bernardino, monastetrio de religiosos Franciscos
Descalzos, y en entrando en Madrid por la calle de Fuencarral la
casa noviciado de la Compañía de Jesús, y al entrar en Madrid
por la calle de Hortaleza, Santa Bárbara, que es monastetrio de
religiosos Descalzos de Nuestra Señora de la Merced.»
    Tenemos, pues, que las puertas de entrada en Madrid estaban
la de Fuencarral, más arriba de Noviciado, y la de Hortaleza, en
Santa Bárbara. Y que San Bernardino quedaba extramuros.
    Procediendo de este modo con diversos textos de autores del
Siglo de Oro, podemos deducir lo siguiente:
    Que aunque los Reyes Católicos derribaron las murallas y sus
puertas en 1476, durante su etapa de supresión de fortalezas y
torres fuertes de señores feudales y de villas privilegiadas, al
llegar en el siglo XVI el traslado de la Corte de Toledo a Madrid,
fue necesario restaurar el recinto murado, si no ya con murallas
recias como para sostener una guerra, sí con un muro que sirviera
a la vez como garantía contra entradas y salidas fraudulentas de
gente, y también para que la Villa, es decir el Ayuntamiento, pudiera cobrar las exacciones o arbitrios municipales sobre los productos que entraban a venderse. Se rodeó, pues, Madrid de un
muro, con diversas puertas, que por el momento no fueron artís-
ticas, sino meramente utilitarias, que se cerraban por la noche,
quedando la llave de los candados que aseguraban los cerrojos en
poder del Alguacil Mayor. En algunas de las puertas estaba el puesto de vigilancia fiscal del Ayuntamiento, y era por éstas por las que
obligatoriamente habían de entrar los productos gravados, principalmente los comestibles que se traían de las huertas circundantes y de los pueblos comarcales que abastecían a Madrid. Productos como hortalizas, frutas, caza, carnes, gallinas, huevos, leche,
quesos, y los vinos de Arganda, y de otros puntos más lejanos
como Madrigal, Sonseca, Yepes, Noblejas, así como el trigo de
Valladolid.

En el año de 1625 el rey Felipe III ordenó derribar la «cerca» o muro circundante de Madrid para su ampliación. Sabemos que no se hizo por sectores o «lienzos» de muro, sino que el derribo fue general, y después se procedió a la construcción de la nueva cerca, por lo que Madrid quedó durante un cierto tiempo descercado. A ello se refiere donosamente Tirso de Molina en una de sus comedias, cuando dice:

> Con este Madrid sin cerca
> a todo gusto da entrada;
> nombre hay de Puerta Cerrada
> mas pásala quien se acerca.

El nuevo muro era, como hemos indicado, de utilidad meramente fiscal para la recaudación de arbitrios tanto municipales como de Corte.

Veamos cómo quedó la cerca con su nuevo muro corrido y sus numerosas puertas y portillos, registrados en el plano levantado por Texeira en 1656:

1. *Puerta de la Vega.* En Cuesta de la Vega. Seguía el muro por Alfonso VI y San Andrés.

2. *Puerta de los Moros,* en su plaza. Seguía el muro por Tabernillas, y calle de la Paloma. Delante de la iglesia de la Paloma estaba la

3. *Puerta de Toledo,* siguiendo el muro por Ronda de Toledo a Embajadores.

4. *Portillo de Embajadores,* desde donde seguía el muro por Sombrerería y Doctor Fourquet a Santa Inés, en cuyo cruce con calle Atocha estaba la

5. *Puerta de Atocha,* desde donde seguía el muro hasta la esquina de la calle Huertas con el Paseo del Prado, y ahí estaba el

6. *Portillo de las Huertas,* siguiendo el muro por el borde del actual Paseo del Prado hasta la Glorieta de Cánovas del Castillo, donde estaba el

7. *Portillo de los Jerónimos,* en la desembocadura de la Carrera de San Jerónimo a dicha glorieta. Seguía el muro, siempre bordeando el Prado (se llamaba Prado de los Jerónimos), hasta la glorieta de la Cibeles, en cuya desembocadura de la calle de Alcalá, a la altura del Banco de España, y cruzando dicha calle, estaba la

8. *Puerta de Alcalá* (cuya puerta fue después construida en la Plaza de la Independencia al ensancharse la ciudad en época de los Borbones). Desde la Puerta de Alcalá y bordeando el Paseo de Recoletos (llamado Prado de los Recoletos, por el convento de

frailes de este nombre), seguía el muro hasta la esquina de Bárbara de Braganza, donde se abría el

9. *Portillo de Recoletos,* y en línea recta seguía el muro hasta la desembocadura de la calle Hortaleza, en la actual plaza de Santa Bárbara, donde estaba el

10. *Portillo de Hortaleza.* Por la calle Mejía Lequerica iba el muro a buscar el punto donde nace la calle Divino Pastor en la calle de Fuencarral. En ese punto abarcando la calle Fuencarral, en su arco, estaba la

11. *Puerta de Fuencarral,* que también se llamó Puerta de Bilbao, por nacer en ella la carretera que se dirige hacia dicha ciudad vizcaína. Desde la Puerta de Fuencarral seguía el muro en línea recta hasta la Plaza del Conde de Toreno, donde se abría el

12. *Portillo de San Bernardo,* que estaba al comienzo de la calle de este nombre, entre Malasaña y Santa Cruz del Marcenado. Desde Santa Cruz del Marcenado, y bajando por Acuerdo y Ponciano, llegaba a la calle San Bernardino, donde estaba el

13. *Portillo de San Bernardino,* y desde él continuaba el muro hasta la actual Plaza de España, en la que, frente a la calle de Leganitos, estaba el

14. *Portillo de San Vicente,* siguiendo el muro por la calle de Bailén para rodear el Alcázar (hoy Palacio Real), abarcando en su recinto el Campo del Moro, hasta enlazar el muro con la Cuesta de la Vega.

Hemos inscrito en esta relación solamente aquellas Puertas y Portillos que se mantuvieran estables en su situación topográfica y en sus nombres. Pero hubo muchos más, hasta veintisiete, como la Puerta de Valencia, en la calle Valencia, o el de Maravillas, entre el Portillo de Hortaleza y la Puerta de Fuencarral o Foncarral, como la llamaban según el Plano de Texeira.

6. *MODIFICACIONES EN LA ÉPOCA BORBÓNICA, SIGLO XVIII*

A partir de la Guerra de Sucesión y el advenimiento de la dinastía de los Borbones, Madrid va a experimentar un asombroso crecimiento, el muro se modifica por sectores, para abarcar nuevas zonas que se edifican, o que se han edificado ya. O que se proyecta edificar.

La política en esta época exige un control muy estricto de la entrada y salida de la gente en la Villa, reconociéndose en las entradas los pasaportes o salvoconductos. Además se han incrementado los impuestos sobre los artículos de consumo, alimentos y bebidas, la paja y cebada para las bestias (lo que viene a ser el equivalente del impuesto actual sobre la gasolina) y otros muchos productos, y por ello se vigila celosamente para impedir la entrada en Madrid de artículos considerados como de contrabando, ya extranjeros, ya nacionales, y muy especialmente aquellos que están «estancados», o sea monopolizados por el gobierno, como el tabaco, el café, la sal, el bacalao y las piedras de chispa para encendedores y para armas de fuego.

El primer avance del muro se produjo al construirse el Convento de las Salesas Reales en época de Fernando VI, llevándose el muro desde la calle Bárbara de Braganza a la calle Génova, y desde Divino Pastor a la Glorieta de Bilbao. Poco después se ampliaría la cerca por el Este para abarcar el Retiro. Carlos III encarga al arquitecto Sabatini la construcción de la Puerta de Alcalá (que hoy subsiste), ampliando hasta ella la cerca, y por el Oeste sigue el muro hasta la orilla del Manzanares.

7. MODIFICACIONES EN LA ÉPOCA DE JOSÉ BONAPARTE

También durante el efímero reinado de José Bonaparte se hicieron algunas reformas. Junto con las interiores, como los derribos de los conventos de Santa Ana, Padres Mostenses, Pasión, San Gil, y las iglesias de San Martín, San Ildefonso, San Miguel, San Juan y Santiago, para abrir plazas que tanto necesitaba Madrid por lo apiñado de su caserío, se hicieron modificaciones exteriores, avanzándose el muro en la zona de la Puerta de Toledo, y construyendo la actual Puerta de Toledo, cuya edificación monumental ha subsistido hasta hoy.

8. EL RECINTO MURADO DE MADRID EN EL SIGLO XIX HASTA SU DERRIBO

Y llegamos a 1830, en que la cerca que rodea Madrid ha alcanzado su máximo desarrollo, abarcando una extensísima superficie. La conocemos con detalle gracias a León Gil del Palacio que en dicho año construyó una maqueta que hoy puede verse en el Museo Municipal.

Si tomamos un plano actual y vamos señalando sobre él lo que la maqueta nos indica, podremos conocer cómo era Madrid en el momento en que se decidió a mediados del siglo XIX el derribo del muro, que como un corsé impedía la conquista de nuevos horizontes urbanos. Veamos:

Partiendo desde la Glorieta de San Antonio de la Florida, iba el muro por la Avenida de Valladolid, la Glorieta de San Vicente,

el Paseo de la Virgen del Puerto, hasta su intersección con el
Paseo de los Melancólicos. Desde ahí remontaba el Paseo de los
Melancólicos hasta la esquina de la Ronda de Segovia, siguiendo
por la Ronda de Segovia, la Ronda de Toledo y la Ronda de Valencia a encontrar la Ronda de Atocha, que seguía hasta la esquina
de la calle Argumosa.

Desde la esquina de Argumosa iba hasta la calle Doctor Mata
y mediada esta calle torcía hacia la Plaza del Emperador Carlos V.

Desde ahí subía por la Cuesta de Claudio Moyano a Campoa-
mor, y hasta la Glorieta del Ángel Caído.

Siguiendo por el Paseo de Cuba hasta el Palacio de Exposicio-
nes, doblaba por el Paseo de Venezuela y, siguiendo este, iba a
llegar, saliendo del Retiro, a la calle de Fernán González.

Desde ese punto, doblando en ángulo recto, se dirigía hasta la
desembocadura de la calle Lope de Rueda en la calle de Alcalá,
torcía otra vez en ángulo recto siguiendo la calle de Alcalá hasta la
Plaza de la Independencia, donde está la Puerta de Alcalá, y desde
ahí, por Serrano hasta la esquina de Ayala, y siguiendo Ayala iba
hasta el Paseo de la Castellana, regresando por él hasta la Plaza
de Colón.

Desde Colón, por Génova, calle Sagasta, Carranza y Alberto
Aguilera, hasta la esquina de la calle Urquijo, donde por fin se
cerraba el muro en la Florida, quedando dentro de su recinto toda
la Villa de Madrid, incluido el Palacio Real y el Campo del Moro.

Todavía no estaban edificados, pero ya quedaban dentro del
perímetro murado, los terrenos donde se edificarían el barrio de
Argüelles, lo comprendido entre el Paseo del Prado y el Retiro, y
la estrecha cuña entre el Paseo de los Melancólicos y el Paseo de
la Virgen del Puerto.

Así permaneció Madrid desde mil ochocientos treinta hasta mediados del XIX. Ya a partir de 1860 las nuevas libertades constitu-
cionales, y la aparición del ferrocarril, dejaban anticuado el sistema de control en las puertas de las murallas, y la misma cerca
asfixiaba el crecimiento de la ciudad hacia su periferia, en donde
inevitablemente habían de surgir nuevos barrios, tanto industria-
les como residenciales. Ya no es posible mantener el medievalismo
de una plaza murada.

Es el momento en que el banquero don José Salamanca, un
malagueño afincado en Madrid, construye el barrio al que deno-
mina con su apellido, iniciando la modernización de la Villa. El
muro, así como las puertas y portillos, son derribados, quedando
solamente en pie, conservadas en gracia a su mérito artístico, la
Puerta de Alcalá y la Puerta de Toledo.

Y en el nomenclátor de las calles, con un cierto regusto nostálgico, permanecen si no las puertas sí los nombres de algunas otras que fueron, y de las que no queda más noticia que el nombre: Puerta de los Moros, Puerta Cerrada, Portillo de Embajadores, Puerta de Atocha...

DE CÓMO EL REY FRANCISCO I DE FRANCIA NUNCA ESTUVO PRESO EN LA TORRE DE LOS LUJANES

El 24 de febrero de 1525 se enfrentaron las mejores tropas de Francia y los ejércitos de Carlos I de España en la llanura de Pavía, al Norte de Italia. Los españoles eran en aquel tiempo dueños de Milán y su provincia, que llamábamos el Milanesado. El rey Francisco era Francisco I, y el ejército a sus órdenes consiguió penetrar en Milán y poner sitio a Pavía. El número de soldados franceses era cuatro veces superior al de los españoles, y su artillería nueve veces mayor. Pero las tropas españolas iban mandadas por un genio de la guerra, don Antonio de Leiva, a quien auxiliaron el marqués de Pescara y el condestable de Borbón.

Francisco I tomó parte personalmente en la batalla, que creía ganada de antemano por su extraordinaria superioridad. Dos cronistas franceses nos describen algunos de los acontecimientos.

«La artillería del rey lanzó tal grande abundancia de tiros, que se veían volar por los aires los arneses de los caballos, y las cabezas y los brazos de la gente de a caballo y a pie, de tal manera que se hubiera dicho que disponíamos del mismísimo rayo.» (Sebastian Moreau.)

«Os he dicho antes que nuestros enemigos debían pasar frente a la cabeza de nuestro ejército, por lo que el gran maestre de la artillería de Francia había situado sus piezas en lugar tan ventajoso para nosotros que se veían forzados a correr en hilera para cubrirse de nuestra artillería y ganar el valle. Sin embargo, golpe tras golpe, nuestras piezas hacían brecha en sus batallones, y allí sólo habríais visto volar cabezas y brazos.»
(Guillaume du Bellay.)

Sin embargo Francisco I no era un experto general y, arrebatado por lo que él creía un éxito indudable, sin consultar a los generales empezó a dar órdenes contradiciendo las que aquéllos habían dado, con lo que creó el caos en su propio ejército. Al recibir la noticia de que el Duque de Alençon había derrotado a un grupo de tropas españolas que se movían a la derecha del terreno, y les había arrebatado varias piezas de artillería, y por otra parte, engañado por ver a los españoles caminando en hilera, lo que le hizo creer que habían roto las formaciones para rendirse, ordenó a sus tropas bajar al llano y retirar la artillería de los altos.

En seguida se trabó el combate cuerpo a cuerpo. El rey Francisco I, a caballo, se enfrentó al marqués de Sant Angelo, al que dio muerte, pero habiendo acudido a ayudarle sus caballeros Galeazzo de San Severino, Gran Escudero de Francia, Louis de la Tremouille, consejero, Marafin, jefe de la Guardia, y el mariscal Chabannes, todos a caballo, por socorrer al rey, estorbándose unos a otros, murieron en breve, y el propio Francisco I cayó quedándole aprisionada una pierna bajo su caballo muerto.

La pelea siguió en torno al rey, y éste se levantó como pudo, y siguió defendiéndose espada en mano detrás de su caballo muerto, hasta que llegó allí el virrey de Nápoles, José de Miguebal, quien le gritó:

—Señor, os conocemos bien, y sabemos que sois el rey de Francia. No sigáis peleando pues os haréis matar inútilmente, ya que vuestro ejército ha sido derrotado totalmente. Rendíos.

Francisco I, al oír esto, alzó la visera de su yelmo y, levantando la mano para hacer seña a los tres o cuatro franceses que aún peleaban a su lado, les mandó suspender la pelea. Entonces se acercó el virrey español y Francisco I, sin poder pronunciar palabra, pues se estaba ahogando por el esfuerzo de la pelea, se quitó el guantelete de hierro de la armadura, y junto con la espada se lo entregó al virrey en señal de rendición.

Francisco I fue conducido a España, y al llegar a Madrid se le alojó decorosamente, pero con estrecha vigilancia de guardias día y noche, en el Alcázar, es decir en el Palacio Real.

Es curioso cómo se ha forjado la leyenda de que se le puso prisionero en la Torre de los Lujanes. Esta torre fue una de las que en la Edad Media se construyeron para defender la villa de un posible retorno de los moros. Pero a la vez era una de las torres de los linajes más distinguidos de la población. En el siglo XIV y principios del XV se había creado en todas las ciudades de Europa una dicotomía de poder local, repartiéndose, o disputándose, según los casos, el mando de las ciudades dos familias poderosas. Es el caso de los Capuletos y Montescos de Verona, o de los Golfines de arriba y los Golfines de abajo, de Cáceres, o el de los duques de Medina-Sidonia y de Arcos en Sevilla; a veces tan enfrentados estos linajes, que llegaban a mantener guerras dentro de las ciudades, disparándose con ballestas y falconetes de artillería, desde la torre de unos a la torre de otros. Esto siguió ocurriendo hasta que los Reyes Católicos mandaron quitar las almenas de las torres de particulares, y rebajar la altura de las mismas.

A esa época pertenece la torre que por el apellido de sus poseedores, Luján, o Luxán, se llamó Torre de los Lujanes. Sin embargo, al perder los de esta familia su prepotencia, y disminuida de altura, simbólicamente, su torre, la vendieron a don Hernando de Alarcón, que era un valiente capitán de los Tercios españoles en Italia, y que tras la batalla de Pavía, fue encargado de la custodia de la persona de Francisco I.

El hecho de que Hernando de Alarcón fuera el propietario de la Torre de los Lujanes, y que se le hubiera encargado mantener en prisión a Francisco I, es lo que dio motivo para que un cronista mal informado, Gil González Dávila, escribiera que el rey francés estaba prisionero en la Torre de los Lujanes.

La cautividad de Francisco I duró desde el mes de marzo de 1525 hasta el 21 de febrero de 1526. Bien es verdad que no permaneció todo ese año en el Alcázar de Madrid, pues en alguna ocasión el emperador Carlos I le invitó a comer en Getafe, en Torrejón y en Illescas. De ello hay testimonio notarial. En cada una de estas salidas, Francisco I pernoctó en castillos o casas principales de los pueblos mencionados, pero siempre bajo la estricta vigilancia de don Hernando de Alarcón y sus guardias. Para los asuntos domésticos del rey francés, visitas y correspondencia, fue comisionado por Carlos I, con severas instrucciones, el virrey de Nápoles, a quien Francisco se había rendido, y que quedó como responsable de su prisionero.

Por fin, el 21 de febrero, y habiéndose firmado capitulaciones entre Carlos y Francisco, tanto de paz como de asuntos políticos, sobre la participación de Francia en el concierto europeo, se determinó poner en libertad a Francisco I, conduciéndole hasta la frontera francesa. Sin embargo, aún permaneció vigilado por Hernando de Alarcón, quien con una fuerte escolta de a pie y a caballo, condujo al francés hasta la frontera de Fuenterrabía, donde le aguardaban personalidades francesas, y donde se le dejó libre, recobrando así su reino.

Hernando de Alarcón, el mismo día en que se decretó la libertad y vuelta a Francia de Francisco I, fue premiado, tanto por sus servicios en la guerra como por su buen desempeño en la guarda del prisionero, con el título de marqués de Valla Siciliana, cuyo escudo, del linaje de los Alarcón, aún puede verse en la hermosa portada de piedra de la casa de los Lujanes, en la Plaza de la Villa.

Notas

El soldado español que peleando con Francisco I le desarzonó, derribándole del caballo, y continuó batiéndose con él a pie hasta su rendición, era un oficial catalán, natural de Barcelona, llamado Juan de Aldana, al cual premió el emperador Carlos I dándole privilegio de Nobleza a 20 de julio de 1535 y que fue confirmado por su hijo Felipe II en 1.º de julio de 1589 al nieto de Juan, llamado Marco Antonio Aldana.

Francisco I fue traído a España por mar, llegando a Barcelona la escuadra que le conducía el día 9 de junio de 1525, permaneciendo en el propio barco sin bajar a puerto hasta el día 21 del mismo mes, en que le llevaron al palacio del Lloctinent donde durmió, y a la mañana siguiente salió conducido para Madrid.

En el acta notarial levantada en febrero de 1526, al regreso de Francisco I a Francia, y en cuyo documento se relata punto por punto su permanencia como prisionero en España, se dice textualmente, al referirse al regreso de Torrejón, donde había estado comiendo y durmiendo, convidado por el emperador: «El lunes siguiente, diecinueve de febrero, el emperador y el rey se despidieron el uno del otro, y el rey vino bajo la guardia del capitán Alarcón y otras gentes de a pie y a caballo, y fue conducido y devuelto *al castillo de Madrid, donde había permanecido siempre prisionero,* tanto enfermo como sano.» Este documento aclara suficientemente que Francisco I estuvo única y exclusivamente en el Alcázar, durante todo el tiempo de su permanencia en Madrid, y no en la Torre de los Lujanes ni en ningún otro lugar. Y es lógico que así fuera, puesto que por su calidad de persona Real sólo podría cumplir un arresto o permanecer custodiado en un palacio real, nunca en una propiedad particular.

También existe otro documento en el que Francisco I protesta porque, habiéndose declarado un incendio en el Alcázar de Madrid, no se le trasladó a otro edificio, sino que se limitaron a llevarle al ala opuesta del mismo palacio, con lo que sufrió molestias, incomodidades y peligro.

La espada del rey de Francia, Francisco I, que entregó al rendirse, quedó depositada en la Armería del Alcázar de Madrid, hasta que en el año 1808 el general Murat, gran duque de Berg, durante la ocupación napoleónica, se apoderó de ella, no para devolverla al Gobierno francés, sino a título personal para su colección de armas. Hoy solamente se conserva en la Armería del Palacio de Oriente el guantelete de Francisco I.

LA CALLE DE LA ABADA Y LA UÑA DE LA GRAN BESTIA

En el año de 1578 España y Portugal han conquistado el mundo. Los portugueses, a golpe de timón de sus naos, han dado la vuelta por el Cabo de Buena Esperanza, han llegado a las islas del Índico, han fundado ciudades y han levantado torres y murallas en la costa de Malabar, toda la costa occidental de la India, y en la isla de Formosa, hoy Taiwán, y en la propia China, en la costa de Macao. Se han adueñado de las Molucas, repartiéndose el Pacífico con los españoles. Mientras Lope de Vega grita en versos épicos

Id y abrazad el mundo, oh españoles

otro poeta, el portugués Camoens, borracho de gloria, escribía estos versos inmortales:

Do Tejo a China o portugués impera,
d'un polo au outro o castelhano voa,
e os dois extremos da terrestre esphera
dependen de Sevilla e de Lisboa.

[*Desde el Tajo hasta la China, el portugués impera,*
de un polo al otro el castellano vuela,
y los dos extremos de la terrestre esfera
dependen de Sevilla y de Lisboa.]

No exageraba, puesto que en realidad, desde el Tajo a la China
por la ruta del Atlántico sur y del Índico, imperaba el portugués.
Incluso había bautizado el extremo sur del continente africano,
que todavía hoy, después de un siglo de dominación inglesa y
holandesa, se sigue llamando con el nombre portugués de Ciudad
de El Cabo.

Y los españoles llevaban, ateridos de frío, pero ardientes de
entusiasmo, sus naves desde Terranova y Alaska hasta las heladas
aguas de las islas Malvinas, y del Cabo de Hornos, y todavía más
al Sur, a la isla de Diego Ramírez, y todavía más, hasta la Bahía
de las Ballenas, en la propia Antártida, donde puso sus pies por
vez primera Esteban Gómez. Es increíble la hazaña de aquellos
hombres, alimentados con bizcocho salado y pescado en salazón, y
vestidos con ropas corrientes, sin equipos especiales, lo que fueron capaces de hacer, en una época en que se navegaba a la vela,
en barcos de madera, sin radio, sin sondas eléctricas, sin radar,
solamente con la brújula, que se les volvía loca por la proximidad
del polo magnético, y sin otra guía que la Cruz del Sur, la cons-
telación de cinco estrellas, prendida como un celeste broche de
plata sobre el terciopelo de la noche austral.

Sí: los españoles señoreábamos Nápoles y las Dos Sicilias, el
Milanesado, Artois, el Rosellón, la Catalonia francesa, Borgoña, el
Luxemburgo, el Franco Condado, el Charolais, Brabante, Flandes
y los Países Bajos, el Nuevo Mundo desde las Californias y las
Floridas, el Mississippi, y el Colorado, hasta la Tierra del Fuego y
el Estrecho de Magallanes; el norte de África, con Ceuta, Melilla,
Mostagan, Bujía, Orán, Túnez, y hasta Trípoli en Libia, las islas
de Chipre, Malta, Chíos o Kíos, y la costa de Albania; y, en el
Pacífico, las Carolinas, las Marianas, las Filipinas, Célebes, Flores,
Almirantes, Maldivas, Seychelles, Hawai...

Los portugueses eran dueños de la Guinea, Angola, Lobito, Mo-
zambique, el sur de África, las islas Molucas, Timor, Sumatra,
Borneo, Java y las islas de la Sonda, las islas de la Reunión o
Mascareñas, las islas de la Sociedad, el archipiélago de diez mil
islas que llaman la Micronesia, y los de Os Guedes, As Corcas,
Pescadores, y en América, todo el saliente de Brasil.

Es entonces cuando el rey don Sebastián, que sólo tiene veinticuatro años, piensa en cambiar la política de las colonias lejanas
por una política mediterránea. Eugenio Montes, uno de los mejores conocedores de la historia política europea, dice: «Sólo que
lo de don Sebastián tenía que haberse hecho antes. La empresa
en sí tenía sentido, pero Portugal estaba demasiado exhausto para
emprenderla en aquel momento. Por eso, con autoridad familiar y
patriarcal, Felipe II *el Prudente*, le aconsejó al joven príncipe que
renunciase a ella.»

Pero, ¿quién le pondrá puertas al campo?, ¿quién podrá poner freno a las ansias de gloria de un joven príncipe de veinticuatro años, cuando sus abuelos llevan doscientos años de hazañas y triunfos? Don Sebastián va a intentar la conquista de Marruecos. No como lo ha hecho España, conquistando plazas sueltas, Orán, el cardenal Cisneros; Túnez, el emperador Carlos. Don Sebastián quiere intentar la penetración a fondo. Y en 1578 desembarca al frente de su ejército en las playas de Alcazarquivir.

Todo Marruecos tembló ante las plegarias de los almuhédanos. En todas las torres, desde Mequinez hasta Tiznit, y desde Tremecén a Csar es Souck, se entonó al amanecer la «azala del miedo». Y las cabilas desaguaron su torrentera de camellos, mulos y caballos, enviando todos los hombres hacia Alcazarquivir.

Cuando desembarcaron los portugueses, un millar de millares de gumías, alfanjes y lanzas les aguardaban. Don Sebastián supo que sobre él y los suyos se cernía el ángel de la Muerte, el martirio como premio a su empresa de «facer muita cristiandade».

Don Sebastián, viendo a sus infantes portugueses lanzarse a aquel mar humano que les aguardaba para envolverlos, hubo de aleccionarles con estas palabras llenas de gentileza caballeresca: «Fidalgos, los meus fidalgos: que saber morrer sem pressa» (Hidalgos, hidalgos míos, hay que saber morir sin prisa).

No se trataba ya de ganar la batalla, ni de salvar las vidas, sino de prolongar la gloria de la pelea y del martirio.

Tras la muerte del rey don Sebastián, sin sucesión, reclamó el trono de Portugal el rey de España don Felipe II. Se unen en su mano ambos cetros. Ya no está el mundo repartido entre dos imperios, como lo había descrito Camoens, ahora todo es uno y unido, y en los dominios de Felipe II, fundidas Portugal y España, no se pone el sol.

Tres años después de la muerte del joven don Sebastián, trabajaba Felipe II como un buen administrador, a la luz del sol que entraba por su ventana, o a la luz de velones y candilejas, poniendo en claro y en orden los papeles que le llegaban a su mesa desde todas las partes del mundo.

Entre los papeles, lo mismo recibía noticias de haberse descubierto una mina de oro en el Perú, que de la entrada de piratas holandeses en Pernambuco, una embajada del emperador del Japón que venía a España o la fundación de una universidad en la Nueva España.

El más curioso de los papeles que llegaron a la mesa de Feli-

pe II aquel día de mayo del año 1581 era un mensaje del presidente de la Casa de la Contratación de Sevilla, en que comunicaba al
rey haber llegado en un barco procedente de la lejana isla de
Java un regalo de su gobernador, don Alonso de Gaitán, en nombre del reyezuelo indígena Musuturé Fusuma. El tal Musuturé
Fusuma se había enterado de que ya no era vasallo de Portugal
sino del rey de las Españas, y le enviaba como presente un animal
típico de aquella lejana colonia.

—El animal, señor, es tres veces como un gran buey, se ali-
menta de yerbas y grano, y tiene la piel gruesa y fuerte como
una coraza. Es feroz, y tiene un cuerno solo, y como no puede
dejársele libre por el gran peligro que ello entraña, viene metido
en una muy recia jaula de hierro.

Felipe II, que deseaba siempre tener oportunidad de manifestar
a su Corte y a su pueblo el poderío de su realeza, determinó de
seguido hacer traer el extraño y monstruoso animal a Madrid
para que, viéndolo todos, se hicieran idea de su soberana autoridad
sobre países lejanos que tan extraños animales producían.

Como el reyezuelo de Java no sabía la lengua española, el mensaje en que ofrecía el regalo venía escrito en lengua portuguesa, y
como en portugués el nombre del rinoceronte hembra es «Abada»
así nos llegó el vocablo, junto con la extraña criatura, que venía
metida en un enorme jaulón de hierro, cargado sobre un enorme
carro o galera. Para que el público pudiese admirar tan raro producto de la Naturaleza, se habilitó un corralón que había desocu-
pado en la calle inmediata a la plaza del Carmen, así que la
gente acudía en masa «a la calle donde está la Abada», «a la calle
de la Abada». Algunos, asombrados de su tamaño, le llamaron «la
gran bestia».

No sabríamos hoy qué clase de animal era aquél, si no fuese
porque el célebre platero y escultor Juan de Arfe y Villafañe
(autor nada menos que de la custodia de la catedral de Toledo, y
de la de Ávila, y que estaba entonces en Madrid labrando por encargo de Felipe II una custodia para la iglesia de San Martín) hizo
un dibujo del natural de la «gran bestia» o «Abada». El tal animal
es ni más ni menos el que hoy conocemos hasta los niños por haberle visto en los parques zoológicos y en las películas y libros
sobre animales: el rinoceronte de Java, uno de los rinocerontes
de mayor corpulencia y que, a diferencia del africano, tiene un
solo cuerno en vez de dos alineados sobre la nariz.

Y como siempre ha de intervenir la leyenda en toda cuestión
histórica, a este punto hizo su aparición la leyenda. Desde la Edad
Media se venía hablando del «unicornio», animal fabuloso, a cuyo
único cuerno se atribuían propiedades medicinales y aun afrodisía-
cas. Y esta leyenda fue la causa de la muerte de nuestra pobre

Abada. Porque alguien que estaba necesitado de un afrodisíaco para superar su impotencia fue quien sin duda hizo envenenar a la «gran bestia» a fin de apoderarse de aquel cuerno, talismán para empresas amorosas y para curar las convulsiones. O tal vez fue alguien que, conocedor de la supuesta virtud medicinal del milagroso cuerno, dio muerte al animal para lucrarse con la venta de aquella protuberancia córnea.

Ello fue que, cierta noche, alguien echó en el agua que bebía el rinoceronte un veneno en cantidad suficiente para que a la mañana siguiente los primeros visitantes que acudieron a ver la gran bestia en el corralón de la calle de la Abada, encontraron al pobre animal muerto en su jaula.

Por aquellos días se vendieron en Madrid infinidad de anillos hechos del cuerno de la Abada, y que llevándolos puestos en el dedo sufrían sus mágicos efectos. Es muy probable que, con los legítimos y verdaderos, se mezclaran muchos otros apócrifos y falsos, porque no es posible que un solo cuerno de rinoceronte diera de sí para hacer anillos para miles y miles de madrileños y forasteros. Todavía más, hubo hasta exportación, y las cortes europeas, desde la de Francia a la pontificia, durante varios años tuvieron la moda de los anillos de la gran bestia.

Todo ello, naturalmente, pasó. Y sólo ha venido a quedarnos como recuerdo de tan curioso suceso el nombre de la calle Abada, donde estuvo expuesto al público, en su corralón, el jaulón que contenía el raro animal, y que tanto impresionó al vecindario que a partir de entonces la calle donde exhibían la Abada pasó a llamarse calle de la Abada, y todavía sigue con ese mismo nombre.

EL INGENIERO QUE QUISO HACER
A MADRID PUERTO DE MAR

Generalmente llamamos loco a quien pretende realizar cosas que los demás hombres consideran irrealizables. Unas veces porque escapan a la medida humana y otras porque escapan a las posibilidades económicas o tecnológicas de la época. Así fueron considerados en la antigüedad locos quienes creían posible volar, aunque hoy sabemos que no era locura su aspiración.

Por loco tuvieron en el siglo XVI a Juan Bautista Antonelli, español de los de Italia, cuando la mitad de Italia eran provincias españolas, porque se le ocurrió la idea de convertir a Madrid en puerto de mar. Es decir, en puerto como lo era Sevilla, adonde llegaban los galeones de la Flota de Indias a rendir viaje cargados de oro y de plata.

El Imperio español tenía prácticamente dos capitales: Madrid, con la corte y la burocracia, y Sevilla, con la Casa de la Contratación y el puerto más importante del mundo.

Juan Bautista Antonelli, ingeniero, geómetra y matemático, pensó que esta dualidad de capitales, de una parte la económica y mercantil, de otra parte la política, no sólo perjudicaba, sino que incluso hacía prácticamente inviable la gobernación de las Españas. Por ello empezó a meditar un posible plan, basado en sus conocimientos técnicos, para resolver tan arduo problema político.

Antonelli había de esforzarse en destacar entre los de su oficio de ingeniero, cosa nada fácil pues tenía por émulos nada menos que a Juanelo Turriano, el autor del «artificio» para subir el agua del Tajo hasta el Alcázar de Toledo, y el maestro Miguel Adam,

arquitecto y uno de los precursores de lo que después se llamaría
urbanismo. Este Miguel enseñó el oficio a Juan de Oviedo, quien
para librar a Sevilla del riesgo de las inundaciones, había planeado
ya a los veintiún años una desviación del río Guadalquivir.

Para Juan Bautista Antonelli la cosa estaba clara, y así se lo
manifestó al rey don Felipe II en una audiencia que le concedió en
El Escorial.

—Señor, para poder gobernar vuestros reinos, necesitáis reunir
en vuestra mano el Nuevo Mundo y la Europa, en una misma
ciudad.

—¿Y cómo podría hacerse, Micer Antonelli? —preguntó el rey.

—Señor, comunicando Madrid con el mar, de tal modo que hagamos de vuestra Corte un puerto, cabeza y término de todas las
rutas. Que aquí se organicen las expediciones viajeras, bajo vuestra personal supervisión, y, al mismo tiempo, que aquí lleguen
directamente las Flotas de Indias.

Quedó silencioso Felipe II, reflexionando. No era posible tener
a Micer Juan Bautista Antonelli por un loco ni por un ignorante.
Ya se había acreditado largamente como uno de los mejores ingenieros del mundo, y había servido con eficacia a su padre Carlos V, y al propio Felipe II.

—¿Cómo lo haríais, Micer Antonelli? ¿No estaréis pensando
en traer el puerto de Sevilla hasta mi Corte?

—No, Majestad; el puerto de Sevilla, no. El de Lisboa.

Y desenrollando un papel que llevaba consigo, lo extendió sobre la mesa del rey.

—Mirad, Señor: el Tajo tiene caudal suficiente para, con poco
trabajo de draga en algunos puntos, mantener el calado para la
navegación hasta Toledo.

—Es muy posible. Continuad, Micer Antonelli.

—Sería necesario, por supuesto, al llegar a là villa de Alcántara y a la ciudad de Puente del Arzobispo, abrir un paso en ambos puentes para que pudieran entrar los barcos sin estorbo para
sus arboladuras y velas.

—Adelante, Micer Antonelli.

—Ahora sólo nos quedaría, mediante un sistema de esclusas,
dar caudal suficiente al Jarama, hasta este punto, y desde aquí,
también mediante esclusas, dar nivel para navegar por el Manzanares, hasta el Puente de Toledo.

Sonrió Felipe II.

—Ardua empresa, Micer Antonelli.

—Menor que la que han hecho los holandeses mediante sus
diques. ¿No habéis oído, Señor, las palabras de vuestro enemigo
el conde Louis de Nassau, el rebelde?

—Sí, las he oído, y si les quitamos cuanto tienen de blasfemia,

no dejan de expresar una verdad. «Dios hizo toda la tierra, menos
Holanda, que la hemos hecho los holandeses.» Sin duda os refe-
rís, Micer Antonelli, a que si los holandeses han construido esos
giantescos diques y han vencido al mar, nosotros podemos construir las canalizaciones y las esclusas necesarias, y vencer a la
distancia, asomando los barcos del océano a las riberas del Manzanares. Todo es cuestión de oro, y ése lo tenemos abundante en
el Nuevo Mundo.

—Exactamente, Majestad. Lo habéis expresado con rigurosa
claridad.

—Bien, Micer Antonelli. Será cosa de estudiar vuestro plan.
Id acopiando datos técnicos, y volveremos a hablar de ello cuando
termine mi campaña de Inglaterra. Apenas faltan ocho meses para
que zarpe de mis puertos la mayor Armada que han visto los
mares.

—La Armada Invencible, Majestad.

—Así la llaman, pero respecto a eso de Invencible, será lo que
Dios disponga. Sólo Dios es verdaderamente invencible. ¿Recor-
dáis las palabras de la oración de san Miguel?:

> Quién como Dios,
> nadie como Dios,
> san Miguel Arcángel
> gran batallador.

Ojalá que Dios nos ayude, y mi Armada resulte verdaderamente Invencible.

El 29 de mayo de 1588 zarparon de los puertos de Lisboa y La
Coruña los 131 barcos que formaban la Armada Invencible. Trans-
portaban 7.000 marinos, y 18.300 soldados y oficiales. Tenía que
dirigirse a Flandes para allí embarcar tropas del ejército del maestre don Antonio Leiva, pero un temporal desorganizó la formación
de combate, y, atacada por un enjambre de pequeños barcos, muy
maniobreros y artillados, hubo de refugiarse en Calais. Tras varios
días que duró el temporal salió del puerto y, antes de formar la
línea de combate, fue atacada por el corsario inglés Sir Francis
Drake. Tras una prolongada batalla, la Armada Invencible logró
organizarse, pero un nuevo temporal de violencia insólita dispersó
las naves, que fueron empujadas por el viento contra las costas de
Irlanda, mientras los pequeños barcos ingleses, tripulados por
gente conocedora de aquellas aguas y de aquellos vientos, no cesa-
ban de hostilizar a los grandes navíos españoles. El 20 de agosto
se consumó la catástrofe.

El número de barcos hundidos por el enemigo fue pequeño, pues solamente se perdieron por este motivo cuatro, pero en cambio 19 encallaron en las costas de Irlanda, 3 se hundieron en la costa francesa y 2 en la holandesa, y se hundieron volcadas por el temporal otros 35. Murieron entre 8.000 y 10.000 hombres, pereciendo lo más florido de la marina española, el maestre de campo Antonio Leiva, los almirantes Bertendona, Oquendo y Recalde, y se perdió la mayor concentración de artillería naval que hasta entonces se había conocido.

Cuando Micer Antonelli fue a visitar nuevamente a Felipe II lo encontró frío, distante, como quien ya no pertenece a este mundo. Ya no le ilusionaba la idea de hacer navegable el Tajo, el Jarama y el Manzanares para traer desde Lisboa hasta Madrid los barcos de las Indias Orientales con su cargamento de especias, y la Flota de la Plata del Nuevo Mundo. Felipe II ya sólo pensaba quedarse en el monasterio de El Escorial, y dedicarse allí a la oración.

Micer Juan Bautista Antonelli regresó a Madrid con sus carpetas y sus planos. Había perdido la gran oportunidad de su vida. Ya no podía superar a Juanelo, el que había transportado los gigantescos bloques de las columnas, a través de riscos y arroyos, a El Escorial, y el que había subido el Tajo hasta el Alcázar de Toledo. Ya no sonaría el nombre de Micer Antonelli en las páginas de la Historia como el mayor ingeniero de las Españas.

¡Y dicen que la pena no mata! Sí; a Micer Antonelli le mató la pena, y solamente vivió unas semanas más. Su nombre pasó inadvertido, entre tantos cientos de muertos ilustres que se había tragado el mar en las costas de Inglaterra.

Y se olvidó el proyecto. Tanto se olvidó que, no tardando mucho, en vez de hablarse del Manzanares como puerto en potencia, y una esperanza, se hablará de él con burlas. Lope de Vega, tras llamarle «aprendiz de río», contemplando el hermoso Puente de Segovia, y comparándolo con el río que cruzaba, le dice al Corregidor de la Villa «si no sería mejor que la Villa comprara un río o que vendiera el puente».

En fin: Madrid perdió acaso su oportunidad también. Quien haya visto navegar los barcos por el desierto en el fabuloso Canal de Suez, o pasar de un océano al otro en medio de la tierra seca y ardiente de Panamá, no podrá negar la posibilidad de que los barcos, existiendo ya previamente un caudaloso Tajo, y dos cauces, el del Jarama y el Manzanares, pudieran navegar hasta Madrid.

Lo cual hubiera sido perfectamente factible dado el escaso calado que necesitaban los buques de aquella época para poder navegar. El sueño era realizable, si junto al técnico soñador hubiera habido en aquel momento el mecenas acaudalado. Después, ya no, porque el progreso de la ingeniería naval hizo cada vez mayores los barcos, hasta imposibilitar el proyecto.

Pero el hombre genial había muerto, y el posible mecenas de la obra también. Antonelli murió como una víctima más de la Armada Invencible. Felipe II, entre rezos y tristezas, entre lutos por sus esposas muertas, y acaso con remordimiento de secretos pecados, estaba ya entrando en el frío de los mármoles de su panteón de El Escorial.

EL ORGULLO DE DON RODRIGO EN LA HORCA

Una frase que todos los madrileños habían dicho alguna vez, o al menos la habrán escuchado, dicha para referirse a alguna persona a quien se considera muy orgullosa, es ésta: *«Tiene más orgullo que don Rodrigo en la horca.»*

Veamos quién fue este don Rodrigo, y si verdaderamente llegó a la horca con tanto orgullo como se le supone.

Por los años de 1567, cuando ardía por los cuatro costados nuestra provincia de Flandes, sublevada contra Felipe II, marcharon a sofocar el levantamiento, bajo el mando del duque de Alba, los famosos tercios españoles. Aquellos tercios que ostentaban orgullosamente como nombre el de sus propios jefes: Tercio de Sancho Londoño, Tercio de don Lope Figueroa, Tercio de Bracamonte...

Entre los oficiales que mandaban las compañías de los tercios iba don Francisco Calderón, natural de Valladolid, que había sido nombrado capitán después de pelear en las guerras de Italia.

Era hombre de vistosa hechura, gallardo, lucido en el vestir, con la banda de seda roja de capitán sobre el coleto de ante, sombrero chambergo con plumas grana y gualda, y espada que lucía en la cazoleta la marca de Maese La Hera, el mejor espadero toledano. El mozo capitán arrastraba tras sí los ojos de las mozas flamencas y de las damas españolas que allí vivían en la nutrida nobleza que ocupaba los cargos del gobierno.

Una de estas damas, doña María de Aranda Sandelín, hija de español y flamenca, se enamoró de don Francisco tan apasionadamente que aun antes de pasar por el altar tuvo de él un «hijo de ganancia». Este hijo, legitimado después al unirse ambos en santo matrimonio «in face Eclessiae», fue bautizado con el nombre de don Rodrigo Calderón y Aranda.

Pocos años después, y cuando don Rodrigo era todavía un niño, murió la madre a consecuencia de la peste; y el padre, a quien ya empezaban a flaquear las fuerzas por los muchos años de campañas, y por resentirse de varias heridas, pidió la licencia y regresó a España yéndose a vivir en sus tierras de Valladolid.

Cuando don Rodrigo tuvo quince años, el padre consiguió que fuera admitido como paje por el marqués de Denia, y cuando éste, el 11 de noviembre de 1599, fue promovido al rango de duque de Lerma y convertido en Privado y ministro universal del rey don Felipe III, se encontró nuestro don Rodrigo Calderón hecho un personaje de primerísima categoría, hombre de confianza del más poderoso político de las Españas. Tanto que en poco tiempo el de Lerma, para controlar más de cerca todos los pasos del rey, consiguió introducir a don Rodrigo Calderón en el puesto de ayuda de cámara del rey, y obtuvo para él un hábito de la Orden de Santiago y el título de conde de Oliva.

Poco después casó don Rodrigo con una dama algo mayor que él llamada doña Inés de Vargas, que según se susurraba en la Corte era la querida del duque de Lerma, quien de este modo podía estar cerca de su amante al vivir ella en la propia Corte, como esposa del conde de Oliva.

Vacante el cargo de secretario de Estado, consiguió ocuparlo don Rodrigo Calderón, que se convertía así en el segundo personaje del Gobierno después del duque de Lerma.

La culminación de la carrera de don Rodrigo Calderón fue el recibir el título de marqués de Siete Iglesias, y formar con el duque de Lerma y el conde de Lemos una alianza que acaparaba toda la autoridad del Imperio español.

Sin embargo, sordamente se iniciaba una intriga para derribar a los tres de su encumbrada posición. Había muchas envidias por las riquezas que ellos acumulaban, pero sobre todo había envidia por el mando que ejercían y por el trato que daban al resto de la nobleza y a los altos funcionarios.

Éste fue sin duda el gravísimo error de los tres, pero del que hay que culpar exclusivamente a don Rodrigo Calderón, ya que los otros al fin y al cabo eran miembros de la antigua nobleza, y podían en cierto modo mirar, no ya de igual a igual a los demás aristócratas, sino incluso a muchos de ellos por encima del hombro. Pero Calderón era un advenedizo, de familia de simples hidalgos, y llegado al estamento aristocrático no por hazañas militares sino por servicios domésticos y, según las malas lenguas, por ser un marido complaciente que cedía los favores de su mujer al duque de Lerma.

Nadie ha tenido tanto orgullo en la Corte de los Austrias. Tanto orgullo que hacía esperar en antesala cuando acudían a la Secretaría del Despacho a personajes como el duque de Alba, o el del Infantado, o el de Medina-Sidonia. Según los cronistas de la época, don Rodrigo Calderón no devolvía las visitas que le hacían, demoraba el turno de conceder audiencias del rey, haciendo que recibiera o no recibiera el monarca a quienes él determinaba; y, según se decía, en muchas ocasiones se hacía pagar el favor recibiendo regalos espléndidos, y aun cuantiosas dádivas en dineros o en joyas.

Frente al partido del duque de Lerma, don Rodrigo Calderón y el conde de Lemos, se fue organizando otro partido igualmente poderoso: El duque de Uceda, el conde-duque de Olivares y el confesor del rey, don Luis de Aliaga.

Curiosamente el duque de Uceda era hijo del duque de Lerma, y luchaba para desbancar a su padre y sucederle en el cargo de privado y Primer Ministro.

La lucha entre ambos bandos tuvo caracteres verdaderamente sanguinarios, y los asuntos familiares se entremezclaron con los políticos hasta límites inconcebibles.

Como en cierta ocasión el ya anciano don Francisco Calderón supiera que su hijo estaba enriqueciéndose mediante abusos, y que se encrespaba ya contra él gran parte de la nobleza, abandonó sus tierras de Valladolid y acudió a Madrid, con ánimo de aconsejar a su hijo para librarle de aquellas asechanzas con un cambio de conducta, pero cuando llegó a Palacio, don Rodrigo le recibió de pie, y sin ofrecerle un asiento le preguntó:

—¿A qué se debe vuestra visita, señor padre?

—Hijo mío, he venido a avisarte que hay muchas gentes que te quieren mal y que buscan tu perdición. Todos ellos propalan por toda España acusaciones contra ti de que te enriqueces a costa de los que acuden a pedir justicia al rey, y que cobras dineros por concederles audiencias, y otras muchas cosas que te achacan. He venido a pedirte que estés alerta, y sobre todo que cambies de conducta, para evitar que estas acusaciones vayan a perderte.

Don Rodrigo Calderón se quedó mirando fijamente a su padre, y luego, con voz en la que temblaba el orgullo y la soberbia, contestó:

—Por ser mi padre os he tolerado ese lenguaje. Pero ni temo a mis enemigos ni aprecio en nada cuanto me habéis dicho. Y en adelante os prohíbo que vengáis a importunarme con vuestras reconvenciones. Y miraos bien, que quien hable mal de mí, aunque sea mi padre, es mi enemigo. Recordad que yo nací cuando mi madre María de Aranda era todavía soltera, y si por vuestro ma-

trimonio con ella legitimasteis mi nacimiento, eso fue un acto
jurídico que puede invalidarse. Capaz soy de impugnar aquella
legitimación y dejar de ser hijo vuestro. Y ya sabéis para siempre
que ni necesito consejos, ni los admito. Podéis retiraros, señor
padre.

Don Francisco Calderón bajó la cabeza anonadado. Ya no le
cabía duda de que cuanto se decía de su hijo no eran calumnias,
sino que verdaderamente se comportaba como un político venal, y
que además el orgullo le había cegado y el poder le había secado
el corazón de todo sentimiento, incluso el amor filial. Con los ojos
arrasados en lágrimas salió del despacho y, sin detenerse a reposar
en Madrid, emprendió el regreso a Valladolid. Allí, avergonzado y
hundido en el dolor, se encerró en su casa, y ya no volvió a pisar
jamás la calle, voluntariamente recluido.

Por aquellos días circuló por Madrid un pasquín que había aparecido en la pared de la propia casa de don Rodrigo Calderón, en
la calle Ancha de San Bernardo, y en la fachada del convento de
San Felipe en la Puerta del Sol. Copiado apresuradamente por
quienes frecuentaban el «mentidero» de San Felipe, ingenios, autores de «gacetas» y de «avisos», pretendientes que aguardaban en
la Corte ventilar algún pleito para lograr un beneficio perdido, o
que solicitaban alguna merced en pago a sus servicios en lejanas
guerras, y los estudiantes sopistas que acudían al mismo convento para comer la «sopa boba» que repartían los frailes a los pedi-
güeños cuando a la hora de mediodía sonaba la campana del Ángelus, el pasquín circuló en seguida por todas partes, desde las casas
de los Grandes hasta las tabernas y mercados. Decía así:

«Cargos que se han de hacer a don Rodrigo Calderón, marqués
de Siete Iglesias, y a su protector y marido de su mujer, el duque
de Lerma: De haber hecho matar a la reyna doña Margarita, por
mediación de una ponzoña que le dio el doctor Mercado, a sabiendas del duque. De haber tomado dinero de la ciudad de Valladolid para llevar allí la Corte, y de haber tomado después dineros
de esta Villa para volver a traerla a Madrid. De haber organizado
por cuenta del duque una escuadra de barcos corsarios para asaltar los barcos que se quedan rezagados de la Flota de Indias. De
haber tomado joyas del Tesoro Real para que las luciera su amante doña María Quintana en un sarao en Valladolid. De haber hecho
matar secretamente a Francisco de Xuara porque no se supieran
sus correspondencias con Francia. Y de haber asesinado traicio-
neramente al alguacil de Corte, don Agustín de Ávila, porque éste
había descubierto secretos fraudes del duque de Lerma.»

Esta denuncia anónima pero pública contenía tales acusaciones que ya era imposible considerarlas simples hablillas, y el duque de Uceda, aun a sabiendas de que podía costarle la cabeza a su padre el duque de Lerma, o quizá para ello, hizo llegar una copia del pasquín a manos del rey.

Sin embargo, el duque de Lerma no se había dormido y hacía ya tiempo que esperaba llegara este momento, así que se había preparado una salida de tantos embrollos, sorteando el peligro.

Lerma había prestado durante todos los años que llevaba en el cargo de Primer Ministro muchos valiosos servicios a la Iglesia. No solamente había fundado y costeado la erección de más de treinta conventos; también había defendido con tropas españolas los derechos del Papado en las guerras contra Francia, había mantenido el estandarte de la catolicidad frente a los protestantes en Flandes y Holanda.

Con tales servicios sabía Lerma que el Papa no podía negarle una recompensa. Y anticipándose a que saltase a las esquinas madrileñas el tal pasquín había pedido al Papa que le honrase concediéndole un capelo cardenalicio. No era la primera vez, ni fue la última, que hubo un Papa que concedió un capelo a un seglar. Así que, basándose en los precedentes históricos y jurídicos, no vaciló Su Santidad Paulo V en otorgar el capelo, a quien además era nada menos que nieto de un santo, pues el de Lerma era en efecto nieto del duque de Gandía, san Francisco de Borja.

Cuando llegó a la Corte el «buleto» con el nombramiento, Lerma se apresuró a vestirse los ropajes de la púrpura cardenalicia, y así continuó despachando en Palacio los asuntos oficiales, convertido en cardenal-Primer Ministro. Había derrotado a sus enemigos, los partidarios de su hijo que deseaban enviarle a prisión, y aun a la horca. Pues siendo príncipe de la Iglesia no era posible procesarle ni proceder lo más mínimo contra él.

Aunque el pueblo, con la capacidad de improvisación que caracteriza a los madrileños, sacó unas coplillas en que se decía:

> *Para no morir ahorcado*
> *el mayor ladrón de España*
> *se vistió de colorado;*

a lo que se contestaba con otra letrilla, que no por burlesca dejaba de ser peligrosamente amenazadora y vindicativa

> *Pero queda otro ladrón,*
> *el orgulloso y cornudo*
> *don Rodrigo Calderón.*

Lerma cayó de su privanza el 4 de octubre de 1618, y el rey, no pudiendo proceder contra él aunque lo deseaba, y para evitar que mantuviera contacto con Calderón y con el de Lemos, le «otorgó licencia», es decir le mandó reintegrarse a su villa de Lerma, o a Valladolid.

El conde de Lemos, adelantándose a cualquier medida, se presentó al rey, y ante él hizo una recapitulación de los servicios que le había prestado a la Corona en paz y en guerra, las misiones delicadas que había desempeñado y lo mucho que podía seguir sirviéndole en Galicia, por lo que le pidió licencia para retirarse a sus posesiones de Monforte de Lemos.

El monarca, que temía a Galicia, como temía a Portugal, se apresuró a dar al conde la licencia, evitándose así enojosos problemas.

Así quedó abandonado a su suerte don Rodrigo Calderón, marqués de Siete Iglesias, y ya le fue imposible mantener por sí solo todas las riendas del poder, pues le faltaban manos para ello. Entonces el duque de Uceda y sus partidarios, y el conde (luego conde-duque) de Olivares, desembarcaron materialmente en Palacio, apoderándose de despachos y oficinas. El día 20 de febrero de 1619, terminadas las consultas con los Consejos, llevadas con el mayor de los secretos, Felipe IV, atendiendo la propuesta del duque de Uceda, decretó la detención y prisión del marqués de Siete Iglesias.

Era la una de la noche, y acababa de acostarse, tras haber velado trabajando en algunos papeles, cuando llamaron a su casa, en Valladolid, donde se encontraba, los alguaciles de Casa y Corte mandados por el consejero real don Fernando Ramírez Farina, y le llevaron detenido a la Casa del Cordón, que se había señalado como prisión.

Pasados unos días, se le llevó hasta el castillo de la Mota, en Medina del Campo, y más tarde al castillo de Montánchez, en Cáceres. Sus bienes habían sido confiscados, y su familia había quedado en la miseria, teniendo que alojarse en casa de uno de sus sirvientes, y alimentándose de las limosnas que le daban algunas personas, de las pocas que se atrevían a ello, pues había descendido una fría niebla de miedo sobre todos sus antiguos amigos y conocidos, aun aquellos a quienes había favorecido, pues si a muchos perjudicó en su gobierno, también a muchos remedió y elevó.

Los jueces encargados de sustanciar el proceso contra don Rodrigo Calderón fueron don Francisco de Contreras, don Luis Salcedo, don Diego del Corral, el fiscal García Pérez de Araciel, el secretario don Pedro Contreras, y el escribano Lázaro de los Ríos, según puede verse en los legados del proceso que se conservan en el Archivo de Simancas.

Curiosamente, el cargo en el que se dictaba el auto de prisión y se iniciaba el proceso no era ninguno de los que se habían enumerado en la denuncia anónima presentada al rey por el duque de Uceda, sino un oscuro asunto, insignificante para aquellos tiempos, como era la muerte de un individuo totalmente desconocido llamado Francisco de Xuara. El rey no quería hacerse eco de los demás asuntos, aunque los jueces se encargaron de añadirlos al primero de los delitos imputados.

No fueron parcos en acusar a don Rodrigo Calderón, marqués de Siete Iglesias, pues incluso le achacaron hechizos y prácticas ridículas de brujería.

Trasladado a la Villa y Corte de Madrid, se formalizó ya el proceso, con un auto fechado a 7 de enero de 1620, en el que se contienen los cargos que se consideran definitivos y que son los siguientes:

1.º Haber practicado hechizos.

2.º Haber obtenido dolosamente una cédula firmada por S. M. el rey, en que se le perdona el haber dado muerte a Francisco Xuara.

3.º Haber hecho dar muerte al alguacil de Corte Agustín de Ávila.

4.º Haber hecho dar muerte a dos servidores del duque de Lerma llamados don Eugenio de Olbera y don Alonso de Rojas.

5.º Haber inducido al doctor Mercado a dar muerte a la reina doña Margarita de Austria.

Con estos cargos en su contra, y siguiendo la costumbre procesal de la época, se le sometió a cuestión de tormento para que declarase, aplicándosele sucesivamente el potro, los cordeles y el agua.

En el primer interrogatorio se le tendió sobre el potro y se le estiraron los brazos hasta descoyuntarlos de los hombros. En el segundo se le aplicaron los cordeles a los muslos, interrumpiendo la circulación hasta producirle un dolor insufrible, y en el tercero, acostado sobre el potro, se le echaron varios jarros de agua por la boca, mediante un embudo.

A pesar de la brutalidad del procedimiento, que le dejó lisiado para más de dos años, no confesó más que uno de los cinco cargos acusatorios, el de haber hecho dar muerte a Francisco Xuara, pero negó todos los demás, despreciándolos como calumnias que le habían levantado.

En los primeros días del mes de octubre de 1621 dictó el tribunal la sentencia condenando a don Rodrigo Calderón a ser sacado de la cárcel y llevado en una mula al lugar del cadalso, donde se le degollaría en la forma acostumbrada.

A partir de ese momento recibió la visita diaria de religiosos para que le preparasen a bien morir, y fueron extraordinarias y edificantes sus muestras de humildad y resignación. Escribió varias cartas de despedida a sus familiares, llenas de consideraciones morales y religiosas, y pasó su última noche en oración.

Poco después de amanecer el día 21 de octubre de 1620 le sacaron de la celda, acompañándole el padre Pedrosa, su confesor, y en el portal el verdugo le montó en una mula y le ató los pies por debajo de la barriga del animal. El reo llevaba en sus manos, atado con una cinta, un crucifijo que había pertenecido al emperador Carlos I, y que siempre había tenido don Rodrigo en su oratorio con mucha devoción.

Por la plaza de Santo Domingo la comitiva, en la que iban escoltando al reo setenta alguaciles a caballo y treinta a pie para contener a la multitud, mandados todos ellos por el alguacil de Corte don Pedro Mansilla, emprendió el camino hacia la Plaza Mayor, donde estaba erigido el cadalso. Por tratarse de persona noble y titulada, el cadalso era un «tablado alto», forrado con paños de luto y provisto de dos escaleras, una para que subiera el verdugo, y otra, con alfombras negras, para que subiera el reo. Aunque por sentencia se le había desposeído de sus cargos, no se le quitaron estos honores, se le dio el tratamiento de señoría hasta el momento de su muerte y se le llevó por la calle de los Ángeles y plazuela de Herradores, a la calle Mayor, entrándole en la plaza por la Puerta de la Amargura, y no por la de Boteros, que era por donde entraban los condenados de rango social inferior.

Por el camino, toda la animosidad que el pueblo había manifestado en la época de su caída, y que se había patentizado en pasquines, pintadas y coplas, ahora, al cabo de sus dos años de prisión, y del tormento habido, y de todos los sufrimientos y vejaciones a que se le había sometido, se trocó en compasión. Las gentes se descubrían a su paso y le dirigían palabras de lástima y de aliento.

Llegados ante el cadalso, el verdugo ayudó a don Rodrigo Calderón a apearse de la mula, y por lo débil y torpe que estaba de las piernas a causa del tormento, el padre Pedrosa le ayudó a subir la escalera.

Sobre el patíbulo había una silla en la que se sentó. El verdugo le ató los pies a las patas de la silla, y sus brazos a los costados, para que no se moviera. Protestó don Rodrigo:

—¿Qué haces, amigo?

—¡Señoría, hago lo que me han mandado!

—Entonces cumple con tu obligación, y obedece.

Una vez atado, el verdugo le echó una caperuza por la cabeza para que no se viera su semblante en el momento de morir. Al sentir que le estaba atando las cintas de la lazada por detrás del cuello, don Rodrigo dio un grito:

—No, no, por ahí no. Soy noble y tengo derecho a que me degüelles por delante, no por detrás.

—Sósegaos, señoría, que os estaba atando el capuz.

Hizo una pausa el verdugo, y dijo:

—Os pido perdón, señoría, por lo que os voy a hacer, pero no es por voluntad mía, sino por la orden que tengo.

—Yo te perdono, amigo, y te doy gracias porque liberas mi alma para que Dios la recoja. Adiós.

En ese momento, entre el público se oyó una voz que gritó:

—¡Que Dios te dé buena muerte, caballero!

El verdugo puso una mano sobre la frente de don Diego para sujetarle la cabeza, y con la otra le pasó el afilado cuchillo por el cuello, con un tajo rápido que le seccionó las dos carótidas y casi le desprendió la cabeza del cuerpo.

Un caño de sangre bañó el patíbulo salpicando a los espectadores más próximos.

Después, el padre Pedrosa le dio su última bendición, y los Hermanos de Paz y Caridad recogieron el cadáver, poniéndolo en un ataúd.

El pueblo de Madrid comenzó a abandonar la Plaza Mayor en silencio, como si fuera un día de Viernes Santo.

Y esa última apelación para que se le cortase el cuello por delante, como privilegio de su nobleza, fue el último orgullo de don Rodrigo Calderón y Aranda, marqués de Siete Iglesias. El orgullo de don Rodrigo en la horca.

EL MISTERIO DE LA MUERTE DEL CONDE DE VILLAMEDIANA

. Pocos hombres han vivido tan intensamente y han tenido una vida tan aventurera, llena de lances de fortuna, repleta de azares de amor y de muerte, como don Juan de Tassis y Peralta, conde de Villamediana.

Había nacido en Lisboa, donde su padre ocupaba el cargo de correo mayor. Era éste un italiano español, o un español de Italia, puesto que en aquellos años del siglo XVI quienes nacían en la mayor parte de Italia eran españoles, ya que Nápoles, las dos Sicilias, el Milanesado y otros muchos territorios eran provincias españolas.

El padre, don Juan de Tassis Acuña Utendoch y Sarmiento, reunía en sus cuatro apellidos un resumen de las sangres de las Españas, pues por Tassis era italiano, por Acuña portugués, por Utendoch de Flandes, y por Sarmiento de Castilla. Su escudo nobiliario pintaba en campo de oro un águila imperial y en campo de azur un puercoespín y una letra T griega, la Tau de su apellido.

Hijo de tal padre, nuestro segundo conde de Villamediana se crió entre la riqueza, los viajes y la vida cortesana. Había nacido en 1582 y su infancia la pasó entre Italia, donde tenía parientes por parte de su padre, y Navarra, donde su madre conservaba extensas propiedades del riquísimo patrimonio de los Peralta.

A los catorce años, Villamediana ya tiene una primera aventura amorosa con una dama principal, y a los dieciséis en Madrid se le tiene por un hábil espadachín, capaz de esgrimir la espada con una mano y la daga con la otra, según mandan los cánones de la mejor esgrima. Si en la de espada pudo alcanzar las lecciones de Carranza o de alguno de sus discípulos, en la daga fue alumno del mejor de todos los tiempos en este arma, Florentino de Pancorvo, natural de Granada, que además de ser graduado en Filosofía y Matemáticas perfeccionó tanto el manejo de la daga que era capaz de luchar sólo con este arma menor contra un buen tirador de espada.

Cuando apenas tiene dieciocho años de edad, Villamediana conoce a doña Ana de Mendoza, de la ilustre familia de los Mendoza, duques dc Infantado, y se casa con ella, lo que le introduce en el círculo más estrecho y próximo al rey Felipe III. Apenas admitido en la Corte, consigue Villamediana llamar la atención de todos por su bizarría, elegancia, ingenio, educación artística, destreza en la fiestas de cañas y sortijas, y todo ello unido a su extraordinario valor tanto montando a caballo para alancear los feroces toros del Jarama, como a pie, peleando con el cuchillo en la caza del venado y el jabalí en los montes de El Pardo. Cuando Villamediana, en una cacería, rodó por el suelo abrazado a un jabalí que había matado ya a ocho perros de rehala y dejado cojos a dos caballos, ninguno de los circunstantes pudo esperar que el lance terminase bien para Villamediana. Pensaban recogerle muerto o malherido. Pero el joven, metiendo el cuchillo de monte por debajo del brazuelo de la fiera le partió el corazón, y se levantó indemne. Sacudiéndose con displicencia las yerbezuelas que se habían adherido a sus ropas.

Dueño de inmensas riquezas por parte de sus progenitores, y con la dote de su esposa, se dio en seguida a una vida de disipación, yendo de amorío en amorío, de francachela en francachela, rodeado de una corte de amigos, admiradores, aduladores y parásitos, gente alegre y agradecida a su prodigalidad. Pero también cayó en el vicio del juego, en el que sus pérdidas fueron tan escandalosas como sus ganancias; tanto que por defensa de las buenas costumbres, y ante las reiteradas denuncias que se hicieron, incluso desde los púlpitos de las iglesias, el rey Felipe III se vio obligado en 1603 a desterrar de la Corte a Villamediana, residenciándole en Valladolid.

En 1610, al ser nombrado el conde de Lemos para el cargo de virrey de Nápoles, Villamediana obtiene el puesto de secretario. Es curioso que este cargo lo había solicitado a la vez Miguel de Cervantes Saavedra, quien aducía su conocimiento de Italia, sus servicios en Lepanto, su cautividad en Argel, su dominio de la lengua italiana y, en fin, su edad madura y su experiencia en el servicio burocrático. Pero terció en el asunto un poeta allegado al de Lemos, envidioso y enemigo de Cervantes, Lupercio Leonardo de Argensola, y contra toda lógica y toda justicia se dio la secretaría a Villamediana, quien partió para Nápoles, dejándose en Madrid a su esposa para tener mayores libertades.

En seguida Villamediana escandalizó a Nápoles con su conducta desordenada, con sus amores alardeados públicamente, lo mismo con damas casadas que con bailarinas y cómicas a las que cubría materialmente de costosísimas joyas.

Allí permanece siete años. Muerto su padre, hereda el cargo de correo mayor que abarca no solamente los correos de Castilla y Portugal sino de todos los reinos que forman el Imperio español: Nápoles, Flandes, Aragón, las Indias Occidentales y Orientales, el norte de África, y hasta las lejanas Molucas y la Cochinchina, y la isla de Formosa...

Pero el correo mayor no era solamente el encargado de dirigir el mayor Ministerio de Comunicaciones que haya existido jamás, sino que además significaba algo más importante, si cabe: tenía a su cargo el Servicio de Inteligencia, puesto que sus funcionarios, junto con llevar a todo el mundo las órdenes del monarca a sus virreyes y gobernadores, y sus instrucciones a los embajadores, tenían la misma misión de recoger cuanta información pudieran, es decir, que el mensajero, o el empleado de la posta, era a la vez agente de información en el territorio propio, espía en territorio extranjero y censor de la correspondencia que transportaba. Esto último lo sabemos porque don Jerónimo de Barrionuevo en sus Avisos (tomo CCXXI de la Biblioteca de Autores Españoles, continuación de la de Rivadeneira, página 222) dice literalmente: «Todos los correos escribo si por acá han cogido mi carta para saber lo que en ella aviso. Lo sentiré mucho, porque, como he dicho en otras, no gustan de que nada se sepa.» Finalmente era misión del servicio de postas el recoger y enviar noticias confidenciales sobre personas o sucesos de cada ciudad a la oficina del correo mayor, para comunicarlas éste al Consejo Real.

Regresó, pues, Villamediana a Madrid para atender su cargo, y en seguida volvió a deslumbrar a la sociedad cortesana con sus proezas cinegéticas, sus amoríos y su elegancia en el vestir. Probablemente el príncipe heredero Felipe, que después sería Felipe IV, ya desde el momento en que Villamediana aparece en la Corte se siente atraído a imitarle. Villamediana se convierte a sus ojos infantiles en un héroe como los de los romances, o como los de las comedias de capa y espada que se representan en las fiestas de Palacio.

Quizás este deseo de imitar a Villamediana hizo que el príncipe procurase cuanto antes iniciarse en las aventuras amorosas, a lo que indudablemente le empujaba además el ambicioso Olivares (todavía conde pero aún no duque), quien ya pensaba en apoderarse de la volutad del príncipe para llegar a dominarle cuando fuera rey. Así, Felipe, por el deseo de imitar a Villamediana, y a la vez empujado al vicio por Olivares, a los catorce años de edad engendró su primer bastardo; el primero de una larga serie en la que nueve serían reconocidos, dos llevarían el apellido real de los Austria, y cuatro ocuparían cargos destacados en la vida religiosa.

Poco después, la amistad entre Felipe y su admirado Villamediana sufriría una crisis a consecuencia de una mujer, amada por los dos: Isabel de Borbón.

Isabel, hija de Enrique IV, rey cristianísimo de Francia, tenía dos años más que Felipe y estaba casada con él desde el 18 de octubre de 1615, fecha en que Felipe tenía diez años y medio de edad y ella iba a cumplir trece. La boda se había concertado por motivos políticos, como es sólito entre familias reales, y la ceremonia se había realizado por poderes, de tal modo que ambos niños ni siquiera se conocían.

En 1619 se despachó de Madrid una lucidísima Embajada con el duque de Uceda a la cabeza, «tal que nunca se había visto otra cosa igual». En la isla de los Faisanes, que está en el río que separa España de Francia, es decir el Bidasoa, el duque de Uceda entregó al embajador francés la infanta española doña Ana, que también estaba casada por poderes con el rey de Francia Luis XIII, mientras que recibía a doña Isabel para conducirla a Madrid, lo que hizo con toda pompa, viniendo la infanta francesa en una litera con la duquesa de Medina de Rioseco, dándose banquetes, festejos, luminarias y saraos en su honor en Fuenterrabía, Burgos y Segovia. La comitiva rindió viaje en El Pardo, donde la esposa de Felipe permaneció hasta terminarse las prevenciones para los solemnes actos con que Madrid iba a celebrar su recibimiento oficial.

Fue el 23 de noviembre de 1620, en que la princesa cumplió los dieciocho años, cuando aquella noche, en el baile que se celebró en El Pardo para festejarlo, se puso la princesa los «chapines» o zapatos de tacón, signo con que las mujeres pasaban a la mayoría de edad, puesto que los vestidos largos ya los usaban desde la infancia. Pasados dos días de fiestas, la noche del 25 durmieron la princesa y el príncipe Felipe en la misma alcoba, consumando el matrimonio.

Al año siguiente moría el rey don Felipe III y subía al trono el joven Felipe IV, a los dieciséis años de edad, junto con su esposa Isabel.

Isabel guardaba en su persona toda la gracia francesa, la

picardía, la distinción, la *charme* y todo ello junto a una belleza extraordinaria. Probablemente ha sido la reina más guapa que ha tenido España.

Pero desde el primer día comprendió Isabel que su esposo apenas la amaba. Sus noches eran raramente compartidas por este marido que se iba a buscar otros placeres en los brazos de comediantas, bailarinas o damiselas. A María Calderón, *la Calderona*, comedianta de primera categoría, le engendró un bastardo, Juan José de Austria, pero a la hija del conde de Chirel, almirante de las galeras del Mediterráneo, le hizo otro niño que se bautizó como don Francisco de Austria. Los amores del rey eran tan públicos que a veces ofendían a la vista. Así, cuando se celebraron unas fiesta de toros en la Plaza Mayor, el rey dio a *la Calderona* uno de los balcones principales, a la derecha del suyo, con general escándalo, tanto que la reina Isabel se vio obligada por puro amor propio a pedir al conde-duque de Olivares que sacara de allí «a aquella señora y le diese otro balcón». Entonces el rey le asignó otro, también en la Plaza Mayor, el del piso principal de la esquina a la calle de Boteros, que aún existe y le llaman «el balcón de la Marizápalos».

Estas ofensas, que se resolvían en peleas y escasamente en reconciliaciones, motivaron cierto distanciamiento entre el rey y la reina, distanciamiento que fue aprovechado por el conde de Villamediana para insinuarse a doña Isabel, deslumbrándola como rendido galanteador.

Isabel también, desde sus diecisiete años en que llegó a España, había quedado deslumbrada por aquel caballero de treinta y cinco, tan gentil y con una tan rutilante aureola de conquistador.

A partir de aquí entramos en el terreno de la leyenda, pues nunca podrá saberse a ciencia cierta si la reina sucumbió o no a la tentación de aquel amor que se le ofrecía como una sugestiva y romántica aventura.

Villamediana acosaba a la reina con sus ardides de cazador, como a los ciervos de los montes de El Pardo. Avanzaba, retrocedía, ofrecía, se recataba, todo ello a tiempo y a compás como en un baile de ceremoniosa pavana.

A las justas en que se rompían cañas siempre acudía Villamediana luciendo los más ricos y elegantes trajes, pero siempre de aquellos colores, o llevando en el sombrero cintas con los preferidos por la reina.

A veces ella recibía en su tocador, inesperadamente, un plieguecillo con unos versos amorosos de Villamediana, en los que él la llamaba *Francelisa*, nombre inventado por él, y que significaba igual Francesa flor de Lis, que Isabel de Francia, cambiando el orden de las sílabas.

En las corridas de toros que se celebraban en la Plaza Mayor, Villamediana procuraba siempre enfrentarse a los más feroces animales y ponerse en peligro, para sobresaltar el corazón de la reina, sabiendo que de este modo podría despertar su interés y su amor.

Por fin debió rendirse el corazón de Isabel a tanta fina galantería y tanto rendido apasionamiento, y más comparando a este amador con su esposo; comparación en la que Felipe salía malparado, porque mientras Villamediana era audaz hasta el límite y generoso hasta la prodigalidad, Felipe, a pesar de cuanto lo había intentado, era más bien cobarde y poco dadivoso. Le gustaba la fiesta de toros, pero no para enfrentarse a ellos con el rejón desde el caballo, o a pie con la espada, como los caballeros de la Corte. Nos cuentan los cronistas de la época que Felipe IV, cuando en una corrida había un toro difícil de matar, mandaba retirar a la gente, despejando la arena; bajaba del balcón a la plaza, pedía a su armero un arcabuz, y desde el burladero disparaba y mataba a la fiera sin peligro alguno, entre los aplausos aduladores del público, que premiaba, si no su valor, su puntería.

En una de estas corridas, pero que se celebraba en los terrenos del Buen Retiro, Villamediana, para atraer más la atención de la reina y despertar en su corazón sentimientos compasivos, que es el más seguro camino hacia el amor, se dejó derribar del caballo, lo que arrancó un grito a la reina. Pero la angustia de ella se trocó en explosión de alegría cuando Villamediana se levantó del suelo, y engañando al toro con uno de sus guantes le clavó la espada hasta el corazón derribándolo como herido por el rayo.

Frunció el ceño el rey, que sintió una punzada de celos ante aquel doble sentimiento de la reina, y sin esperar el fin de la corrida se levantó y abandonó el balconcillo, lo que obligó a la reina a seguirle.

Al día siguiente, Villamediana decidió dar un paso más en su conquista, y encontrándose en el Alcázar, donde por su calidad de «gentilhombre de la llave» tenía derecho a penetrar en las habitaciones reales, pasó desde la sala de Consejos al pasillo y antecámara que conducía al tocador de la reina, sabiendo que no encontraría al rey allí, pues le había dejado despachando. Sorprendió a la reina que, sentada ante el espejo, y rodeada de frascos y tarros de perfumes y coloretes, maquillaba su lindo rostro.

Acercándose por detrás a la reina, Villamediana puso en su cuello un beso tan ligero que casi no lo sintió. Volvióse Isabel y, encendido el rostro por el rubor, apenas tuvo fuerzas para decirle:

—¿Cómo os atrevéis, conde?

Y después, bajando los ojos, con un acento suplicante y a punto de desfallecer:

—Marchaos, por favor, conde; marchaos.

Villamediana no tenía prisa. Sabía que tras este primer paso podría avanzar otros, hasta ganar la partida iniciada.

Al día siguiente y sobre la misma hora, estaba también Isabel en sus habitaciones cuando sintió que alguien se acercaba por su espalda. No se volvió sino que fingió no darse cuenta, esperando lo que ocurriría. Entonces dos manos, desde atrás, vinieron a taparle los ojos.

Isabel soltó una alegre carcajada, y dijo dando un manotazo para separar aquellas manos:

—Estaos quieto, conde.

Y al volverse risueña encontró que quien estaba tras ella y le había tapado los ojos no era Villamediana sino su marido, el rey Felipe IV.

Isabel, con la rapidez que caracteriza a las mujeres cuando están en peligro de ser descubiertas en un desliz, repitió sonriendo la misma frase que imprudentemente acababa de pronunciar:

—Estaos quieto, conde de Barcelona.

Puesto que los reyes de España ostentan a la vez el título del condado barcelonés.)

El rey quedó confuso, sin saber la verdad, pero sospechando vagamente algún engaño.

—Estaos quieto, conde; conde de Barcelona...

Villamediana era un extraordinario poeta. Ha pasado a la Historia de la Literatura como uno de los mejores sonetistas del idioma español. También hizo relatos fabulosos en verso, de ambiente mitológico muy del gusto de la época, y de exquisita inspiración al par que de cultura clásica poco corriente.

Pero además fue un poeta satírico de los más incisivos y sangrientos, lo que le acarrearía peligrosos enemigos, y finalmente precipitaría su muerte.

Como buen poeta no podía menos de escribir alguna obra de teatro. Y lo hizo en *La gloria de Niquea*, sobre un tema del *Amadís de Grecia*. Una comedia de amor en la que Villamediana pone de manifiesto ante el público sus apasionados sentimientos. Hablemos algo sobre esta comedia:

Cuando Villamediana la concluyó, pidió a Góngora que le pusiera prólogo, lo que hizo el genio cordobés de buena gana, pues el verso de *La gloria de Niquea* entraba de lleno en las tendencias poéticas defendidas por Góngora.

Por fragmentos que se habían leído, existía una gran expectación por conocer la comedia, y fue elegida para una fiesta de la Corte que había de celebrarse en los jardines de Aranjuez, durante

el veraneo de los reyes. Participarían en la representación como
actores y actrices los más lucidos caballeros y damas cortesanos,
y el papel de Niquea se le reservó a la propia reina Isabel, que
era muy aficionada a participar en funciones de teatro. Tenía
entonces Isabel diecinueve años a veinte, y estaba bellísima con el
atuendo propio del personaje protagonista.

Se construyó un escenario primoroso y de gran amplitud, cuyo
montaje dirigió el propio Villamediana. La función sería de noche,
a la luz de antorchas y faroles sujetos en las ramas de los árboles,
o escondidos entre los rosales.

La primera parte de la velada fue otra comedia, titulada *El vellocino de oro*, que estrenaba la compañía de Medrano, y que Lope
de Vega había escrito expresamente para esta fiesta.

En la segunda parte de la velada, se representó *La gloria de
Niquea*. Villamediana, como autor, no quiso participar sino permanecer fuera del escenario, dando indicaciones como director de
escena.

De repente estalló el incendio en el propio escenario. Empezaron a arder las decoraciones de papel y tela, alzándose una gigantesca llama. Algunas damas se desmayaron, otras gritaban his-
téricamente, y cada cual abandonó el escenario como pudo, menos
la reina. Entonces, por entre el humo apareció un caballero que,
tomando a la reina en sus brazos, la puso a salvo alejándose con
ella por los jardines, en medio del tumulto sin reconocerse
a la indecisa luz rojiza de las llamas que devoraban el teatro y
que habían comunicado su fuego a los árboles.

Mientras el rey y el conde de Olivares, el duque de Uceda y
otros señores buscaban desatentamente a la reina, preguntando
a unos y a otros, Villamediana permaneció largo rato con Isabel
en sus brazos, olvidado de todo y de todos hasta que ella le convenció para volver adonde pudieran encontrarse con los demás.

El incendio no había sido casual, sino que Villamediana lo
había hecho provocar por un criado que metió una antorcha por
debajo del escenario.

Lo ocurrido acentuó la sospecha y los celos en el corazón del
rey, pero no se atrevió aún a darse por enterado.

Pocos días después, en otra fiesta de toros, alguien se encargó
de sembrar en el alma del rey todavía más recelos y dudas.

Se estaba lidiando un toro, cuando salió Villamediana, caballero en un magnífico caballo alazán cuatralbo, es decir que era
de color rubio con los cuatro cabos de las patas blancos. La agilidad del caballo y la maestría del jinete arrancaron aplausos en
todo el público, y Villamediana, tras saludar agitando en el aire

su sombrero, tomó una lanza y citó al toro, que se arrancó veloz
y codicioso. Villamediana le aguardó y al humillar el toro para
cornear al caballo, le clavó certeramente el hierro en el cerviguillo
con tal fuerza que, rompiendo las vértebras, derribó al toro que
le salió muerto de la lanza.

El alcalde de la Corte Francisco Verger, que acompañaba al
rey en el palco, observó fijamente al monarca, cuyo rostro se
había demudado, así que le preguntó maliciosamente:

—¿Qué os ha parecido Villamediana, majestad?

El rey, no queriendo traslucir lo que por sus adentros pensaba,
contestó como sin dar importancia al asunto:

—Pica bien, ¿no os parece?

A lo que contestó Verger con la peor intención del mundo.

—Sí majestad. Pica bien, pero pica demasiado alto.

El rey quedó como pensativo, repitiéndose en su interior el
significado y la intención que podían tener aquellas palabras de
su alcalde de Corte:

—Pica bien, pero *pica demasiado alto.*

En realidad Pedro Francisco Verger tenía motivos de sobra
para malquerer y aun para odiar a Villamediana. Ya hemos dicho
que Villamediana era un gran poeta satírico, y siéndolo, en varias
ocasiones había escrito epigramas crueles contra el alcalde de
Corte. A propósito de una fiesta de toros, Villamediana escribió
una especie de crónica taurina en verso, relatando los sucesos
de la lidia, desde las entradas de los personajes, y los lances que
cada uno había hecho.

De esta crónica se conocen algunas estrofas en que decía,
refiriéndose a Verger:

> *Muy galán entró Verger*
> *con cintillo de diamantes*
> *diamantes que fueron antes*
> *di amantes de su mujer.*

Y al relatar en otra estrofa que Verger había sido herido por
un toro manifestaba su sorpresa de que un animal con cuernos
pudiera atacar y herir a un cornudo como Verger:

> *¿Verger por un toro herido?*
> *Sería un toro forastero*
> *que no le hubo conocido.*

No eran éstas las únicas antipatías que atesoraba Villamediana.
Media Corte estaba en su contra, por el pecado nacional de la
envidia, que en España florece como las malvas en campo baldío.

Le envidiaban su lozana juventud, su elegancia, su inteligencia, su inspiración de poeta, sus dotes de conquistador de mujeres, y sobre todo le envidiaban su dinero, pues Villamediana disfrutaba de una de las remuneraciones más altas del Estado, como Correo Mayor, y a la vez gozaba las rentas de un patrimonio familiar que parecía inagotable.

En sus versos satíricos se burlaba de todo y de todos. Uno de los personajes a quienes ridiculizó en sus epigramas fue el cómico Juan Morales Medrano, famoso representante que durante muchos años fue uno de los mejores actores y directores del teatro español. Estaba casado Medrano con otra cómica, Jusepa Vaca, la cual, por su garabato femenino y por su gracia en la escena, despertó en muchos hombres principales fogosas pasiones. Ella no era demasiado melindrosa, y convirtió a su marido en cornudo repetidas veces. Una de sus aventuras, sabida de todo Madrid, fue con el Corregidor de la Villa, quien no se recataba de manifestarlo en público, y así cierta tarde entró en el escenario después de la función a entregarle a Jusepa Vaca unas flores y un regalo. Estaba presente Medrano, quien, quizá por parecerle poco el regalo, tuvo unas palabras con el Corregidor «y se descomidió con él», es decir, que le faltó al respeto, por lo que el Corregidor le mandó detener y le tuvo encerrado varios días.

Villamediana, por burla, hizo poner en la puerta de Medrano un pasquín que tenía pintado un caracol con unos grandes cuernos, y debajo estos versos:

Semejante al caracol
eres; y así no me asombra
que los que sacas al sol
te hagan guardar a la sombra.

Pero no se quedaba en burlarse de cómicos o de Alguaciles Mayores, sino que lanzó igualmente sus dardos punzantes contra los propios Ministros y Consejeros Reales, como el marqués de Malpica, cuya ignorancia y estupidez eran proverbiales. A éste le describió así:

Cuando el Marqués de Malpica,
caballero de la llave,
con su silencio replica,
dice todo cuanto sabe.

Incluso se atrevió Villamediana a burlarse de los muertos. Así, tras la ejecución de don Rodrigo Calderón, marqués de Siete Igle-

84

JOSÉ MARÍA DE MENA

sias, que había sido el hombre más poderoso del reino, le dedicó
Villamediana este burlesco epitafio:

> *Aquí yace Calderón*
> *pasajero el paso ten,*
> *que en hurtar y morir bien*
> *se parece al buen ladrón.*

Cada día llegaban a su despacho y a su casa plieguecillos anóni-
mos con amenazas, y cada noche pegaban pasquines insultantes en
la fachada de su casa. Pero a Villamediana no le preocupaban estos
desahogos de sus enemigos, antes al contrario, cada nuevo enemigo le parecía como un nuevo motivo de sátira y un nuevo desafío
a su inteligencia para inventar nuevos modos de darle disgustos.

Por estos días fue desterrado de Madrid el padre Pedrosa,
célebre predicador y que estaba tan allegado a los reyes y a los
personaje de la Corte que se le llamaba a predicar en palacio,
y cuando don Rodrigo Calderón fue condenado a muerte fue él
quien le acompañó consolándole camino del cadalso, y quien le
ayudó a bien morir. Pedrosa predicaba con gran soltura, y se atre-
vía a llamar las cosas por su nombre, y recriminaba sus pecados
a los pecadores, aunque se tratara del propio rey. Tal libertad de
palabra, aunque fuera en la Cátedra del Espíritu Santo, donde
quien habla no es el predicador sino Dios por su boca, acabó por
concitar contra el fraile las iras de personajes de mucha cuenta,
que consiguieron del rey una cédula de destierro, con el Placet del
Nuncio. Villamediana, cuando supo el destierro del padre Pedrosa
escribió:

> *Un ladrón y otro perverso*
> *desterraron a Pedrosa*
> *porque les predica en prosa*
> *lo que yo les digo en verso.*

El día 15 de agosto de 1621, día de la Virgen, como vulgarmente
se designa a la festividad de la Asunción de la Virgen María a los
cielos, se celebraron en el Buen Retiro dos corridas de toros, una
por la mañana y otra por la tarde, con veintidós toros por junto.
La de la mañana fue la más elegante, pues en ella participaron
los caballeros más principales de la Corte: el marqués de Medina
de las Torres, todavía gallardo a pesar de sus cuarenta y seis o
cuarenta y siete años, que empleaba el garrochón con poderoso
brazo; el conde de la Mejorada, que había conseguido su título
tres años antes, y que peleó con valentía a pie; el marqués de Cué-
llar, linaje de los Cuevas y Téllez Girón, que, como de familia

andaluza, era maestro en el rejoneo. Pero de los once señores que participaron en la corrida de la mañana, ninguno tan lucido como el conde de Villamediana, tras cuyo talle se iban los ojos de todas las damas de la Corte.

Los señores, al entrar en la plaza, habían de hacerlo acompañados de sus criados, que les ayudarían a lidiar el toro. Uno de los criados, el escudero, portaba el escudo de su señor, en el que estaba pintado algún lema o enigma, curiosidad cortesana muy en boga, lema que el público se encargaría de descifrar. El de Villamediana llevaba pintados en su escudo unos redondeles plateados, que apenas se podían ver porque el sol de las diez de la mañana se reflejaba sobre ellos despidiendo un brillo cegador. Alrededor iba escrito un mote que decía: «Son mis amores.»

Villamediana, cuando soltaron el toro, tomó el escudo y la lanza, y usando el escudo como un señuelo jugó a deslumbrar al toro hasta hacerle arrancarse, y le hirió quebrando la lanza en el encuentro. Entonces volvió a citarle y le hirió con la espada. Arremetió por tercera vez el toro y consiguió herir al caballo, que, dando un doloroso relincho, se alzó de manos vertiendo las tripas por la herida que el cuerno le había abierto en el abdomen. Se había planteado ahora lo que en lenguaje taurino se llamaba «un empeño». El caballero tenía «un empeño con el toro», al que había de hacer pagar la ofensa de haberle herido la montura. Para ello, el caballero debía, pie a tierra, pelear con el toro valiéndose de la espada y el escudo, hasta darle muerte. La técnica de esta pelea no era clavarle la espada en el lomo, de arriba abajo, en la forma en que hoy los matadores dan la estocada, sino que se debía herir con el filo de la espada y no con la punta, golpeando fuertemente al toro en el cuello, para cortarle la carótida y la yugular, desangrándole, o bien clavar la espada de punta en el comienzo del cuello, junto a la nuca, para descordarle, como hoy se hace con el descabello.

Peleó Villamediana con garbo, empleando el escudo para llevar al toro en la dirección deseada con la mano izquierda, mientras que con la derecha le hería con la espada cruelmente.

Cayó por fin el toro, y cuando el público, aplaudiendo con entusiasmo, gritaba «Vitor, Vitor Villamediana», el rey le dijo al alcalde de Corte, Verger, que estaba a su lado en el tabladillo:

—¿No os parece estúpido el mote que hoy trae pintado Villamediana en su escudo?

—¿Por qué, majestad, os parece estúpido?

—Porque veo que trae unas monedas y alrededor un mote que dice: «Son mis amores.» ¿No es estúpido pregonar su avaricia diciendo que sus amores son los dineros?

Calló Verger, y después dijo con voz insinuante y maligna:

—No interpreto yo así ni el dibujo ni el mote, majestad. Yo lo veo de muy distinto modo.

—¿Qué veis, pues señor Verger, que yo no haya visto?

—Señor, yo veo, no unos dineros cualesquiera, sino dos monedas de a real, es decir, lo que pinta en el escudo son reales. Y si el mote dice «son mis amores», yo entiendo muy claramente que lo que Villamediana expresa en su escudo está bien claro: «Son mis amores reales.»

Se encendió de ira el rostro del rey, y le tembló la voz en la respuesta:

—¿Conque sus amores son reales? ¡Pues yo se los haré cuartos!

Venía de la plaza un acre olor a sangre y a intestinos, y una bocanada de polvo levantado por el viento de la tierra seca y quemada por el sol de aquellos días de agosto. En los palcos, las damas bebían refrescos y sorbetes de nieve, traída de noche a lomos de mula desde la sierra del Guadarrama, envuelta en paja y lienzos para que no se derritiera. En las talanqueras de tablas, donde se refugiaban los criados de los señores y los pícaros llegados desde los barrios de Madrid para lucir sus habilidades lidiando a los toros sin ningún arma, tan sólo con las capas de seda, se levantaba un tumulto de pelea y salían a relucir las navajas, mientras un vendedor pregonaba tajadas de sandía para las bocas sedientas.

Sintió el rey de repente una sensación infinita de asco de todo aquello, y una punzada en el pecho como si le hubieran clavado alfileres en el corazón. Se levantó del asiento, y le dijo al alcalde Verger:

—Volvamos a palacio.

En el palco de al lado, la reina reía con las duquesas de Medina-Sidonia y de Lerma, y con las hijas del duque de Uceda. Al ver al rey ponerse de pie, se levantó para acompañarle, pero el rey le indicó con un gesto que se quedase en el palco con sus damas.

Salieron el rey y Verger del tabladillo y se dirigieron al palacio del Buen Retiro, palacio que aún no tenía más que una modesta edificación que poco después sería ampliada, dieciocho años más tarde, en 1638, por el arquitecto Alonso Carbonell, y que recibiría el nombre de Casón del Buen Retiro.

Por el camino le dijo Felipe IV a Verger:

—Ese hombre ha ido demasiado lejos.

A lo que contestó Verger con incontenible gesto de odio:

—Pues habrá que atajarle la carrera.

Habló Felipe IV sin querer decir demasiado, casi tartamudeando:

—¿Seríais capaz de...?

—Señor, yo sería capaz de todo y estoy dispuesto a todo.

Permaneció en silencio Verger mientras cruzaban los pasillos del palacio. Iba pensando en la manera de realizar su designio. Acompañó al rey hasta la puerta de su aposento, y allí se detuvo:

—Estamos a quince de agosto. Dejaremos pasar cuatro o cinco días para que la gente que se haya fijado en el escudo de Villamediana haya olvidado el suceso. En cuatro o cinco días ocurren cosas suficientes para que se olvide cualquier novedad en este Madrid.

La noche del veintiuno de agosto de 1621, el Correo Mayor de las Españas, don Juan de Tassis y Peralta, conde de Villamediana, después de despachar sus asuntos oficiales con el rey, salió del despacho donde habían conversado, despidióse con un ceremonioso saludo y emprendió la salida del Alcázar. Al llegar a la plaza de Armas, encontró a don Luis de Haro, hijo del marqués de Carpio, con quien, a pesar de que era más joven, Villamediana sostenía una buena amistad y camaradería.

—¿A dónde vais, don Luis?

—A casa a retirarme, pues mañana he de madrugar para ir de cacería con el rey, a quien Dios guarde.

—Si queréis os llevaré en mi coche. Lo tengo ahí cerca, fuera de la Puerta del Alcázar, a la entrada de la calle Mayor.

Salieron ambos del Alcázar, y muy pronto subieron al vehículo, de dos caballos, que guiaba un cochero mulato. El coche enfiló calle Mayor adelante.

En aquel momento, el rey Felipe IV, que acababa de despedir a Villamediana, llamó agitando la campanilla de plata que tenía sobre la mesa. Acudió un criado.

—Avisad que venga mi capellán.

Unos instantes después entró el capellán, que estaba en la capilla inmediata al despacho real. Habló el rey:

—Reverendo padre: recemos una oración por los que van a morir.

Quedó el capellán suspenso, como dudando si haber entendido:

—¿Qué decís, señor?

—Recemos una oración por los que van amorir —repitió el rey.

Se arrodilló el capellán en la alfombra, demudado el rostro, imaginando algún terrible misterio en las palabras del rey. También el monarca se arrodilló junto a él. La luz de las velas que estaban encendidas sobre el escritorio volvía amarillo el rostro de Felipe IV.

—*Suscipe Domine anima sua in locum sperandae.*

—*Sibi salvationis a misericordia tua.*

En ese momento se oyó un lejano estampido por la parte de la calle Mayor. Se sobresaltó el clérigo intentando levantarse para cerrar la ventana, pero el rey le sujetó por el brazo, manteniéndole arrodillado:

—No es un trueno de tormenta, reverendo padre. Ha sido un disparo. Podéis continuar.

—*Libera Domine animam suam ex omnibus periculis inferni.*

Por la ventana entraba un clamor de gritos de gente despavorida. Se oyó el galope de un caballo, y después el ruido de un coche alejándose, mientras bajo la penumbra de la prima noche seguía aumentando el vocerío de gentes y el estrépito de abrirse y cerrarse ventanas del palacio y de las casas vecinas. El rey siguió rezando:

—*Et de laqueis poenarum ex omnibus tribulationibus.*

—Amén.

Cuando el coche en que iban el conde de Villamediana y don Luis de Haro marchaba ya por la calle Mayor, habiendo dejado atrás el Alcázar, se cruzó por delante un mozo con un caballo que dejó parado en mitad de la calzada. Detúvose el carruaje ante el obstáculo y, en ese momento, de los soportales que hay en la acera de San Ginés salió un hombre embozado, que llevaba en la mano una carabina, que entonces se llamaban así las grandes pistolas de boca ancha, de arzón. Se dirigió el hombre al coche, y por la ventanilla disparó a quemarropa sobre el conde. Al estruendo del disparo y sintiéndose herido, se incorporó Villamediana, alargó el brazo, abrió la portezuela intentando salir del vehículo a la vez que echaba mano a la espada. Pero antes de sacarla de la vaina se desplomó muerto, mientras de su pecho, abierto por un boquete, se escapaba un caño de sangre.

El asesino, antes de que don Luis de Haro pudiera reaccionar, saltó sobre el caballo que le había dejado el mozo delante del coche, y poniendo piernas, salió a galope mientras a su espalda se oían los gritos de la gente y el estrépito de abrirse y cerrarse ventanas.

Aquella noche don Luis de Góngora, que era muy amigo del conde de Villamediana, y que le había prologado *La gloria de Niquea*, al saber la noticia no pudo conciliar el sueño. Tampoco podía ir a la casa palacio del conde, en donde sabía que no podía hacer nada. Al amanecer, y cansado de dar vueltas en el lecho, se levantó, encendió un candil, y tomando recado de tintero, papel y pluma, comenzó a escribir unos versos:

> *Mentidero de Madrid*
> *decidme ¿quién mató al conde?*
> *ni se sabe ni se esconde*
> *mas el caso discurrid.*
> *Dicen que le mató el Cid*

> *por ser el conde lozano;*
> *disparate chabacano*
> *la verdad del cuento ha sido*
> *que el matador fue Bellido*
> *y el impulso, soberano.*

Dos horas después, en las gradas de San Felipe el Real, convento que estaba en la plaza de la Puerta del Sol y donde se reunían los ingenios, poetas, arbitristas, sopistas, vagabundos, pretendientes y otra gente de mal vivir, los versos de Góngora se repetían de boca en boca, y se copiaban con avaricia.

> *que el matador fue Bellido*
> *y el impulso, soberano...*

Al saber la muerte del conde de Villamediana, la reina doña Isabel marchó al Buen Retiro a pasar la tarde en compañía de sus damas, fingiendo indiferencia. Pero cuando se vio allí, dio rienda suelta a su desesperación, mesándose los cabellos y profiriendo gritos de dolor. La duquesa de Medina, su maestra y amiga, la consoló y para distraerla le propuso plantar un ciprés en memoria de su enamorado amigo muerto. Así lo hicieron, y ya calmadas sus primeras horas de dolor, regresaron la reina y su dama al Alcázar.

Amigo lector, si vas a los jardines del Retiro, en la glorieta que llaman por mal nombre Glorieta del Pino, encontrarás un viejísimo ciprés. Es el mismo que plantó con sus manos doña Isabel de Borbón, y que muchas veces regó con sus lágrimas.

Nota

Cuando se dice en este relato que el rey oyó desde su aposento del Alcázar el disparo que mató a Villamediana cerca de los soportales de San Ginés no debe extrañarse el lector. En esa época delante del Alcázar había una enorme explanada sin edificar, que llegaba casi hasta San Ginés. Las actuales calles de Lepanto, Ramales, Luzón, etc., no existían, y las escasas edificaciones que había, como el Mesón de los Paños, eran de una sola planta, y algunas casuchas mezquinas. Solamente a finales del siglo XVII y durante el XVIII se crearon callejuelas ocupando el espacio ante el Palacio Real, que hubo que derribar para hacer la plaza de Oriente, la de Ramales, la de Isabel II y la de San Martín, ya mediado el siglo XIX.

LEYENDA DEL RELOJ DE SAN PLÁCIDO

En la calle de San Roque, cerca de la plaza del Callao, en ese dédalo de calles y callejuelas, de la Luna, de la Ballesta, del Desengaño, del Pez, que configuran uno de los rincones más entrañables y antiguos de la Villa y Corte, se alza el Convento de San Plácido que todavía hoy existe, superviviente al paso de los siglos.

En la época del suceso que vamos a relatar el Monasterio de San Plácido acababa de ser fundado por doña Teresa de La Cerda, de la familia de los Infantes de La Cerda, a quienes los reyes de España habían de pedir la venia para coronarse, ya que el primero de los Infantes de La Cerda era nieto primogénito y heredero legítimo de don Alfonso X *el Sabio*, si bien para evitar a Castilla una dramática minoridad en tiempos peligrosos de guerra contra moros y de revueltas feudales, se prefirió que la línea dinástica que desde don Alfonso, pasando por su hijo Fernando, muerto, debía continuar hasta el tierno hijo de éste, se torciera pasando a ocupar el trono el hijo segundón de don Alfonso, el belicoso Sancho, capaz de mantener a raya a la morisma, a la orgullosa nobleza y al ambicioso clero medieval. Privó, pues, la razón de Estado sobre el derecho, pero los descendientes del Infante de La Cerda tuvieron durante siglos el privilegio de que los sucesivos reyes les hubieran de pedir el placet para reinar. Al fin, doña Teresa de La Cerda entró monja, y en ella acabó aquel privilegio y aquella costumbre protocolaria, en el reinado de Felipe IV.

Era, pues, el convento de San Plácido en el siglo XVII uno de los más distinguidos de la Villa y Corte, donde profesaban como «señoras monjas» las más ilustres damas de la nobleza madrileña, y aun española, si repasamos nombres de religiosas venidas de

Navarra, de las Vascongadas y de Andalucía.

Transcurría la vida del convento de San Plácido sosegada, sin que el vecindario formado por gente «de rompe y rasga» molestase jamás a las monjas, ni tampoco el propio obispo, en calidad de vicario del arzobispo de Toledo —a cuya archidiócesis pertenece Madrid—, importunase con curiosidades ni intromisiones la dulce monotonía de aquel santo retiro.

Mas he aquí que cierta noche se detuvo ante la puerta del convento un carruaje que traía pintadas en la portezuela las armas de una familia muy principal, y se apearon de él un matrimonio de mediana edad, y una joven bellísima, ataviada con un vestido blanco de primorosa hechura y rico aderezo.

Cuando se abrió la puerta del cenobio, quedaron aguardando en el coche el cochero y el lacayo, que traían carabinas y espadas, como lo exigía la inseguridad de la época, y más de noche, en que eran los dueños de la calle los pícaros y hampones, capeadores, cortadores de bolsas, y otra gente gallofa, peligrosa y amenazante.

Recibió a los visitantes la abadesa, doña Teresa de La Cerda, con mil muestras de afecto porque era muy su parienta.

—Bien venidos seáis a esta humilde casa. ¿Qué novedad es ésta de visitarnos tan a deshoras? Vuestra carta avisándome la llegada, me ha puesto en mil cuidados.

Respondió el caballero, un hombre maduro, de rostro flaco y aguileño, vestido con calzas de seda y jubón de terciopelo negro, sobre el que destacaba al lado izquierdo del pecho la roja insignia de la Cruz de Santiago. Habló con voz queda y mesurada:

—Ante todo, gracias, señora prima, por recibirnos en horas tan intempestivas y desusadas, pero la razón de venir así es porque importa mucho el secreto, para la honra de nuestra, y vuestra, familia.

—Explicaos, señor primo, que me ponéis el alma en la boca. ¿Tan grave es el asunto?

—Más que grave, mortal. Pero permitid que os lo hable a solas, para que mi esposa y mi hija no hayan de oír ciertos detalles, que sólo vuestra reverencia, con más formado espíritu, puede escuchar.

Pasaron a un locutorio apartado el caballero y la abadesa, mientras que la señora y su hija permanecían en el amplio salón, con dos hermanas legas que habían salido a hacerles compañía.

El caballero volvió a hablar ya a solas con la religiosa:

—Habéis de saber, prima mía, que el rey nuestro señor ha puesto sus ojos en nuestra hija con pecadores propósitos.

—Santo Dios —exclamó la abadesa santiguándose. Después reaccionó y con voz más suave repuso—: Bien sabéis, señor primo, que muchos señores reyes han buscado en amores ilícitos la descenden-

cia que en su legítimo matrimonio no tenían. Nuestro rey don
Felipe, que Dios guarde, tiene un hijo varón, Baltasar Carlos, pero
el príncipe es tan enfermizo y de complexión tan débil que lo
más probable es que no viva tanto como para llegar a reinar.

Sonrió irónicamente y con tristeza el caballero, y contestó:

—Dios guarde vuestra inocencia, señora prima, que solamente
conocéis los hijos y los malpartos que ha tenido la señora reina.
Pero os falta saber los bastardos, que ha tenido el rey.

—Callad, callad, señor primo. Son esas cosas que no deben oír
tampoco mis orejas de monja.

—Se trata de verdades, no de rumores ni de hablillas. Básteos
saber, señora prima, que con una cómica llamada María Calderón,
por nombre de teatro apodada *la Calderona*, ha tenido el rey un
hijo varón, al que ha puesto su ilustre apellido de Austria: el bastardo real don Juan José de Austria. Y solamente os cito ése, primero de una larga serie de hijos que le han dado burguesas, camaristas de Palacio, mujeres casadas con maridos complacientes,
hijas de familias nobles, cómicas, y hasta mozas del partido.

—Jesús, Jesús —se escandalizó la abadesa.

—Ahora se ha encaprichado de mi hija. Pero yo no cederé un
palmo en la honra de mi familia aunque en ello me fuera la vida.
Haréis merced, señora prima, de guardar en vuestro convento a
nuestra hija, esperando mejor oportunidad de que al rey se le
pase el pecador apetito, o que nuestra hija sienta vocación y
prefiera meterse monja a vuestro lado; o que dispongamos sacarla de Madrid para nuestras posesiones de Sevilla.

Así habló el marqués de las Torres don Martín Abarca de Bolea,
caballero de Santiago, señor de Siétamo y la villa de las Torres,
que había sido maestre de campo en los Tercios de Flandes y
que ahora, en su gloriosa madurez, en el umbral ya de la vejez,
ocupaba un cargo en el Consejo.

Momentos después, el coche con el escudo nobiliario en la
portezuela se ponía en marcha llevando al marqués y a su esposa.
Quedaba en el convento su hija Eleonor, una de las más perfectas
criaturas de la Corte, bajo el más recomendado secreto.

Su reverencia, doña Teresa de La Cerda, aquella noche no pudo
dormir, alterada por tan inesperada ocurrencia y por tan pesada
responsabilidad. A la madrugada pensaba en aquella cómica, *la
Calderona*, cuyo nombre acababa de oír por vez primera, pecadora
y madre de un infante bastardo. Doña Teresa, medio despierta
medio a dormivela, soñó que conseguía salvar aquella pobre alma
pecadora, y que a la amante del rey la metía monja en un convento de su Orden. (Años más tarde ese sueño se cumpliría, pues
la Calderona fue monja, y llegó a ocupar el cargo de abadesa en
un convento de la misma Orden en tierras de la Alcarria.)

Por aquellos días, llegó a la Villa y Corte de Madrid un famoso relojero alemán, que empezó a recorrer los conventos y las iglesias, para ofrecerse a construir relojes de torre, de perfección nunca vista hasta entonces. Eran pocos los relojes de torre que existían en España; parece que no pasaban de dos docenas, a saber: el de la catedral de Valencia, de 1378; el «Papamoscas» de Burgos, de 1384; el de la Seo de Lérida, de 1390; el de la Seo de Barcelona, de 1393; el de la catedral de Sevilla, del mismo año; el del Concejo de Valencia, de 1413; el del monasterio de Valldigna en Valencia, de 1435; el del Palacio Real de Valencia, de 1437; el de la catedral de Vic, de 1444; el de la torre del Miguelete de Valencia, de 1446; el de la Seo de Gerona, de 1478; el de la iglesia de Santa María de Cazalla de la Sierra, Sevilla, de 1510; el de la catedral de Tarragona, de 1510; el de la iglesia de la villa del Arahal, de Sevilla, de 1514; el de la iglesia de Salvatierra, Badajoz, de 1529; el de la iglesia de Palma del Río, Córdoba, de 1550; el de la Universidad de Osuna, de 1550; el de la iglesia de San Lorenzo de Sevilla de 1553; el de la iglesia de San Marcos de Sevilla, de 1555; el de la catedral de Ciudadela, Menorca, de 1562; el de la catedral de Manlleu, Barcelona, de 1573; y el de la iglesia de San Martín de Salamanca, de 1574. Y quizá tres o cuatro más. Muchas provincias o diócesis de España no sabían aún lo que era un reloj mecánico, y solamente medían sus horas por el reloj de sol, construido en la fachada de la torre de la iglesia, o sobre una losa de mármol en medio de algún patio o jardín. Todavía no podía faltar en ninguna iglesia Mayor o en ningún convento el «Libro de reloges solares», compuesto por Pedro Ruiz, clérigo valenciano, discípulo del maestro Hierónimo Muñoz, «en el qual se muestra a hacer reloges en llano y en paredes». (Impresso en Valencia en casa de Pedro de Huete. Año de 1575.)

Es natural que la llegada del tal relojero causase sensación en Madrid, y que los más ricos conventos se apresurasen a recibir al maestro alemán y conocer sus condiciones para poner un reloj que pudiera marcar las horas canónicas para los rezos conventuales, tanto de día como de noche, y tanto con lluvia como con nublado, es decir, todo lo que no pueden hacer los relojes de sol.

No tardó el tal relojero alemán en visitar el convento de San Plácido. La abadesa encomendó a Eleonor que fuera ella quien acompañase al artífice en su recorrido por el retiro conventual, pues ella no era todavía monja sino solamente una huéspeda, y podía hablar con hombres, cosa que a las monjas de clausura se lo vedaba la estrechez de su regla monástica. Por otra parte Eleonor había visto relojes de torre en las iglesias de Sevilla, y podía dar una idea sobre aquel importante negocio, así que la bella joven llevó al relojero por el edificio conventual el templo, el jardín, y hasta el pequeño cementerio, buscando el lugar más apropiado para la colocación del reloj, de tal modo que pudiera escucharse su campana desde cualquier lugar del monasterio.

—¿Cómo sonará la campana de vuestro reloj? —preguntó llena de curiosidad la joven.

El artesano, hombre de edad indefinible y de perfil judío, la nariz ganchuda y los lados de las sienes hundidos, contestó:

—Mi reloj no tiene una sola campana sino varias, y con ellas se pueden combinar los sonidos de tal modo que a mediodía toque un canto de alegría y a la tarde un canto de nostalgia.

—Muy pagano me parece vuestro campanil. Yo preferiría que a mediodía sonase una música de Ángelus, y a la tarde un toque de recogimiento por ser la hora de las vísperas.

—Qué sabréis vos, en vuestra ignorante juventud, de lo que son músicas agradables —replicó el relojero—. ¿No habéis oído que hoy se adora más al amor y al placer que a vuestros secos ascetismos? Hasta los cardenales y el Papa se hacen pintar cuadros en los que triunfa la desnudez pagana de las diosas de la mitología...

Interrumpió su conversación el relojero porque se acercaba por el claustro la abadesa.

—¿Encontrasteis el lugar adecuado para colocar el reloj, maese alemán?

—Cierto. En mi opinión debería ponerse no en la torre sino sobre la puerta principal de la iglesia, de tal modo que lo mismo pueda verse una esfera desde la calle, que la otra por el interior del templo, frente al altar mayor. Y puestas las campanas en alto, podrán ser escuchadas, no sólo por toda la comunidad, sino también por todo el vecindario.

—Bueno será ello para que los vecinos, sabiendo la hora, puedan asistir a la santa misa, que muchos de ellos hay que jamás pisan un templo de Dios.

Intervino Eleonor, después de que hablase la abadesa:

—Madre, dice maese alemán que el reloj llevará varias campanas y que tocará diversas músicas a las distintas horas del día.

—Muy bien. Pues primeramente id eligiéndolas junto con mi sobrina, y cuando ya las tengáis, yo diré cuáles han de ponerse.

Pasados unos días, el relojero había traído al convento las grandes cajas de madera que contenían la maquinaria del reloj; dos grandes esferas de mármol blanco, las agujas de horarios y minuteros, grandes como lanzas, y las campanas de varios tamaños, que componían el carillón.

—¿Todas esas campanas habréis de probar con todas las músi-

cas horarias? Acabaremos con dolor de cabeza nosotras, y todo
el vecindario del barrio.

—Oh, no, señora, mi joven señora; traigo también un carillón
en miniatura, como un juguete. En él ensayaremos las músicas,
y después, cuando ya se hayan determinado las que han de ser, las
pondré en el mecanismo del reloj para que esas mismas músicas
suenen en las campanas grandes.

—Cosa parece de brujería, si no fuera cosa de mecánica.

—¿Habéis visto alguna vez obras de mecánica?

—Sí, por cierto. Mi señor padre me llevó a Toledo para ver
el artificio de Juanelo, que por industria de muchas ruedas enlaza-
das unas a otras subía el agua desde el Tajo hasta el Alcázar.

—Grande ingenio debió ser el de Juanelo Turriano.

—Pues todavía hizo cosas de más maravilla. Construyó un muñeco de madera que llamaban «el Hombre de Palo», que por obra
de resortes podía andar como las personas, y en un día de Corpus
fue caminando en la procesión desde el Zocodover hasta la catedral.

Cambió el tema el relojero.

—¿Qué me decís de las músicas para nuestro reloj? ¿No os
gustaría que para las horas de la noche pusiera en el reloj una
música tan dulce que os hiciera soñar con amores, danzas y
fiestas?

—No por cierto, que la noche se ha hecho para descansar, no
para que el sueño se nos llene de imágenes vanas.

—No siempre son vanas las imágenes de los sueños. A veces
se convierten en realidades. Quizás a mitad de un sueño pudierais
abrir los ojos y encontrar al borde de vuestro lecho un apuesto
enamorado.

—Callad, callad. Esas cosas no pueden decirse ni escucharse.

Sonrió el relojero con una mueca burlona.

—¿Ni siquiera si el enamorado fuese el propio rey?

Era ya el mes de octubre, que en Madrid pinta de oro y plata
las hojas de los árboles, poniendo alfombras de regia suntuosidad
por el suelo de los jardines. Y en las horas de poniente el cielo
se baña con la más exquisita policromía de amarillos y malvas,
como si a los ángeles pintores se les hubieran derramado los colores de su paleta sobre las nubes que hacen dosel a la Villa y Corte.

El reloj del convento había quedado ya instalado. Sus campanas
de carillón a punto, y las dos esferas marcando con sus agujas
el curso de las horas.

El relojero, maese alemán, una vez terminada su labor, acudió
aquella noche a una casa de la calle de Toledo, que se comunicaba
por un angosto pasillo con las viviendas de los servidores del
Palacio Real, pues ya hemos dicho que en aquel tiempo el Palacio

Real estaba situado en todo el ámbito de la plaza Mayor.

Tras recorrer un dédalo de galerías, subir escaleras y pasar por puertas excusadas, llegó maese alemán a una antecámara en donde el hombre que guiaba sus pasos le hizo detenerse. Entró el hombre en una habitación cuya puerta estaba recatada por ricos y espesos cortinajes, y volvió a salir al cabo de un instante:

—Maese alemán, entrad. El rey os espera.

Entró el relojero, y encontró frente a él al monarca. Vestía Felipe IV calzas de seda negra y juboncillo de terciopelo negro, sobre el que destacaba un collar de gruesos eslabones de oro. Al cinto llevaba una pequeña daga con rica empuñadura en forma de cabeza de sierpe con los ojos de rubíes incrustados. No llevaba cuello de gorguera rizada, sino uno liso de lienzo muy planchado y que no se levantaba sobre los hombros, a la walona; no porque le gustase más su aspecto a lo militar, sino porque el roce de las gorgueras rizadas irritaba su piel, fina y blanquísima como la de un niño; piel fina y blanquísima, heredada de sus ascendientes germánicos y nórdicos.

Permaneció el relojero inmóvil, humillada la cabeza, que a la luz de las candelas de cera del salón, con movimiento de sombras y reflejos, parecía tallada en madera vieja.

Interrogó el rey:

—¿Quedó terminado el reloj de San Plácido?

Asintió el hombre sin despegar los labios, solamento con un leve movimiento afirmativo de la cabeza.

—¿Y la cordera?

—Le hablé, señor, y le pinté de lindos colores lo que sería ser amada por el rey.

—¿Aceptó el envite?

—No dijo que sí, pero más que su voluntad podrá mi hechizo para volverla mansa como una cordera y dulce como el almíbar.

—¿Un hechizo decís, maese alemán? ¿Acaso sois brujo?

—No soy de esos pobretes que hacen untos de grasa de niño y alas de murciélago, ni de los que roban una hostia consagrada para celebrar con ella ritos satánicos, si es lo que deseáis saber, señor. Mi hechizo no es de los que puede castigar el Tribunal del Santo Oficio. No hay «materia» visible y palpable, como necesita la Inquisición. Lo mío es mucho más sutil, etéreo, casi inexistente.

—No os entiendo, maese alemán.

El relojero se acercó más al rey, habiendo mirado a un lado y a otro con temor de ser espiado. Y en voz que era un susurro musitó casi a la oreja del monarca:

—Mi hechizo es la música.

—¿La música? —repitió el rey con extrañeza.

Los Reyes Católicos, Isabel y Fernando, dictaron desde Madrid importantes medidas de gobier-no. (Retratos auténticos, en relieve policromado, originales de Alfonso de Mena.)

El carro de la diosa.

El Cid Campeador, Rodrigo Díaz de Vivar.

Hallazgo de la Virgen de la Almudena.
(Grabado del siglo XVII.)

Hornacina con imagen en la Cuesta de la Vega en la muralla donde fue encontrada la Virgen de la Almudena.

Lápida en la cuesta de la Vega en el lugar donde fue encontrada la Virgen de la Almudena.

S. ISIDRO LABRADOR.

San Isidro, litografía del siglo XIX, tomada de un grabado del XVII.

El Alcázar en tiempos de los Austrias. (Grabado de época de Felipe II.)

*La torre de los Lujanes
en la Plaza de la Villa.*

*Felipe II en la época en que Antonelli
ropuso hacer a Madrid puerto de mar.*

Dibujo realizado en 1605 por Pacheco que se supone ser retrato auténtico de Don Rodrigo Calderón, marqués de Siete Iglesias.

El doctor Mercado, de quien se dijo que envenenó a la reina Margarita instigado por Don Rodrigo Calderón.

Dibujo realizado por Pacheco en 1605, que se supone ser retrato auténtico de Don Juan de Ta-
sis, conde de Villamediana.

Don Luis de Góngora, autor de la célebre décima "Mentidero de Madrid" a la muerte de Villamediana.

Soportales de San Ginés ante los que mataron a Villamediana.

Baile en la Corte, en la época de Villamediana. (Dibujo de León Palavicino.)

Felipe IV el rey galán (retratado por Velázquez) en la época del suceso de San Plácido.

*Plaza Mayor: el balcón
de Marizápalos.*

*El convento de San Plácido
en la calle San Roque.*

Don Diego de Arcedo "el Primo" retratado por Velázquez.

El teatro Real, antiguo corral de comedias de "Los caños del Peral".

Corral de comedias del siglo XVII.

El rey de la cabeza cortada en la Plaza de Oriente.

Martínez Montañés, el escultor que puso la cabeza a la estatua de Felipe IV.

El convento de los Agustinos Recoletos en el siglo XIX.

—Sí, la música. A lo largo del día las campanas de mi reloj están dispuestas para sonar con melodías religiosas, a maitines, al Ángelus, a completas. Pero para las doce de la noche, en que las monjas se han retirado a dormir, he puesto una música suave, capaz de sugerir en una doncella efluvios de amor, apetitos de lujuria, deseos de ser poseída por un hombre. Esas campanadas, en que todo el carillón sonará muy quedo, podréis oírlas esta misma noche, y comprobaréis que el hechizo es cierto y de resultados infalibles.

—¿Esta noche, decís?

—Sí, majestad. Yo no solamente hago con mi arte piezas de reloj, en bruñido acero y en pulido cobre. También mis herramientas saben hacer... (y al decir esto intercaló una astuta y significativa sonrisa)... llaves de toda clase de puertas. Llaves como ésta, del portón de entrada al convento de San Plácido, que os podrá franquear el camino hasta la felicidad apetecida.

Y diciendo estas palabras, sacó de la faltriquera una llave de relucientes guardas, grande y pesada, y la alargó al rey.

—No, maese alemán. Guardadla vos mismo, puesto que me acompañaréis como único confidente en esta salida nocturna. Habréis de esperarme esta noche a las once y media en el postigo de Palacio que da a la calle del Arenal.

Serían al filo de las doce cuando dos embozados llegaron ante el convento de San Plácido. Uno de ellos de aventajada estatura, elegantes vestidos, sombrero chambergo con una pluma sujeta por un joyel de pedrería que brillaba como una ascua a la indecisa luz de la luna. Por debajo de la capa apenas se veían, casi se adivinaban, las botas de montar de fino ante, y la contera de la vaina de la espada. Rubio de cabellos y patillas, pero sin bigote ni barba, con lo que fácilmente se podía adivinar su edad, que debía andar alrededor de los veintiocho o treinta años.

El otro embozado era un hombre de más edad, frisando en los cincuenta, con bigote ralo y canoso, no llevaba barba. Su capa era de color pardo, y por abajo asomaban las calzas de lienzo. Su sombrero no llevaba plumas a lo militar ni a lo cortesano, sino una cinta ancha de raso negro, como los escribanos o los cirujanos sangradores.

Al llegar ante el convento se detuvieron mirando a un lado y a otro por si venía alguien por las dos calles de aquella esquina, o si alguna vieja se asomaba a alguna ventana de las casuchas inmediatas. Satisfechos de no ser vistos, el más viejo introdujo la llave en la cerradura del portón, que se abrió con un suave crujido.

—Pasad, señor. Yo cerraré la puerta.

—Entrad conmigo y quedaos vigilando junto al portón para cuando hayamos de salir —susurró el rey.

Entraron ambos, y maese alemán cerró por dentro como se le había ordenado, y el rey solo se dirigió hacia la espaciosa galería del claustro. Por ella habría de llegar a la iglesia, cruzarla, pasar por la sacristía y salir a un pequeño patio donde una escalera le conduciría a la parte del edificio donde tenía Eleonor su cuarto. Conocía el rey bien el camino, pues maese alemán le había dibujado un plano del terreno, para que no tuviera dificultad en encontrar el aposento de su amada.

Los pasos del rey apenas sonaban en la galería del claustro. Su experiencia en semejantes lances le hacía caminar deslizándose como un felino. Iba por la mediación de la galería cuando empezó a sonar el reloj sus campanadas. Era una música acariciadora, excitante, que entraba por los oídos directamente a la médula, como una caricia. Casi tuvo que detenerse a respirar anhelante, estremecido por aquella música que como un brebaje afrodisíaco se le encendía en las venas haciéndole hervir la sangre.

Dio unos pasos más, y puso la mano en el pomo del picaporte de la puerta. El mismo pomo con su redondez de metal lustroso le evocó la turgencia de un seno femenino.

Levantó el picaporte y empujó la puerta. Vio al fondo de la iglesia oscura unas vagas luces, avanzó unos pasos, y cuando sus ojos se acostumbraron a aquella semioscuridad vio con horror que en el centro del presbiterio había un túmulo, con un ataúd descubierto, y en él, tendida, pálida con la palidez de la muerte, estaba Eleonor. Dos hileras de monjas arrodilladas a los lados rezaban pausadamente las tremendas estrofas del «Dies irae Dies illa».

Vaciló un momento el rey si acercarse o si salir huyendo, pero pudo más su ánimo varonil, y ya sin recato de hacer ruido, con el taconeo de sus botas de montar, avanzó por el pasillo central de la iglesia hasta llegar al pie del altar mayor.

Un grito de sorpresa y de miedo, unánime en las bocas de todas las monjas, ante la aparición de un hombre en el templo, en tal coyuntura, se esparció por el ámbito de la iglesia. Después un silencio, y después una estampida de monjas huyendo, atropellándose, pisándose los hábitos y recogiéndose los faldamentos. Sólo quedó ante el altar, inmóvil junto al túmulo, la abadesa doña Teresa de la Cerda, quien con la mayor serenidad hizo una ligera inclinación de cabeza saludando al rey.

—Os esperaba, señor.

El rey quedó mirándola de hito en hito, mientras un sudor frío perlaba su frente.

—¿Me esperabais?

—Sí, majestad. Sabía que habríais de venir. Y con la compañía del maligno, de Satanás. El que ha hecho sonar en ese reloj su música tentadora.

Dio un grito el rey, y cayó de rodillas. En ese momento el reloj volvió a dar las doce con la misma música, que ahora resultaba sarcástica, junto al túmulo de la joven muerta, cuyo rostro tenía a la vez claridades de azucena mística y livideces de espectro.

Permaneció de rodillas sollozando, mientras pasaban por su memoria todas las liviandades que había cometido, las mujeres burladas con falsas promesas, los hogares mancillados, el frenesí de la lujuria que él había desatado sobre la Villa y Corte, multiplicando en cuantos corazones había él envenenado con su ejemplo.

Cesó la música del reloj, y el rey, silenciosamente, se levantó y sin volver la cara atrás salió de la iglesia, y otra vez regresó por el claustro, galería que ahora bañaba la luna, hasta el atrio, donde aguardaba maese alemán montando la guardia.

Es decir, donde debía estar. Porque allí no estaba. ¡No estaba! La puerta permanecía cerrada, y la llave puesta por dentro en la cerradura. Pero, ¿cómo había podido salir el brujo relojero? ¿Cómo habría podido cerrar desde afuera estando la llave metida por dentro?

Un escalofrío hizo temblar al rey. No le daba miedo vérselas con hombres de carne y hueso como los demás, y alguna noche lo había demostrado, acuchillándose con algún truhán de los que merodeaban por Madrid tratando de arrebatar las capas y las bolsas a quien se aventurase a circular por la noche a través del dédalo de callejuelas de la Corredera Baja o por los altillos de San Bernardo. Pero una cosa era habérselas con pícaros o hasta con bandidos, y otra muy distinta vérselas con el diablo en persona o con uno de sus ministros.

Por si acaso, el rey sacó de la ropilla una medalla con cadena que traía al cuello y la dejó colgando sobre el pecho como una protección sobrenatural contra el poder de lo desconocido. Y al mismo tiempo apretó la mano sobre la empuñadura de la espada por si en el camino le salían al paso peligros más de este mundo.

Cuando llegó a Palacio y se recogió a su cámara no pudo conciliar el sueño. Se le presentaban con los más vívidos colores los sucesivos cuadros que aquella noche habían desfilado ante sus ojos: la calle en penumbra con la sombra de los cipreses empinados sobre el tapial; el portón con la llave en la cerradura; la galería del claustro bañada por la luz de la luna; la oscuridad tenebrosa de la iglesia con aquellas candelas de cirios fantasmales, en torno al túmulo con el cadáver de la muchacha, medio velada por las sombras agoreras de las monjas orantes; el atrio vacío de donde había desaparecido como por arte de brujería el relojero injerto en mago.

Por un momento cruzó su imaginación un relámpago de terrible sospecha. ¿Por qué había muerto Eleonor? ¿La habría envenenado la abadesa para liberarla del pecado? ¿Habría sido ella misma aleccionada por su padre, celoso de la honra de la familia hasta tal siniestra decisión? ¿O fue el mismo cielo que la mató de repente para advertirle que un rey no debe obrar tan livianamente, hundiendo cada día en el lodo de la disipación la corona de sus antepasados y la cristiandad de sus súbditos?

Aquella noche no pudo dormir el rey. Y en el silencio de Madrid, cada vez que se escuchaba a lo lejos el reloj de San Plácido, le parecía que sus campanas le estaban acusando de la muerte de aquella inocente doncella, con sus voces implacables: a la hora de maitines, a la hora del alba...

A la mañana siguiente, en la capilla del palacio, a la hora de la misa que todos los días decía el capellán, bajó el rey, con gran sorpresa de las damas y pajes, y más sorpresa aún de la reina, pues don Felipe IV no solía en días corrientes acudir a tales devociones. Pero mucho más sorprendió a todos cuando vieron que el rey hizo venir al confesor, y arrodillado ante él en el confesionario, hizo una larguísima confesión, tras la cual oyó devotamente la misa y comulgó.

Después pidió al duque de Hijar, que estaba de servicio en palacio como mayordomo de semana, que en seguida mandara preparar la carroza de luto y que le acompañase a unos funerales.

—¿De quién, señor? Pues nada sabemos en palacio de que haya muerto algún personaje de la Corte.

—Iremos al convento de San Plácido, donde ha muerto una hija del marqués de las Torres. Y no estando sus padres en Madrid, es razonable que el rey acuda en nombre de ellos, junto con la reina, como familiares que somos de toda la nobleza.

A eso de las diez de la mañana, precedidos por alguaciles a caballo y de una lucida compañía de señores de la nobleza, llegaban los reyes en la carroza de luto a la puerta del convento de San Plácido. Avisó el duque de Hijar a la abadesa la visita del monarca. Salió azorada y sorprendida, componiéndose las tocas.

—Perdonad, señor, pero estaba en el obrador de costura y bordado y vigilando si la maestra de novicias cumple bien su misión de enseñarles las labores de aguja que tanta fama han dado a nuestra Orden. ¿Y a qué se debe vuestra visita, majestad?

—Venimos al funeral de doña Eleonor —dijo la reina.

—¿Al funeral de doña Eleonor? ¿La hija del marqués de las Torres? ¿Y por qué un funeral, si esa joven vive?

Estaban en el atrio, y la abadesa emprendió el camino hacia el claustro seguida por los reyes. Llamó en voz alta desde la galería:

—¡Doña Eleonor, doña Eleonor!

Se abrió la puerta de un aposento, y salió de él doña Eleonor, asomándose a la balaustrada de la galería alta:

—¿Me llamabais, madre abadesa?

Eleonor vio el tropel de gente, el duque de Híjar, el rey, la reina, los duques y marqueses, las camaristas, los pajes que formaban el séquito real. Se asomó de pechos a la barandilla soprendida por el espectáculo, y entonces, ante los ojos de todos ellos, la balaustrada cedió, y envuelta en un torbellino de piedras y cascotes, cayó la muchacha desde la galería alta a las losas del patio. Un hilo de sangre brotó de su frente, como poniéndole una diadema de flores rojas.

Todos quedaron suspensos, sin reaccionar por lo súbito del suceso. El rey fue el primero que se acercó a ella, la levantó del suelo y, con el cadáver en sus brazos, se dirigió con pasos lentos hacia la iglesia, seguido por toda la comitiva. Hubo un silencio total. Avanzó el rey hasta el pie del altar mayor, y depositó la muerta en el centro del presbiterio, tal como la había visto la noche antes.

Se apartó retrocediendo, y entonces subieron al presbiterio las monjas y comenzaron a salmodiar el miserere...

Ni la reina ni los palaciegos se atrevieron jamás a comentar el caso. Nadie se atrevió a cavilar sobre si el rey había sabido anticipadamente la muerte de la joven, por causa de santidad o por causa diabólica.

El mismo día, y por orden del rey, el relojero mayor de la villa tomaba a su cargo el reloj del convento de San Plácido para cambiar la música de sus campanas.

Y desde entonces fue el único reloj que para dar las horas tocaba a muerto, en un permanente recuerdo de aquel episodio fúnebre y misterioso. Un reloj que hora a hora, con sus campanas, iba doblando anticipadamente por la muerte del amor, por la muerte del rey, por la muerte del imperio español. Triste destino el del reloj de San Plácido.

Hasta aquí la leyenda de San Plácido. Pero como hemos dicho, toda leyenda tiene un fundamento de verdad. Mucho hubo de verdad en los sucesos del monasterio de la Encarnación, puesto que según nos cuenta el cronista don Josef Pellicer en sus «Avisos», la

Inquisición anduvo muy activa en el mes de setiembre de 1644
prendiendo a la abadesa doña Teresa de La Cerda, el confesor del
convento, tres de las señoras monjas, entre ellas la madre Margarita, y al secretario de Estado don Gerónimo Villanueva. Se les
acusó de varios delitos, entre ellos de utilizar el convento como
centro de reuniones para divulgar la herejía de los «alumbrados»,
la práctica de orgías, y otros delitos. El confesor fue condenado a
prisión perpetua, las monjas fueron penitenciadas, excepto la abadesa, a la que después de algún tiempo se le devolvió su cargo.
El ministro Villanueva también fue a prisión. Y el Santo Oficio
no se atrevió a proceder contra el rey, enviando un expediente
secreto a Roma para que sentenciase el propio Papa. Si hubo o no
alguna amonestación o penitencia al monarca nunca se supo.
Ésta es la parte histórica que, más o menos deformada, dio origen
a nuestra leyenda.

EL ENANO QUE LAS ENAMORABA LLAMADO DON DIEGO DE ARCEDO

En la Corte de los Austrias hubo siempre una numerosa y lucida bufonería. No era cosa nueva pues ya desde la época de los reyes de León y de Castilla figuraban en la nómina de servidores de palacio bufones y enanos para divertir a los monarcas, a manera de músicos y cómicos. Los juglares que estaban en palacio en la época de Fernando III *el Santo* se clasificaban en «juglares de mano», o sea que tocaban instrumentos, y «juglares de boca», o sea cantores, recitadores y narradores de chistes e historietas. Al fin y al cabo en aquella época no había televisión ni otras diversiones.

Pero en la Corte de los Austrias los preferidos no son los «juglares de mano» ni los «de boca», sino los enanos. Enanos calzones y piernicortos, que bullen por los salones, que se pelean entre sí o con los perros mastines y los gatos de Angora que pululan por cámaras y antecámaras.

Si repasamos la nómina de los bufones reales en la época de Felipe IV, solamente encontramos dos de estatura normal: el apodado *Don Juan de Austria* y el llamado Pablo de Valladolid.

Todos los demás pertenecen a la pintoresca clase de los enanos. Sabemos los nombres de la mayoría de ellos: Paquito Lezcano, llamado *el Vizcaíno* porque lo era de nación, entró como «enano del príncipe Baltasar Carlos», cuando el principito tenía tres años de edad y la misma estatura que su enano. *El Vizcaíno* era travieso, como niño, pues cuando le trajeron a la Corte solamente tenía cinco años. Después Baltasar Carlos fue creciendo, y el enano se fue quedando cada vez más pequeño al lado de su señor. Baltasar Carlos es un guapo mocete, un príncipe que monta a caballo por los lienzos al óleo, en aquellos caballos gordinflones que tanto placían a Velázquez.

Otro de los que conocemos, retratado por Velázquez, es el llamado *Bobo de Coria,* el cual ni era bobo ni era de Coria; se llamaba Juan de Calabazas, por lo que en su primera edad le llamaban *Calabacillas.* Su agudo ingenio le hizo intervenir en no pocas intrigas, y le costó bastantes disgustos.

Para distraer a la infanta Margarita María, se llevó a palacio una enana, que se llamaba María Barbola. Cuando la pintó Velázquez en el célebre cuadro de *Las Meninas* debía tener unos dieciséis años, y aunque enana y deforme respiraba cierto aire de nobleza y distinción en sus ademanes.

También en el cuadro de *Las Meninas* vemos a otro enano, pero no deforme sino con aspecto perfectamente normal aunque de tamaño minúsculo. No era un enano en el sentido médico, es decir no padecía el síndrome de enanismo, de cabeza grande, tronco grueso y extremidades cortas. Nicolasito Pertusato era simplemente un hombrecito muy pequeño. Debía tener diez o doce años pero aparentaba por su estatura no más de cuatro. Diríase un hombrecito visto a través de una lente de disminución. Nicolasito Pertusato está en el cuadro de *Las Meninas* dando con el pie al perro *Capitán* que, como acostumbrado a estas bromas, no le hace ningún caso.

Otros enanos fueron Sebastián de Morra, a quien llamaban Sebastián Camorra, el cual creemos que era portugués, y don Antonio *el Inglés,* bufón chocarrero y desvergonzado que era inglés de verdad y su verdadero nombre Nicolás Bondson.

Pero de todos los enanos velazqueños ninguno nos impresiona tanto como don Diego de Arcedo, apodado *el Primo,* cuyo retrato puede verse en el Museo del Prado, y que nos mira con expresión seria, sentado ante una mesa de la biblioteca del Palacio Real, teniendo ante sí, abierto, un viejo libro de grandes infolios, del que se dispone a tomar notas, con tintero y pluma que tiene a su lado.

Nada más dramático que este personaje, que desde los hombros hacia arriba nos presenta una cabeza llena de nobleza y de varonil semblante. Grandes bigotes, mostachos a la borgoñona de un rubio rojizo, y un sombrero chambergo a lo militar; pero de hombros abajo, ¡qué triste fracaso biológico!, unos bracitos cortos, infantiles, y unas manos pequeñas, que se pierden entre las páginas del libro.

Pero, ¡y el espíritu! Sus ojos nos están expresando casi desesperadamente, que, aunque su papel en la Corte sea de bufón, él es

un intelectual. Don Diego de Arcedo, *el Primo*, en efecto, escribió
no pocas páginas meritorias.

Precisamente su vocación de escritor y su verbo de intelectual
fueron, alrededor de la fecha en que Velázquez le retrata, la causa
de una tragedia.

En el año de 1642, *el Primo* tiene treinta y ocho años. Su
conversación es cautivadora, cuenta historias, recita romances y
sabe mantener el interés de su auditorio durante horas y horas.
El auditorio es, naturalmente, la familia real y las personas de la
Corte.

Entre estas personas de la Corte se encuentra doña Luisa de
Encinillas, esposa de don Marcos de Encinillas, aposentador real.
En este matrimonio se da, como en otros muchos, una separación
espiritual y una falta de convivencia. Don Marcos ha de salir de
viaje constantemente para preparar aposentos para el rey, antes
de cada uno de los desplazamientos del monarca. Unas veces viajes oficiales para visitar Toledo, Valladolid, Vitoria... Otras veces
para recreaciones, principalmente cacerías en las que participan
docenas de invitados, embajadores, visitantes ilustres extranjeros...
Doña Luisa de Encinillas ha de quedarse sola en Madrid en esas
ausencias casi constantes del marido. Pero cuando el marido viene
a su casa, no hay entre los esposos la menor comunicación. Son
dos vidas distintas, con preocupaciones distintas, mundos distintos.

Doña Luisa, poco a poco, va quedándose prendida en el encan-
to de don Diego de Arcedo, *el Primo*, a quien cuando el esposo está
de viaje, tiene ella ocasión de escuchar sus maravillosos relatos
en las habitaciones de la Corte.

Poco a poco, en sus estancias en Madrid, el marido adivina que
el corazón de doña Luisa ya no le pertenece, que en cada momento
ella está pensando en otro. Pero, ¿quién será ese otro? La Corte
está llena de apuestos caballeros, jóvenes cortesanos, capitanes
de los Tercios a quienes como premio a sus hazañas se les ha dado
un puesto en la Guardia Real. Hasta clérigos de blanquísimas manos y elocuentes palabras.

Don Marcos Encinillas, aposentador real, siente que le muerde
en el corazón la duda y empieza a arder la hoguera de los celos.
¿Celos? ¿O será más bien el amor propio herido?

Don Marcos Encinillas, aposentador real, pone vigilancia discreta para seguir los pasos de su mujer y descubrir su secreto.
No hay un adulterio consumado. Solamente hay una admiración
desmesurada de doña Luisa hacia *el Primo*. Una admiración inad-
misible.

Don Marcos Encinillas, aposentador real, decide que lo mejor
sería quitar de este mundo al objeto de la admiración de su mu-

jer. Podría pisotear al enano como a una sabandija. ¡Es tan pequeño! Pero cuenta con la protección del rey, y con el rey no se pueden gastar esta clase de bromas. Y en el apodo que se le ha dado
a don Diego de Arcedo en palacio parece encerrarse una adver-
tencia: el rey no llama *Primo* más que a los duques. Y en el
fondo, aunque se trate de un bufón, el rey respeta y valora a *el
Primo.*

Don Marcos Encinillas decide matar al enano, pero fuera de
palacio. Lo cual es difícil porque el bufón tiene su vivienda en las
habitaciones reales.

La oportunidad que necesitaba don Marcos Encinillas se la de-
paró la situación planteada con motivo de la guerra de Cataluña.
El rey decidió salir de Madrid acompañado de gran número de
caballeros, para tomar personalmente la dirección de la campaña.
En Madrid quedó solamente una escasa guarnición, y unas tropas que se entrenaban para salir hacia Cataluña. Una de estas
compañías, la del marqués de Salinas, había de rendir honores al
conde-duque de Olivares, cierto día que iba a visitar la iglesia o
capilla del Humilladero.

Sobornó don Marcos Encinillas a uno de los soldados para que
al hacer la salva, en vez de disparar sólo con pólvora, tirase con
bala al enano *el Primo* que iba sentado en el pescante de la carroza junto al cochero. En efecto, al pasar la carroza frente a la
tropa y dar el marqués de Salinas la orden de hacer la salva, una
bala de arcabuz dio contra una barra del coche, hacia la parte
delantera, destrozando todo el mamparo «de proa» (dice la crónica), respaldar del cochero, de que resultó herido levemente *el
Primo.* Por fortuna el movimiento del carruaje dificultó que el soldado atinase más en su puntería.

La cosa pasó como que se había cometido un atentado contra
el conde-duque de Olivares, pero aunque prendieron a todos los
soldados arcabuceros, el marqués de Salinas consiguió que se
tuviera por accidente de estar cargado el arcabuz con ignorancia
del arcabucero. Y como la tropa estaba haciendo falta en Cataluña,
se despachó a los soldados, y no hubo más.

El suceso fue anotado por el cronista don Josef de Pellicer en
sus «Avisos» del día 22 de julio de 1642 como ocurrido la semana
anterior, el viernes día 17.

Mohíno quedó don Marcos Encinillas con el fracaso de su intento, pues que el enano salvó la vida, escapando con sólo un
rasguño, y sin escarmiento porque no supo que el atentado había
sido contra él.

Por aquellos días hubo de salir Encinillas para Cataluña en
funciones de su cargo de aposentador, y allí permaneció ajetreado

en preparar alojamiento al rey todo el resto de la jornada del rey en Cataluña.

Mientras tanto, cada tarde, doña Luisa de Encinillas se solazaba en la Corte con las maravillosas pláticas de don Diego de Arcedo, *el Primo*. Solía sentarse éste en un sillón ante una mesa, para disimular la cortedad de sus piernas, que no llegaban al suelo, pero que quedaban ocultas por los paños o faldones que cubrían la mesa. En escaños se sentaban ante él los pocos cortesanos que tenían acceso a las habitaciones privadas de los reyes. La reina y las señoras, y las meninas, o señoritas de compañía de la infanta, se sentaban en el suelo en grandes almohadones, pues tal era la costumbre en la Corte de los Austrias cuando no estaba el rey. Por último, los sirvientes permanecían de pie junto a la puerta, atentos a atender cualquier llamada que se les hiciera.

Don Diego, *el Primo*, alternaba las historias maravillosas y el relato de novelas de caballerías con la recitación de romances, y de vez en cuando, para relajar el ánimo de sus oyentes, contaba algún chascarrillo, alguna hablilla de la Corte, o repetía alguna frase feliz de algún ingenio de la Corte.

Doña Luisa, joven y desatendida, sin más vida sentimental que la de aguantar de tarde en tarde a un marido huraño y zafio, bebía apasionadamente las palabras del enano, olvidada de que fuera tal enano, viendo en él solamente su cabeza, hermosamente labrada, y escuchando aquellas historias mágicas de caballeros valientes y galantes que enamoraban rendidamente a bellas princesas.

El día 10 de noviembre, don Josef de Pellicer, en sus «Avisos», da la noticia de la salida de la condesa-duquesa de Olivares para Loeches, adonde se había desterrado poco antes al conde-duque, que había caído en desgracia. Se ha cambiado la política de las Españas, y el aposentador real don Marcos Encinillas anda nuevamente por la Corte disponiendo alojamientos para quienes van ahora a entrar a servir a su majestad en las funciones del gobierno.

En estas entradas y salidas de don Marcos en el palacio, tuvo ocasión de escuchar acaso alguna cuchufleta sobre si su esposa estaba o no estaba enamorada de un enano. Posiblemente las hablillas habían sido divulgadas por los otros enanos, que se sentían postergados por el predicamento que *el Primo* tenía cerca de los reyes.

Alguna de estas hablillas calumniosas subió a mayores. En aquella época en que las ofensas a la honra había que lavarlas con sangre, don Marcos Encinillas, aposentador real, debía proceder según la más exigente moral calderoniana. Veamos lo que nos dice don Josef de Pellicer en sus «Avisos» del 1 de diciembre de 1643.

«Marcos de Encinillas, aposentador de palacio, y un hombre muy bien recibido en él y querido de los reyes, mató anoche a su mujer y se huyó a Sagrado. Dicen que tuvo celos de un enano de Palacio, y que por la mañana le aguardó para matarle. Pero sucedió que, habiendo madrugado el príncipe nuestro señor para ir al campo, había ido con su alteza, con que escapó.»

Por dos veces había escapado *el Primo* de la muerte. La primera cuando le dispararon con bala en la salva de honores al conde-duque de Olivares. La segunda, ésta en que el marido furioso por los celos le aguardó de mañana para matarle. No así la infeliz señora doña Luisa de Encinillas, que por el único pecado de amar intelectualmente a un poeta enano, aun sin tener acceso carnal con él, encontró la muerte aquella noche trágica a manos del celoso don Marcos.

¿Cómo sabemos que sin haber tenido acceso carnal con el enano? Lo dijo la voz común del palacio, de la Corte y del todo Madrid, y ya se sabe que «Vox pópuli, vox Dei». Lo registra también don Josef Pellicer en sus «Avisos». «Si bien es voz universal que la difunta era santa y que murió inocente de las sospechas.»

La muerte de doña Luisa, a la que suponemos joven, bella, espiritual, desatendida por el marido y ansiosa de lecturas y relatos románticos, ocurrió del 26 al 29 de noviembre de 1643. Poco después, en 1644, pintó Velázquez el retrato de don Diego de Acedo *el Primo*. No es difícil adivinar en la expresión del rostro del enano una intensa tristeza. Tristeza por su propia suerte de llevar un alma grande, dentro de un cuerpo ridículamente pequeño. Enano, enano, ¡siempre enano!

Y sobre todo tristeza por la muerte impensada de aquella dulce doña Luisa, que hasta el mismo día en que murió, no supo *el Primo* que estaba enamorada platónicamente de él.

Tristeza irremediable, melancolía para todo el resto de su vida, y una ancha desesperanza; ni siquiera desesperación, más bien desesperanza, que irradia de los ojos y del semblante, a pesar de los mostachos rubios a la borgoñona y del chambergo a lo militar. Quizá Velázquez no se atrevió a retratarle como debió hacerlo, vestido con el hábito de los frailes cartujos, los que llevan en el corazón la acedía de estar muertos en vida.

Desde esa ventana que es el cuadro velazqueño, *el Primo*, dignamente, recatadamente, pero desesperadamente, nos está pidiendo una limosna de compasión y de amor.

Nota

Cuando decimos que don Josef de Pellicer en sus «Avisos» comunica que Encinillas mató a su mujer y se huyó a Sagrado, debemos interpretar que se refugió en una iglesia o convento, lugar sagrado en donde la Justicia no podía detenerle, en virtud del «derecho de asilo». El abuso de tal derecho obligó en 1772 al rey Carlos III a pedir al Papa que emitiese un «Breve» disminuyendo el número de templos con «asilo» para fugitivos de la Justicia a solamente dos, la parroquia de San Sebastián, para hombres, y la de San Ginés, para mujeres.

Naturalmente que el refugiarse un delincuente en «sagrado» no significaba su impunidad, pues en cuanto salía le capturaban, y si su delito era especialmente grave, el rey solicitaba de la iglesia que levantase el asilo y entregase al delincuente, lo que en muchos casos se hacía. Otras veces el delincuente conseguía salir, disfrazado, mezclado con los fieles de misa, burlando el cerco policial, y se expatriaba al extranjero, librándose así de la cárcel o de la horca.

LOS CÓMICOS Y LOS CORRALES DE COMEDIAS EN EL VIEJO MADRID

Ya en el código de las Siete Partidas de Alfonso X *el Sabio*, Partida I, ley XXXIV, título VI, se dice: «Representación ay que pueden los clérigos fazer, assí como de la nacencia de nuestro Señor Jesucristo, en que muestra cómo el ángel vino a los pastores, é como les dixo como era Jesucristo nascido. E otrossí de su aparición e como los Reyes Magos le vinieron a adorar.» El teatro existe ya, desde la Edad Media. Pero apenas si algo más que en el interior de los conventos, interpretado por frailes, o bien en calles y plazas por cómicos ambulantes que interpretan pequeñas piezas, casi chistes escenificados, para divertir a las gentes a cambio de unas monedas de limosna.

La evolución desde los más toscos y primitivos modos de teatro hasta su culminación más perfecta la describió un madrileño, comediante, autor, y pícaro, llamado Agustín de Rojas Villandrando, en un curioso libro titulado *Viaje entretenido*, en el que nos explica cuáles fueron las distintas agrupaciones de cómicos y cómo vivían y trabajaban.

«Ocho maneras hay de representantes: Bululú, ñaque, gangarilla, cambaleo, garnacha, boxiganga, farándula y compañía.»

El bululú es un representante solo, que camina a pie, y pasa su camino; entra en un pueblo, habla al cura y dícele que sabe una comedia y alguna loa, y que reúna al médico y al boticario y se la dirá. Súbese sobre un arca y va diciendo: Ahora sale la dama y dice esto, y esto, y va representando, y después pide limosna en un sombrero... Y el cura le da un plato de sopa y duerme en el pajar.

Ñaque es dos hombres; éstos hacen un entremés, algún poco de un acto; llevan una barba de zamarro, tocan el tamborino, y cobran a ochavo; duermen vestidos, caminan desnudos, comen hambrientos, y espúlganse el verano en los trigos, y el invierno no sienten con el frío los piojos.

Gangarilla son tres o cuatro hombres, y un muchacho que hace la dama. Buscan saya y toca prestada (y algunas veces se olvidan de volverla), hacen dos entremeses de bobo, cobran a cuarto, pedazo de pan, huevo y sardina, y todo género de zarandajas...

Cambaleo es una mujer que canta y cinco hombres que lloran; éstos traen una comedia, dos autos, tres o cuatro entremeses, un lío de ropa que lo puede llevar una araña. Cobran a seis maravedises.

La garnacha son ya cinco o seis hombres, una mujer que hace la dama primera y un muchacho que hace la segunda. Ya este grupo duerme en las posadas, alquilando una cama para cada dos o tres, y llevan un burro para transportar el hatillo escénico.

La boxiganga lleva dos mujeres, un muchacho y seis o siete compañeros. Ya éstos alquilan un patio, montan un escenario, y cobran en la puerta la entrada a los espectadores.

La farándula es «víspera de compañía», y en ella hay toda clase de tipos, el enamorado, el celoso, el tímido, y teniendo que convivir en el trabajo y en los viajes y hospedajes, no es raro que surjan entre ellos rencillas y peleas.

La compañía es la más completa y numerosa, pero solamente actúa en los teatros de ciudades importantes. La compaña se diferencia de la farándula no en el repertorio ni en la calidad de la interpretación, sino en que disfruta de «patente real» es decir, está acogida el «númerus clausus» que limitaba la cifra de compañías, para mantener el rango de éstas, y la riqueza de los decorados y vestuario, pues si el número se aumentase, la competencia haría bajar los precios y de ello se derivaría la pérdida de calidad de los espectáculos.

La descripción que hace Rojas de las compañías nos detalla: «En las compañías hay toda clase de gusarapas y sabandijas; entrevan cualquier costura, saben de mucha cortesía, y hay gente muy discreta, hombres muy estimados, personas muy conocidas y hasta mujeres honradas (que donde hay mucho es fuerza que haya de todo). Traen cincuenta comedias, trescientas arrobas de hato, dieciséis personas que representan, treinta que comen, uno que cobra, y Dios sabe el que hurta.»

Al principio, en Madrid, las comedias se representaban en «corrales», de los que se dedicaban a apilar mercancías en ciertas épocas del año, y que después en el verano quedaban vacíos, y por consiguiente disponibles.

Para protegerse los cómicos contra la injerencia de la Iglesia, siempre dispuesta a considerar pecaminosos los espectáculos teatrales, y a la vez para librarse de abusos de los poderosos, y de las excesivas algazaras y brutalidades con que el pueblo bajo solía tratar a los comediantes, optaron por tutelarse en cofradías o hermandades, que pudieran defenderles, acogiéndose a un cierto *status* religioso. Así surge la simbiosis entre cofradías como la de la «Pasión» y la de la «Soledad» y las compañías de comediantes. En esta simbiosis, las cofradas aportan su prestigio e influencia para defender a los cómicos, mientras que los cómicos aportan dinero a las cofradías para que éstas puedan sostener sus cultos religiosos y sus hospitales de beneficencia.

Todo esto había sido, desde los primeros años del siglo XVI en que Lope de Rueda levantaba sobre cuatro barriles, con unos tablones, su escenario. Después de éste apareció Naharro, famoso comediante natural de Toledo, que perfeccionó notablemente la escena. La música, que antes se tocaba detrás del escenario, la sacó a la escena, quitó las barbas a los cómicos, haciéndoles representar «a cureña rasa», es decir afeitados, a fin de que el público pudiera percibir mejor su mímica facial, dejando solamente barbados a personajes ancianos o graves. Inventó también tramoyas, tales como nubes, truenos, relámpagos, e introdujo en la escena desafíos y batallas.

Las comedias disfrutaron del mayor favor del público en Madrid, Sevilla, Valencia y Barcelona. Esto es explicable en razón del clima y las horas de sol, ya que al no haber todavía luz eléctrica ni de gas, las representaciones se hacían a primera hora de la tarde, en la época del año en que pueden hacerse festejos al aire libre. Por ello la temporada teatral empezaba el día de Pascua de Resurrección, y terminaba el último día de octubre. Más o menos lo mismo que la temporada taurina actual.

Hasta 1550 el teatro va progresando lentamente. Si al principio apenas si las obras eran «pasos» y «autos» de pocos personajes y desarrollados en un solo acto, completándose la función con unos bailes, «seguidillas» y unas «jácaras», antecedentes de la tonadilla escénica, poco a poco aumenta la longitud de las comedias a dos y tres jornadas, las jácaras se convierten en piezas cantadas de bastante alteza artística, y el número de personajes crece hasta entrar en escena, si la materia lo requiere, docenas de soldados y hasta centenares de comparsas. Lo dice también Agustín de Rojas:

> *Pasó este tiempo, vino otro,*
> *subieron a más alteza.*
> *Ya se hacían tres jornadas,*

y echaban retos en ellas,
cantaban a dos y a tres
y representaban hembras.

pues primeramente los papeles femeninos eran interpretados por muchachos.

Los primeros corrales de comedias, todavía almacenes en que se monta un escenario y se cobra la entrada, son el «Corral de la Pacheca», llamado así por ser propiedad de doña Isabel Pacheco, en el que en 1545 debió actuar Lope de Rueda, aunque no hay documentos que lo prueben, pero sí los hay de que en 1568 actuó la compañía de Alonso Vázquez, y que estaba en la calle del Príncipe; y el «Corral de la Cruz», situado en la calle de la Cruz.

Estos dos corrales estaban regentados por las cofradías de la «Pasión» y de la «Soledad», que tenían a su cargo el sostenimiento de la Casa de Niños Expósitos y el Hospital General de Atocha. El excelente negocio que para ambas hermandades benéficas y piadosas supuso el teatro le hizo, en primer lugar, comprar la propiedad de los inmuebles o solares respectivos. Y poco tiempo después animarse a ampliar el negocio con otros corrales de comedias. Si bien alguno ya no era de esas dos cofradías, sino de otras entidades benéficas similares.

En 1579, el «Corral de la Cruz» iba tan floreciente en el negocio que se le derribó y se construyó un «corral de comedias» de nueva planta, con sus localidades y dependencia. Otro tanto se hizo con el «Corral de la Pacheca», que siendo ya propiedad de la cofradía, se derribó y se construyó de nueva planta.

A principios del siglo XVII existían ya en Madrid los siguientes:
1. Corral de la Pacheca, en la calle del Príncipe.
2. Corral de la Cruz, en la calle de la Cruz.
3. Otro Corral en la calle del Príncipe.
4. Corral de la calle del Sol.
5. Corral de la calle del Lobo.
6. Corral de Antón Martín (a beneficio del hospital de este nombre u Hospital de las Bubas).
7. Un corral situado por la calle de Toledo, del que no hay documentación.
8. Teatro de los Caños del Peral.

El «Corral de la Pacheca», que estaba situado como hemos dicho en la calle del Príncipe, frente al convento de las carmelitas descalzas de Santa Ana, cambió su nombre por el de «Corral del Príncipe» al cambiar de propietarios, y más tarde pasó a llamarse «Teatro Español», que es como hoy se sigue llamando, pues lleva cuatrocientos años funcionando sin haber cerrado sus puertas. El «Teatro de los Caños del Peral» es el actual «Teatro Real».

Ya desde principios del siglo XVII no se les llama «corrales» sino coliseos o teatros.

Por derribo del convento de Santa Ana, el «Teatro Español» queda hoy en una plaza en vez de en calle estrecha, como era en su primera época.

La disposición de estos coliseos o teatros era en cierto modo la de los «patios de vecindad». Un patio con acceso a través de un zaguán techado. La escena estaba al fondo. Los laterales eran dos crujías de tres pisos, con barandillas, y lo mismo sobre el zaguán o portal de acceso.

Por una «loa» dedicada al público de Madrid para captarse su benevolencia, (ésta era la finalidad de la «loa» o prólogo escénico), dice Luis Quiñones de Benavente:

> *Sabios y críticos* bancos
> Gradas *bien intencionadas,*
> *piadosas* barandillas,
> *doctos* desvanes *del alma,*
> aposentos *que callando*
> *sabéis suplir nuestras faltas;*
> Infantería *española*
> *(porque ya es cosa rancia*
> *el llamaros mosqueteros),*
> *Damas que en aquesas* jaulas
> *nos dais con pitos y llaves*
> *por la tarde alboreada:*
> *a serviros he venido...*

De este texto podemos deducir cuál era la distribución del público en aquellos dos coliseos de la «Cruz» y del «Príncipe», a principios ya del siglo XVII: vayamos, pues, analizando cada uno de los sectores del público, tal como nos los enumera el célebre autor:

Sabios y críticos bancos: aunque el «patio» no estaba amueblado con butacas como hoy, sino que era localidad para gente de «a pie» sin asientos, sí había delante del escenario dos bancos corridos, como dos filas de nuestras actuales butacas, que separaban el público del escenario, impidiendo que el espectador irascible, descontento de lo que ocurría en la escena, pudiera intentar asaltar el escenario, o también que, llevado por la excesiva admiración hacia alguna de las cómicas, intentase invadir la escena. Estos bancos estaban ocupados por personas mayores, principalmente catedráticos, literatos y gente intelectual.

Gradas bien intencionadas: Las gradas estaban dispuestas a los lados y al fondo del patio de butacas, de modo parecido a como están hoy en los circos. Era la localidad propia de la gente de clase media, menestrales, artesanos, comerciantes, gente que por su mediano nivel cultural no iba a criticar sino a solazarse con lo que le dieran, con más interés generalmente por el argumento que por la perfección de la interpretación.

Piadosas barandillas: Las barandillas eran la delantera de principal, y estaban ocupadas generalmente por clérigos, por lo que se les da el calificativo de localidad piadosa.

Doctos *desvanes* del alma: Los desvanes eran una localidad alta, a manera de gradas del piso segundo, es decir, el gallinero, y se le da el calificativo de «doctos» porque los ocupaban los estudiantes.

Aposentos que callando sabéis suplir nuestras faltas: Los aposentos eran lo que hoy llamamos palcos, pero en vez de abiertos por delante a la vista del público, tenían una celosía de madera, por cuyas rendijas los ocupantes de tales «aposentos» veían el espectáculo sin ser vistos. Era localidad la más cara, reservada a gente muy rica y principal. Es de suponer que dentro de los «aposentos» se desarrollarían escenas poco edificantes, aprovechando la impunidad que las celosías cerradas brindaban. Quizá por esto mismo, los espectadores de los aposentos no eran de los que protestaban ni silbaban, sino que guardaban silencio, y para ellos no había faltas en la actuación de los cómicos.

Infantería española (porque ya es cosa rancia el llamaros mosqueteros): Infantería, porque era la gente de a pie, los ocupantes del patio, a los que también se llamó en el siglo XVI los «mosqueteros», por igual motivo. El patio, ocupado por esta clase de espectadores, era la localidad más alborotada, y si a veces este público hacía víctimas de sus insultos, y del lanzamiento de pepinos y otras armas arrojadizas a los cómicos, en cambio en otros casos aclamaban a los cómicos, y hasta los sacaban del teatro para llevarlos en triunfo a sus casas, como a los toreros hoy.

Damas que en aquesas jaulas nos dais con pitos y llaves por la tarde alboreada: Se refiere aquí a las «jaulas», una localidad también como palco, pero cuyas barandillas eran altas, como las separaciones que se ponen hoy en los campos de fútbol para evitar que los espectadores invadan el terreno de juego. En el siglo XVI y en el XVII estaba prohibido que las mujeres se sentasen en las mismas localidades que los hombres, y para ellas existía esta localidad, las «jaulas», que impedía que los hombres se pudieran acercar a ellas. Alude Benavente a los pitos y llaves que las mujeres llevaban consigo. Las llaves, grandes y con un orificio en el extremo del vástago donde van las guardas, soplando en ellas producen un silbido estridente.

Entre 1620 y 1630 el teatro conoció su máximo esplendor, con los mejores años de Lope de Vega, de Guillén de Castro, de Vélez de Guevara, de Tirso de Molina, y la aparición de Calderón de la Barca. Este auge del espectáculo teatral convierte a éste en uno de los negocios más saneados de Madrid, y el Ayuntamiento comienza a incrementar los impuestos para el sostenimiento de la beneficencia local. Era demasiado pretender que todo el sistema benéfico fuera costeado por sólo cinco o seis teatros, y éstos no trabajando todo el año, sino solamente siete u ocho meses. El resultado fue que uno tras otro fueron cerrando sus puertas, quedando solamente dos en actividad, el de la calle del Príncipe y el de la calle de la Cruz. Entonces el Ayuntamiento pudo fácilmente municipalizar estos dos, y convertirse en único empresario de tan lucrativo negocio, que vino a ser uno de los mejores ingresos del erario municipal.

Ya los teatros no se llamaban corrales. En realidad el negocio ha permitido que se construyan magníficos edificios, a veces suntuosos. La disposición sigue siendo la de un patio ante el escenario, y las tres crujías laterales, cada una con tres pisos. Ahora se les llama «coliseos» o simplemente «teatros».

Los teatros que volvieron a abrirse se habían reconstruido o mejorado, viéndose la novedad de que el patio se podía cubrir con un toldo, lo que permitía suficiente claridad, pero protegía del sol directo, y resguardaba del frío en los principios y finales de temporada.

El aparato escénico

En estos años, iniciales del reinado de Felipe IV, experimenta el escenario un extraordinario perfeccionamiento. El rey era un gran aficionado, e incluso escribió comedias de bastante mérito. Su esposa, la reina Isabel de Borbón, también participaba como actriz en las representaciones que se hacían en los teatros de la Corte, tanto en los salones del Palacio Real de la plaza Mayor como en el de los jardines de Aranjuez, y más tarde en el del Buen Retiro. También participaban en las representaciones las personas más distinguidas de la aristocracia madrileña, y así el conde de Villamediana escribió comedias, entre ellas *La gloria de Niquea*, representada en los jardines de Aranjuez, protagonizada por la reina. En los teatros de la Corte se pasaban dos comedias, a veces en distintos escenarios. El mismo día que se estrenó esta obra de Villamediana se representó también *El vellocino de oro* de Lope de Vega, que también se estrenaba.

Para que nos hagamos idea de cuál era el aparato escénico, leamos lo que escribió Calderón de la Barca describiendo la tramoya con que se representó su comedia *Fieras afemina amor*: «Rasgándose las nubes que eran cielo del bosque, apareció en lo más alto de la frente del teatro Cibeles, Diosa de la Tierra, en un trono de flores que a manera de guirnalda iluminaba el aire con ocultas luces. Traía en una mano la copia de Amaltea y en la otra las riendas con que gobernaba uncida la ferocidad de cuatro leones que tiraban desde la tierra el trono.

»A cuyo tiempo aparecieron, por entre unos y otros bastidores, diversos animales, como en acompañamiento de la Diosa. Luego se oyeron en el aire truenos y en la tierra temblores, y abriéndose en la escena un volcán que atravesaba todo el tablado, arrojó de sí tan condensados humos que obscurecieron el escenario bien que sin molestia para el público porque estaban compuestos de olorosas gomas, de suerte que lo que pudiera ser fastidio de la vista se convirtió en lisonja del olfato.

»A este tiempo se levantó de la tierra, batiendo también las alas y moviendo las garras y las presas, un escamado dragón, con que subiendo el uno al tiempo que el otro se abatía, y al contrario, abatiéndose el uno cuando el otro se elevaba, partido el aire se salieron al encuentro, y se buscaban y se huían trocando no sólo las alturas sino también los costados, pues se embestían ya por un lado ya por el otro.»

En el mismo relato habla Calderón de cómo se pusieron en el escenario árboles auténticos, y surtidores que echaban agua. Muchas de estas invenciones fueron ideadas por Calderón, y hechas realidad por los artistas de la Corte, entre ellos nada menos que Velázquez, y los mejores ingenieros y mecánicos de la época.

Horarios, precios y otras menudencias del teatro

Los teatros de la Corte, es decir, los del Palacio y Sitios Reales, no tenían horario fijo, y muchas veces se representaban las comedias de noche. Tampoco se pagaba la entrada, pues estaban reservados a los reyes, familia real y personajes que tenían oficios cortesanos o altos funcionarios de la Administración del Estado.

Los teatros madrileños, en cambio, sí tenían horario, señalado por el Ayuntamiento, comenzando a las dos de la tarde en los meses más próximos al invierno, y a las tres de la tarde en verano, «para que no se saliese de noche, a fin de evitar los desmanes a que se prestaba la oscuridad», ya que en aquella época no existía alumbrado en las calles.

El precio de las entradas fue cambiado, aunque poco, pues el valor de la moneda se mantuvo muy estable durante casi doscientos años, y sólo empezó a aparecer la inflación después de 1640.

A finales del siglo XVI, en los teatros de Madrid, todavía en la época de los «corrales», la entrada al corral costaba medio real, y después, si se quería permanecer de pie en el patio, no había que pagar más; o bien se podía elegir distintas localidades pagando un real por una silla con brazos. Un balcón costaba seis reales, y podían ocuparlo cuatro personas.

La localidad más barata era la «cazuela», que había sustituido a las «jaulas» y estaba reservada a las mujeres, ocupando todo el espacio del piso segundo enfrente del escenario, y los laterales del mismo piso, que empezaron a llamarse «gallineros» y que estaban ocupados por criados, lacayos, aguadores, arrieros y otros trabajadores ínfimos, así como por gente de la picaresca, y los mulatos y negros que por su condición de esclavos prestaban servicios domésticos en las casas señoriales.

Durante el siglo XVI la publicidad de los teatros consistía en un desfile o cabalgata en que los cómicos iban vestidos con sus más vistosas ropas escénicas. Esta comitiva desfilaba el primer día que llegaba una compañía. Los días sucesivos de su temporada se pagaba un pregonero que, recorriendo la ciudad, anunciaba la comedia de cada día, a viva voz. Las comedias duraban muy pocos días en cartel, apenas cinco o seis. Los carteles fueron inventados por Cosme de Oviedo, director de una compañía muy conocida. El primero que conocemos data del año 1619.

En los teatros se vendía a los espectadores agua, fruta y dulces, lo que aumentaba los ingresos de la empresa.

En los finales del siglo XVI, entre 1575 y 1590, actuaron muchas compañías italianas en Madrid. Ello se debía al gusto de Felipe II y Felipe III por la lengua italiana, a la población flotante de italianos que existía en la capital, al gran número de aristócratas italianos que ocupaban cargos en la Corte, y a la perfección con que presentaban los decorados y vestuario. El principal comediante italiano que actuó en Madrid fue Alberto Ganasa, que representaba el género conocido con el nombre de «Commedia dell'Arte». Las actuaciones en los teatros cortesanos no le planteaban ninguna dificultad, puesto que aquel público exquisitamente educado conocía el idioma italiano. En las representaciones que daba en el

Corral de la Pacheca, tampoco tuvo problemas, pues una parte de la «Infantería» o «mosqueteros», que eran la gente más temible, habían sido soldados en los Tercios, habían prestado servicio en Italia o en las galeras del Mediterráneo, y entendían el idioma. El resto del público se conformaba con la exageradísima expresión mímica de los actores y con las palabras que por su semejanza con el castellano podían entender. Ganasa estuvo en Madrid varios años, y a sus expensas reconstruyó el Corral de la Pacheca para mejorarlo.

Orden del espectáculo

La representación comenzaba con una «loa» en que además de congraciarse con el público, elogiando la belleza de la ciudad, se exponía el principio del argumento de la obra que se iba a representar. Estas loas se suprimieron en 1620, sustituyéndose por una jácara, o sea una copla festiva.

La comedia constaba de tres actos o jornadas, según la norma que implantó Lope a finales del siglo XVI. Una vez terminada la primera jornada, se representaba un «entremés» para distraer al público, mientras se cambiaban los decorados. El entremés era generalmente cómico, y muchas veces sobre asuntos de actualidad. Particular estimación sentía el público por los entremeses «de bobo», en que el personaje protagonista era un bobo, pero que, a pesar de su aparente estupidez, acababa por engañar a los que se tenían por listos. Era en cierto modo el triunfo del débil sobre el fuerte, lo que en la mayoría de los espectadores produce la satisfacción de una vindicta.

En el segundo entreacto se hacía un baile, generalmente pintoresco y con argumento. Los bailarines solían aparecer vestidos de turcos, de indios, de moros, de pastores, etc. El baile se acompañaba de vihuelas, arpas y otros instrumentos, y se cantaban coplas alusivas al argumento. Por eso los bailes tenían títulos como «El negro enamorado», y otros.

La compañía de María Ana Fernández, que tenía un magnífico cuerpo de baile, llevaba en su repertorio tanto de éstos, pintorescos, como otros de gran elegancia. «El Sarao», con doce personas, en que entra tamboril, bien adornado y vestido, con damas y galanes. «La Discordia», con otras doce personas, entre turcos y galanes, con tamboril, sonajas y vihuelas y todo lo demás necesario. «La

Roma», danza en que entran doce personas y el tamboril. «La Polla», que es danza a lo portugués, con otras doce personas, muy bien adornadas y vestidas.

Derechos del autor y contratos

El escritor solía vender los derechos de propiedad de su comedia a un «autor», teniendo en cuenta que la palabra «autor» significaba entonces director y empresario de compañía de comedias. El precio que el «autor» pagaba al escritor oscilaba entre 550 y 800 reales por un drama, y entre 300 y 500 por un «auto sacramental» o una comedia religiosa. Aunque las obras dramáticas de capa y espada o los dramas históricos gozaban de mayor favor del público, las comedias de «enredo» alcanzaban mayor número de representaciones, principalmente por el público femenino. Si tenemos en cuenta que —según Cervantes— un hombre puede vivir, aunque modestamente, con un real y medio de gasto diario, puede comprenderse que, con el importe de una comedia, el escritor podía vivir un año entero. Además, aunque vendía los derechos de representación, se reservaba generalmente el derecho de imprenta, y las comedias que se habían representado con éxito se reputaban ya como «comedia famosa», y esto le proporcionaba también algunos ingresos. Los escritores consagrados solían escribir sus obras por encargo previamente contratado. Cervantes, en uno de estos contratos, se compromete a entregar a un «autor» de compañía varias obras en el plazo de un año, fijándose el precio que ha de percibir y el anticipo que se le entrega.

Los Ayuntamientos y los Cabildos catedralicios solían encargar «autos sacramentales» para la fiesta del Corpus Christi, y comedias para otras festividades. A este respecto es curioso lo sucedido entre Calderón de la Barca y el Cabildo de la catedral de Toledo. Habiendo vacado una plaza de capellán de la capilla de Reyes Nuevos, la solicitó Calderón, pero el Cabildo se opuso poniendo el «obstat» a su nombramiento por el rey, «porque un autor de comedias es persona indigna para ocupar tal cargo». Al año siguiente, en 1652, el Cabildo encargó a Calderón que escribiese los Autos para el Corpus, y don Pedro contestó al Cabildo con un escrito en que decía, entre otras cosas: «O es malo escribir comedias, o es bueno. Si es bueno, no me obste, y si es malo no me mande.» El caso se resolvió escribiendo Calderón los Autos y retirándose el «obstat», con lo que se le dio la capellanía.

Los teatros estaban obligados a contratar a las compañías fuera de la villa, para evitar que unos teatros «robasen» las compañías a los otros, dejándoles sin cómicos, y por consiguiente paralizándoles el negocio. Tan sólo hubo alguna vez un previlegio especial para que algún teatro pudiera contratar dentro de la villa. Pero a pesar de la tal prohibición a veces se produjo la contratación indebida, y ello dio lugar a ruidosos pleitos entre los teatros.

También ocurría que se contrataban individuos que decían ser cómicos profesionales sin serlo, o representantes de ínfima calidad, que una vez en el escenario causaban problemas de orden público, al protestar justamente el público por la estafa sufrida. Tal vez para protegerse contra el intrusismo y velar por el prestigio de la profesión y por la calidad artística de su trabajo, y al mismo tiempo para ofrecer a los cómicos y a sus familiares ayudas económicas y espirituales en casos de incapacidad o fallecimiento, se dio origen a la Cofradía de la Novena.

La Cofradía de la Novena, hermandad de los cómicos

El 15 de julio de 1624, una cómica llamada Catalina Flores, que se había quedado tullida de las piernas a consecuencia de un reumatismo crónico, empezó a rezar una novena a la Virgen del Silencio, en un lienzo que estaba colocado en la casa de don Pedro Beluti. A los nueve días Catalina, milagrosamente, se sintió curada, arrojó las muletas y publicó la noticia por todo el barrio. Inmediatamente, el cuadro de la Virgen fue llevado a la parroquia de San Sebastián, donde quedó expuesto a la veneración de los vecinos.

Poco después Catalina y sus dos hijas, que también eran cómicas, iniciaron la organización de una hermandad que se llamó de la Novena, y cuyos estatutos fueron aprobados por el arzobispo de Toledo, don Fernando de Austria.

En dichos Estatutos se señala que solamente puede ser admitido el cómico que acredite haber trabajado dos años en teatros de la Corte o cuatro años fuera de ella. La Cofradía de la Novena ofrecía a sus miembros socorros espirituales, misas de difuntos y el entierro, y los mismos beneficios a sus familiares directos. Pero como complemento a esta labor espiritual se constituyó después otra asociación llamada «Hermandad del Socorro del Santísimo Cristo de la Piedad y Nuestra Señora de la Concepción», sita en la misma capilla de la Virgen de la Novena en la parroquia de San Sebastián. Esta nueva congregación tenía por objeto soco-

rrerse mutuamente en las adversidades de la vida, con ayudas
económicas en casos de enfermedad, y subsidios a las viudas y
huérfanos de los cómicos.

El sostenimiento de la Cofradía se aseguró desde 1634 con la
contribución de seis reales y medio por cada representación de
las compañías que actuaban en los teatros de Madrid.

Entre las obligaciones espirituales de la Hermandad figuraba
el decir anualmente una misa a cada uno de los santos cómicos,
que son seis, a saber, san Ginés, san Juan Bueno, san Gelesino,
san Dioscoro, san Porfirio y san Agapito.

Actores y compañías que representaron en Madrid

Aunque no es éste lugar para hacer una lista exhaustiva de las
compañías que actuaron en Madrid durante el tiempo que com-
prende el Siglo de Oro, sí creemos satisfacer la curiosidad del lector reseñando al menos las más importantes de ellas.

Hacia 1545, la Compañía de Mucio, en la que figuraba como
actor cómico nada menos que Lope de Rueda. Más tarde se separa
de Mucio y forma compañía con su esposa Mariana, cómica de
gran belleza y de extraordinario ingenio.

En 1579, la Compañía de Alonso Rodríguez, y quizás el año
siguiente la de Cosme de Oviedo, el que inventó los carteles.

En 1582, la del gran actor toledano Rodrigo Ossorio, el que
contrató con Miguel de Cervantes que le escribiera seis comedias.

Como curiosidad copiaremos aquí el contrato que suscribió
Miguel de Cervantes Saavedra con Rodrigo Ossorio, «autor» o director de compañía, natural de Toledo, y que llevó su elenco por
todos los mejores teatros de España. Cervantes dice ante el escribano don Luis de Porras las condiciones de dicho pacto con Ossorio:

«Me obligo de componer y entregaros seis comedias, de los
casos y nombres que a mí pareciere, para que las podáis representar, y os las daré escritas con la claridad que convenga, y una
a una. Dentro de veinte días que se cuenten desde que os entregare
cada comedia habéis de ser obligado a representarla en público,
y paresciendo que es una de las mejores comedias que se han
representado en España, seáis obligado de me pagar por cada una
de ellas cincuenta ducados. Y si no la representaseis dentro de los
veinte días se ha de entender que estáis satisfecho de ella, y me
habéis de dar los cincuenta ducados.

»Y si habiendo representado cada comedia paresciese que no es una de las mejores que se han representado en España, no seáis obligado a me pagar por tal comedia cosa alguna.»

En 1585, la compañía «Los Españoles», dirigida por el primer actor Juan Alcocer. Fue una de las más famosas agrupaciones teatrales.

En 1587, otra compañía titulada «Los Celosos», que lleva como primer actor a Bartolomé de Toro.

En 1588 la de Mateo Salcedo, y el año siguiente la de Antonio Villegas.

En la última década del siglo, la compañía de Pedro Saldaña, en la que va de primera actriz la célebre Micaela Luján, que en 1600 se convierte en la amante de Lope de Vega, con quien tuvo dos hijos, Marcela, que entró de monja en las Trinitarias de Madrid, y Lope Félix, que, siendo soldado, murió en un naufragio en el Nuevo Mundo, frente a la isla de Margarita.

En 1599, la compañía de Andrés Heredia, granadino, que lleva con él a Juan Ramírez. Esta compañía alcanza clamoroso éxito en Madrid. Heredia y Ramírez procuraban llevar en su repertorio dramas en los que ambos tuvieran papeles de rivalidad, lo que entusiasmaba al público, repartiéndose el éxito, ya que ambos tenían igual protagonismo, lo que acabó enfrentándolos hasta separarse.

En 1600 está en pleno triunfo el genial cómico Cosme Pérez, llamado en la profesión Juan Rana. Fue, al decir de algunos críticos, el mejor cómico del Siglo de Oro, mimado por el público, y que atesoró una gran fortuna.

En 1602, la compañía de Juan de Morales Medrano, que ese mismo año se casa con Jusepa Vaca, a la que convierte en primera actriz de su compañía. Jusepa era bellísima y muy inteligente. Fue amante del conde de Villamediana, y éste se burlaba de Medrano en un epigrama que decía:

Con tanta felpa en la capa
y tanta cadena de oro
el marido de la Vaca
¿que puede ser si no toro?

De este matrimonio nació Marianita Vaca, que años más tarde sería aclamada como la mejor actriz y bailarina de Madrid.

En 1604, la compañía formada por Juan de Arteaga, Francisco García y María Sánchez.

En 1605, otra gran compañía, la de Antonio Granados, en la que figura un aristócrata metido a actor, llamado Melchor de León y Díez de Bascones. También figuran en el elenco José de Esquivel, Gaspar de los Reyes, Diego de Rojas y doce actores y actrices más. La primera actriz es Antonia Morales, mujer de Granados, y la primera bailarina y actriz joven es Beatriz de la Palma, que en su contrato se compromete a «representar, cantar, tañer y bailar». Su sueldo es de seis reales diarios si tiene papel, pero si no representa se le pagarán tres reales de ración.

En 1607, la compañía de Alonso de Riquelme, con su mujer Micaela de Gadea.

El año siguiente, la compañía de Nicolás de los Ríos y su mujer Inés de Lara.

En 1609, la compañía de Alonso de Villalba, y la de Heredia, que se ha reformado, pues ahora es compañía de los Hermanos Heredía, encabezada por Juan y Andrés.

En el mismo año, la de Tomás Fernández de Cabiedes y su mujer Ana María de la Peña, con Salvador Ochoa y su mujer, Mariana de Velasco.

En 1609, la de Bartolomé Torres, quien se hizo rico con una sola comedia, *Los siete Infantes de Lara*, de Juan de la Cueva, de la que dio miles de representaciones, caso único en aquel tiempo.

En 1611, la compañía de Baltasar de Pinedo y Juana de Villalba, ambos madrileños y con una nómina de actores y actrices en su totalidad de Madrid.

En 1612, la de Pedro Valdés y su mujer Jerónima de Bú. El mismo año, la famosísima Compañía de Claramonte, con Andrés de Claramonte y las primeras actrices y bailarinas María Medina e Isabel Clara, y un conjunto de dieciséis actores. Es compañía de teatro de capa y espada, y Claramonte es tenido por el más gallardo y de más belleza varonil de los actores de la época.

En 1614, la gran compañía de Reinoso, formada por Santiago Reinoso y su mujer, María de Mérida, que llegan a Madrid procedentes de Lisboa y Sevilla. Llevan como pareja cómica a Agustín Coronel y María de los Ángeles.

La reforma de 1615

El año de 1615 se produce una gran reforma en los teatros. Por Real Orden de 8 de abril firmada por Felipe III, se establece que en España habrá *doce compañías*. (Antes solamente había ocho. Conviene señalar que las compañías eran las agrupaciones que por su máxima calidad artística y su organización estable disfrutaban del privilegio de ser las que actuaban en los teatros y sitios reales, y gozaban de subvenciones, contratos de los Ayuntamientos y otros beneficios.)

Naturalmente que en España había, además de aquellas ocho compañías, varios centenares de farándulas, es decir, agrupaciones teatrales, a veces del mismo número de actores y actrices, con el mismo repertorio y con semejante vestuario y decorados. Así, pues, la diferencia entre las farándulas y las compañías era meramente burocrática, pero también de calidad artística.

La citada Real Orden dispone que a partir de entonces las ocho compañías se eleven a doce, y sus titulares son:

1. Alonso de Riquelme.
2. Juan Sánchez de Vargas.
3. Tomás Fernández de Cabredo.
4. Pedro de Valdés.
5. Diego López de Alcaraz.
6. Pedro Cebrián.
7. Pedro Llorente.
8. Juan Morales Medrano.
9. Juan Acacio.
10. Antonio Granados.
11. Alonso de Heredia.
12. Andrés de Claramonte.

Como puede verse, algunos de los nombres ya aparecieron en los carteles de los teatros de Madrid, y habían alcanzado merecida fama. Otros, en cambio, de los que figuran en la lista son desconocidos. Esto se debe a que en la lista de la Real Orden figuran no los actores sino los «autores», o sea los empresarios de compañía, que son los titulares de ellas.

El último esplendor del teatro del Siglo de Oro

Las compañías citadas y otras que sin ser oficiales aparecen por los escenarios madrileños en estos años, desde 1615 a 1650, y que pueden considerarse los años de esplendor máximo del teatro del Siglo de Oro son:

En 1620, la compañía de Juan de Morales Medrano, que ahora en vez de a su mujer, Jusepa Vaca, lleva consigo como primera figura a su hija Marianita Vaca de Medrano, extraordinaria actriz que barrió materialmente a todas las otras. Estaba especializada en «comedias de enredo», a lo que se prestaba su físico de belleza picaresca y graciosa, y que le permitía disfrazarse de hombre. Fue además una bailarina excepcional. Su elegancia en el vestir despertaba la admiración de las mujeres e imponía la moda. Se dice que Marianita Vaca fue la actriz que más dinero ganó en el escenario.

En 1625, las compañías de Bartolomé Romero y de Luis Pando, con Juan de Salazar, que pasaron sin mayor ruido.

En 1627, la compañía de Calderón en el Corral de la Cruz. La primera figura era la hija del «autor», llamada María Inés Calderón, de la que se enamoró locamente el rey Felipe IV, que en aquella fecha tenia veintidós años. María Inés Calderón (que no tiene parentesco con Calderón de la Barca) fue llamada por la Corte *la Calderona,* y dio al rey un hijo bastardo a quien Felipe IV reconoció y dio el apellido de la dinastía. Fue éste el segundo don Juan de Austria, y que no llegó a alcanzar las glorias del primero, su tío bisabuelo el héroe de Lepanto. *La Calderona* fue el gran amor de Felipe IV, quien, a pesar de que tuvo muchas amantes, no la olvidó jamás. *La Calderona* acabó su vida como abadesa del Monasterio de la Alcarria, habiendo ingresado en la vida religiosa, para lo que sacrificó su arte y su vida personal, como condición que se le impuso para que su hijo pudiera ocupar un puesto en la Corte, en la que llegó a ser Primer Ministro de Carlos II. El vulgo, que no suele perdonar éxitos en los de su clase que se elevan a otros niveles sociales, llamó despectivamente a *la Calderona* con el apodo de *la Marizápalos.*

En 1630, otro de los Heredia, Juan Jerónimo, pone compañía propia y estrena obras de Lope de Vega. También por los mismos años estrena obras de Lope la compañía de Alonso Olmedo.

En 1633, la compañía de Pedro Ortegón. Como novedad, en el entreacto sustituyó la tradicional jácara por el cante y baile flamenco. Quizás es éste el origen de la afición al flamenco en Madrid. Ortegón llevaba en su compañía como cantaor y bailarín a Juan del Arenal, el primer artista profesional del flamenco del que tenemos noticia y que era sevillano del barrio del Arenal, del que tomó su apodo artístico.

En 1634, la compañía de Juan Jerónimo Valenciano, con la actriz Josefa Nieto y su marido Francisco Jiménez. Iba en esta agrupación el célebre «gracioso», o actor cómico, Jaime Salvador, que estaba iniciando su rivalidad con Juan Rana, de quien en cierto modo heredó el puesto.

Entre 1635 y 1639 pasan por Madrid varias compañías modestas, como la de Juan Nieva, cuyo repertorio es preferentemente de comedias serias y religiosas; la de Salvador Lara y su mujer

LEYENDAS Y MISTERIOS DE MADRID127

Maria Candau, de dramas; la del portugués Alonso Tufiño, con su mujer y con el actor Manuel Castilla; la de Juan Bautista Espínola y su mujer Ángeles Roger.

En 1639, con la compañía de Hernán Sánchez de Vargas y la de Luis López Sustalde (quien estrenó las obras que Lope de Vega había dejado inéditas cuando murió) puede decirse que se inicia la decadencia del teatro. Contribuirán a ella la preferencia del público por las comedias de magia y por los espectáculos de tramoya, en los que la interpretación pasa a un segundo plano. Se adueñan del escenario los ingenieros, los pintores decoradores, los prestidigitadores, y el cómico es relegado a un papel secundario. Por otra parte se inicia ya la lucha ideológica contra el teatro, que llevará a la supresión de las comedias.

La riqueza de los cómicos

¿Ganaban dineros los cómicos? ¿Invertían sus ganancias en vestir las obras que representaban? Para conocer esta cuestión vamos a acercarnos a la compañía de Antonio Granados. En su inventario figuran «una ropa de mujer, de raso prensado amarillo, con pasamanos y alamares de oro fino de Milán, y un corpiño de tela de oro y un manto de seda con azabaches».

Otro ejemplo es el de Marianita Vaca Medrano, que al casarse con Antonio del Prado hace inventario de las ropas de su propiedad que lleva, y que no son parte de la dote, sino patrimonio personal suyo, y para su trabajo escénico: «Vestidos de color negro, verde y pardo con ribetillos de terciopelo de oro y con los botones de oro. Vestidos de francesa, cuajados de pasamanes de oro, plata y seda; de portuguesa, de gitana, de estudiante, de villana; un bohemio de espolín azul de flores con guarnición de oro, y dos vestidos de hombre con su capa, y espada y daga. Varias sortijas de diamantes, clavos de perlas, y una joya de oro en forma de medallón eucarístico con ciento cuarenta y seis diamantes.»

FIN DEL SIGLO DE ORO.
LA PROHIBICIÓN DE LAS COMEDIAS

Ya hemos dicho que en el siglo XVII se inicia una lucha ideológica contra las comedias. En realidad desde que se inició el Siglo de Oro, es decir desde mediados del XVI, la lucha contra el teatro fue permanente por parte de un sector especialmente retrógrado del clero, que veía en el teatro un medio de divulgación de las nuevas costumbres del Renacimiento, mayores libertades, más información. En 1586 algunos prelados pidieron al rey la supresión de las comedias, pero sometido el asunto a informe dio dictamen favorable el padre Alonso de Mendoza.

En 1598, el arzobispo de Granada don Pedro de Castro y los teólogos don García de Loaissa y don Gaspar de Córdoba vuelven a pedir la prohibición de las comedias, pero tampoco lo consiguen.

En 1644, se renueva la persecución y en algunas provincias como Sevilla se llegan a prohibir, aunque en 1649 vuelve a autorizarlas el rey.

En 1685 la reina doña Mariana de Austria, gobernadora por la minoridad de su hijo Carlos II, vuelve a prohibir las comedias, aunque por poco tiempo. Según el historiador don José de Velilla en su obra *El teatro en España*: «Pueden calcularse en tres mil los libelos que en medio siglo se publicaron contra las comedias.» Fray Manuel Guerra sacó, en defensa del teatro, una *Apología de las comedias*, contra la que publicó el padre Puente y Hurtado de Mendoza un *Discurso teológico*, en el que llamó «hijas del diablo y del paganismo» nada menos que a las comedias de don Pedro Calderón de la Barca. El obispo de Orihuela, que había sido director del

Oratorio de San Felipe, de Valencia, publicó en esta ciudad en 1863 un libro titulado *El buen zelo contra las comedias*. Curiosamente, él mismo había firmado dos años antes un «dictamen» junto con otros teólogos en el que afirmaba que «era lícita la representación de comedias siempre que no fueran torpes ni lascivas». Más tarde se retractó de aquel dictamen públicamente, y quizás esta retractación influyó en que se le diese el obispado.

En Madrid, el padre jesuita José Camargo publicó un libro titulado *Contra las comedias* en 1689.

En algunas ciudades la prohibición se llevó a efecto a pesar de todo, como en Sevilla, en que se cerraron los teatros hasta casi finales del siglo XVIII.

Otras ciudades en que se cerraron los teatros son: Valencia, por espacio de doce años; Murcia, cincuenta y cuatro años; Málaga, Toledo, Jaén, Cádiz, Calahorra, Pamplona y otras, también siguieron el ejemplo. Fue una campaña a nivel nacional, que prácticamente dura desde 1689 hasta 1770.

Fray Diego de Cádiz, en su célebre *Dictamen*, declara «que los cómicos están excomulgados y son indignos de sepultura eclesiástica por determinación de los sagrados cánones; que en los mismos se declara como un atroz pecado o como enorme vicio el mantener o hacer donativo a los comediantes».

En Madrid se repartieron clandestinamente muchas hojas en defensa de las comedias, algunas anónimas y otras con firma. La más curiosa, de excelente redacción literaria, de cuantas corrieron en Madrid es una *Representación* o *Memorial* que don José de Velilla recogió en su *Teatro en España*; por lo raro de ese librito, publicado hace ya más de un siglo, podemos considerarlo casi como inédito.

«Á la
Magestad Católica de Cárlos II, nuestro Señor, rendida consagra á sus Reales piés estas vassallas vozes, desde su retiro, la Comedia

»Señor. — La Comedia (Señor) en que ha ofendido al escrupuloso Theologo, ni al mesurado Político, que sin atender al festivo agrado de V. M. ni á la vnica diversion de sus Vasallos, fué de parecer, que se quitasse en estos Reynos? Con mas investigados, y mas diputados fundamentos, en aquel tiempo, que se miraba mas prospera aquesta monarquía, el Señor Felipe Segundo ordenó, que en las Universidades de Salamanca, y de Alcalá, viessen, y consultassen,

motivando sus votos, todos los Cathedráticos, y Doctores,
sobre si convenia, ó no, el que permitiesse en sus Dominios
la Comedia; y conformes todos los mas grandes de aquel
esclarecido siglo, concordantes en sus dictámenes, le clafica-
ron, y dieron por acto indiferente.

»Su Magestad, no menos Catolico, que sus Regios Descendientes, con alta discreta providencia, gustoso de aver vencido los escrúpulos, en que le avian puesto algunos, que oy
han heredado aquella hypocrita antipatia á este discreto festivo entretenimiento, mandó que se representasse en todos
sus Reynos. Entonces aun eran mas reparables las Comedias,
por el poco aliño de las coplas, y los argumentos, dispensan-
do la sinceridad de la bondad de Castilla, como veran en
las antiguas, pues se dieron á la estampa, sin atender al Re-
gio decoro de las Magestades, ni al tratamieto de otros Príncipes, que á la Sagrada reverencia de las Coronas, quato
mas opuestas, el crísis de la atencion deve, con mas nobles
circunstancias, tratarlas con todos los mas lustrosos géne-
ros de veneracion. Disputas de las campañas, son vínculos
amigables de las Cortes; del enemigo la mejor eloquencia
es la de los azeros; las frasses de los enojos son las vozes
de la polvora; y quanto mas se ilustra al vencido, haze mas
glorioso al vencedor. En estos tiempos quantas se han execu-
tado en los Teatros de España, mírelas sin ceño la mas
opuesta ojeriza, y dexará ociosas las margenes con sus
airados reparos.

»No menos provechosas catedras han sido las de los Teatros, que las de las Escuelas; pruébase con el fixo argumento
de ser generalmente mas el número de los que la necesidad,
ó el desaliño les ha privado de los hermosos resplandores
de las buenas letras, logrando, y restaurando en la Comedia,
quanto perdieron con la falta de la educacion.

»En la Comedia hallará la ignorancia en la viva historia
de la representacion el bien enquadernado volumen de las
escogidas noticias Divinas y humanas, como lo manifiestan
tantos Autos Sacramentales, que en festivos catolicos obsequios, á la celebridad de aquel dia en que el mejor Melqui-
sedech nos dexó instituidos los Tesoros en el Pan Sacramen-
tado, tratados con la elegancia de doctas delgadas plumas,
como la del Doctor Mira de Mescua, Lope de Vega, el Doctor Felipe de Godinez, Joseph de Valdiviesso, Blas de Mesa,
Luis Velez de Guevara, Juan Perez de Montalvan, D. Francisco de Roxas, Tirso de Molina, D. Antonio Cuello, y nuestro
siempre más grande D. Pedro Calderon de la Barca, Príncipe
de quantos Comicos han corrido, y sucedieren en toda la

posteridad de la memoria de las Tablas.

»De los casos de la Escritura ponderen de Mescua, la del Rico Avariento, los Sueños de Faraon, el Clavo de Jael y la Fee de Abraham; de Godinez, las Lágrimas de David, Aman y Mardocheo, la mejor Espigadera, Judich, y Olofernes; de Roxas, los trabajos de Tobías; de Luis Velez, los Viejos de Susana, y la Magdalena; de D. Manuel de Vargas las Niñezes de David; de D. Agustin Moreto, la Cena de Baltasar; de D. Juan de Orozco, la de Manasses Rey de Jurea.

»Estas representables sagradas noticias, difícil fuera, que las hallara la ruda ignorancia, si la resplandeciente antorcha de la armoniosa consonancia de los numeros, no huviera iluminado los ojos, y los oidos de quantos se hallavan en el confuso caos del horror de la incapacidad.

»Las vidas de los Santos, á quantos coraçones contumaces han reducido? como publican muchas recolecciones, que por no dilatar este discurso, dexo de numerar, y publicar sus nombres, en el exemplar catolico silencio de sus conversiones.

»Quantos de humildes principios, excitados (á vista de la representacion) de las nobles emulaciones de los gloriosos Heroes, desde los afanes del harado, y de la troceada tapetada encina, pasaron á la Tiara y al Laurel? Aliento de la fama ha sido la Comedia, llamando á las mayores empresas, aun mas que el cabado bronce, la osada emulacion de los que se inmortalizaron en los jaspes; Flandes, Milan y Cataluña lo digan, y las conquistas del Nuevo-Mundo. El Occeano, Salado Coronista, á rasgos de espumas tambien lo dize.

»Quando no fuesse este artificioso entretenimiento tan provechoso en la enseñança, ni se apoyara con los altos seguros fundamentos, assí humanos, como Divinos, por las conveniencias que produce, alienta la fineza de el vassallo á que el Príncipe no se le tiranize, ni se les prive á sus Pueblos aqueste gustoso alivio.

»De la estacion del dia, reguladas las horas mas peligrosas del ocio, reparándolas con juizio providente, la razon hallará, que congregada al Patio de las Comedias la juventud mas ardiente y la mas melancolica mesura, aquel tiempo, que ocupa la Comedia, se miran las potencias, y sentidos en la apazible calma de una diversion, que los aparta de los peligros de la murmuracion, y de quantos deslices dispone la torpeza, y la ligereza del brío. Miren la bien distribuida planta de los Corrales, y en las separaciones de sus bien prevenidos repartimientos, hallaran colocada la grandeza en los aposentos, en los desvanes los Cortesanos, con muchos Reli-

giosos, que no escrupulizan por doctos, y virtuosos, el verla;
que no desaliña la Comedia á los que regentan las Catedras
Evangelicas las frasses y locuciones de las coplas, y lo accio-
nado de la natural retorica de los grandes Representantes,
para mejoras de imitaciones, en las sonoras cadencias de sus
vozes. El hermoso peligro de las mugeres le quisiera ver
tan separado en otros sitios, como se mira en los corrales;
el Pueblo en las gradas, y en el Patio, á la vista del autorizado temido respecto de la Justicia, donde se mira tan temi-
da, como venerada su autoridad.

»En la Comedia tienen vinculados sus piadosos socorros
los Hospitales; y muchas personas de obligaciones los cortos
alimentos con que se mantienen; de las partes, que les tocan á los Representantes, se distribuyen, los dias que representan, mas de vna tercera parte de lo que ganan, de limosnas. Mucha ternura le motivara al que culpa á la Comedia,
si viera los repartimientos que salen de ella.

»Festejo á menos costa no se ha inventado: por seis quar-
tos le cantan, baylan y representan al Mosquetero, y aun le
obedecen, por la rendida fineza, con que desean tenerle gustoso.

»A V. M. le cuesta cualquier batida, ligero festejo del campo, penetrando montes, aires, y lluvias, mayor suma, que el
quieto y apazible divertimiento de la Comedia; logrando el
entretenerse, todo es poco, que en el amor de sus Vassallos,
primero es su regozijo, que nuestras vidas.

»En las tranquilidades de Palacio, con mas serenidades
logran las Magestades la diversion mas entretenida, y mas ostentosa, por las lustrosas circunstancias con que se adorna el
Real Salon.

»Los felices dias de los años de las Reales Personas se
festejaron con este alegre aliñado festin. A la dichosa venida
de la Reyna Madre nuestra Señora, la Cristianísima Reyna
de Francia, y las Damas representaron vna Comedia que escrivió á instancias del Embaxador de Alemania Marques de
Grana, Don Gabriel Bocangel; las Personas Reales han representado muchas vezes; de estos lustrosos exemplares,
autorizados de los Reyes en la representacion, son tantos los
que califican todas las Coronas de Europa, que se pueden
contar por los dias en que han logrado sus mayores triunfos
de Comedias.

»En la tranquilidad del Señor Phelipe Tercero en Lerma,
y Valladolid, no solo representavan las Damas las Comedias,
antes las decoravan las Regias Autoridades con los saraos,
en que toda la mayor Nobleza, con brillante agilidad, mani-

festavan sus ayrosas habilidades; no fue menos Catolico
aqueste Monarca, que sus Progenitores.

»Todo el coraçon cristiano del Grande Phelipe Quarto apo-
yó no menos Magestuoso en los Reales sitios á la Comedia, y
se dignó su persona (aunque incognito) de favorecer los corrales, en las Comedias de Don Geronimo de Villaiçan, avien-
do dispuesto la entrada por la Plaçuela del Angel al aposento,
que oy se mira en el corral de la Cruz; discreta seña del buen
gusto cortesano, con que pagó su Grandeza quanto le disipa
la capacidad á la habilidad mas grande de las habilidades.

»El Principe D. Carlos, Tio de V. M. al mismo tiempo for-
taleció de honores, en literal competencia, á Juan Perez de
Montalvan, alentando vno, y otro hermano á que elevassen
sus buelos estas dos dichosas plumas: Dichoso siglo, y siempre mas dichosos ingenios, que coronaron vuestras frentes
contra el rayo del olvido los Laureles de tan relevantes Mecenas!

»Por los que han escrito, no quedan menos calificadas,
ni menos aplaudidas. El Conde de Villamediana, el Marques
de Velada, Príncipe de Esquilache, el Marques de Mondejar,
Conde de Salinas, Conde de Coruña, el Marques de Castel-
novo, Don Antonio de Mendoza, á quien Gongora llamó el
Asseado Lego; el crisol de la lengua Castellana Hortensio
Felix Palavesino, Fray Antonio de Herrera, Fenix y lince de
toda la humanidad, dignísimo hijo de San Francisco de Paula; el Padre Valentin de Zespedes, y el Padre Calleja, y el
Padre Fomperosa, hijos los tres del mejor estandarte de la
Compañía de Loyola, y en el plausible hermoso Teatro, donde el Arte parece que apuró los primores, assí de la Pintura,
mutaciones de Tablado, buelos y apariencias, concordante,
diestra, armoniosa musica, coplas, traza, y representación
de la mas prodigiosa infancia, cumpliendo Religiosos, y grandes políticos, con todo el empeño del mayor assumpto, pues
de todos los dias, que previno Vassallo nuestro alborozo,
rindiendo obsequios en afectos á la Reynante Reyna nuestra
Señora, este dia fué solo el mayor dia.

»Buena es la Comedia, quando contra los enojos de sus
opuestos tiene la defensa de este escudo en el braço de los
mas doctos fundamentos.

»Sumos Pontífices no la culparon, antes la ilustraron,
pues la Santidad de Clemente Nono escrivió algunas, que se
representaron en Roma.

»Vrbano Octavo hizo laurear en su Sacro Palacio á Lope
de Vega, por vno de los mayores Poetas, Griegos, Latinos y
Italianos, que veneran los Siglos; y si á algun Crítico le diso-

nare el darle el nombre de el mayor, junte los escogidos ingenios de su biblioteca, y pongamos en la balança de la razon á todos, y verá como él solo pesó mas que todos en todas
líneas, Lírico, Heróico, Yocoso, sin las ventajas del artificio
de sus Comedias; porque coplas solo en el aseo de coplas
las hazen muchos, mas Comedias son fabricas tan dificulto-
sas, que solo el que las ha sabido hazer, con el manejo del
tablado, las puede agradecer. Ilustró á su pecho, como á noble Montañes, con la blanca Cruz del Baptista. O! Santo
Padre, tu le diste lo que le tiranizó su Patria.

»El Segundo Thomas el Ilustríssimo Señor D. Fr. Pedro
Godoy, Obispo de Siguença, para templar la fatiga de sus
estudios, mandava que le leyessen vna Comedia, y le servia
de muy regozijado entretenimiento, y tambien de gran ternura las de algunos casos exemplares, por la valentía con
que las escrivieron sus Autores.

»Por la muerte de la Reyna nuestra Señora Doña Isabel
de Borbon estuvieron suspendidas, y quitadas, y atendiendo
el Rey nuestro Señor Phelipe Quarto (que está en el Cielo) á
los piadosos socorros de los Hospitales, y al licito divertimiento de sus Vassallos, influido tambien de los pareceres de
los grandes Letrados de su tiempo, mandó, que se bolviessen
á representar.

»El Reverendíssimo Fray Pedro Yañez, Maestro en la Re-
ligion del Guzman mas bueno, votó el que se quitassen las
estaciones del Jueves Santo primero que las Comedias.

»La Magestad Cesárea, por el contagio que padeció la
Corte de Viena, se passó á Praga, donde no halló menos
horrores de la peste; serenó el Cielo esta mortal tempestad,
y habiendo buelto á Viena, en el dichoso dia de sus años,
este de 1681, le festejó la Nobleza con una Comedia armoni-
ca, ilustradas sus dulces consonancias con las numerosas cadencias, con nuevas artificiosas variedades de su solfa. O!
Príncipe, que alientas, ilustrando á la musica, y á la Poesía,
con tus estudiosos desvelos; premiete el Cielo, que la virtud
solo halla sagrado aceptable alvergue en la virtud.

»Si la Comedia fuesse orígen del contagio, el coraçon Catolico del Emperador fuera quien mas pronto desterrára de
sus Dominios este tremendo peligro.

»Quando los Príncipes no logran en la Infancia los altos
quilates de los tesoros de las noticias, tengo por muy rele-
vante enseñanza la de que vean en el espejo vivo de la representacion los casos, que ilustran los Heroes gloriosos de las
Coronadas Ramas, que esmaltan las Regias sienes, reducida
toda la vida de vn Cesar al recopilado volumen de tres

horas de representacion, haziendo mas comprehensibles los triunfos, que las coplas.

»Los que llaman peligro á las ingeniosas Comedias de capa, y espada, reparen mas chistosas en las de nuestro Marcial Español Don Antonio de Solís, y hallarán muchas moralidades en el brillante emboço de sus versos, vniendo al lazo de sus buenas trazas las filigranas cortesanas de sus fatigadas, y bien limadas coplas.

»Las fabulosas Çarçuelas, con la sonora trama de la música agraciada, deleitable, ligera diversion de los Príncipes, muy fiera deve de ser quien las culpa, y aun las fieras suspendian los enojos de sus ferozidades á las no mas dulces cadencias de Orpheo.

»De los intermedios abejas, en las floridas tareas, formaron gustosos panales, en bayles, y entremeses; Luis de Benavente, con lo festivo de la castañeta, por ser el que descubrió el nuevo mundo de la risa en sus saynetes; Cancer, Monteser, Villaviciosa, y Avellaneda, abraçando en sus seguidillas, mas sentencias, que en todos los Epigramas Latinos. Dilate el coraçon el primer movil, aliente en la opresion, y sea el oprimir para alentar; discurran en festejar á V. M. con los alivios.

»Señor, en la piadosa clemencia de su Real agrado logre la Comedia el favorable auxilio, con que la honraron sus siempre gloriosos Ascendientes, por ser alegre preceptora de sus Vassallos, no les prive de esta festiva doctrina.

»Respiren, alienten con el soberano indulto de V. M. no les retire a los Abriles florecientes de los Franceses Lirios, lo que les concedió su Padre de V. M. á las Açuçenas Alemanas de su Madre.

»El Salon le fabricó la Magestad Cesarea de Carlos Quinto, para las Comedias, y le renovó nuestro Grande Phelipe Quarto (que está en el Cielo) para lo mismo, y no para cóncabo dorado deposito del viento. — Señor. — A los Reales Pies de V. M. — *La Comedia.*»

Creemos que el autor de esta *Representación* anónima dirigida al rey Carlos II no puede ser otro que el madrileño Juan Bautista Diamante, cuyo estilo literario, ampuloso y conceptista, parece idéntico al de este documento, así como su admiración por Calderón de la Barca también puesto de manifiesto en este papel.

Pese a la defensa de éste y otros amantes del teatro, la decadencia del arte escénico era ya un hecho. España había ella misma entrado en una decadencia política e ideológica irremediable. Sólo

veinte años más tarde, la Guerra de Sucesión y el cambio de dinastía cambiarán los gustos y orientaciones espirituales del pueblo
español, e incluso las convicciones religiosas y morales.

A partir de 1700 el teatro clásico español no tiene ya nada
que hacer en una España que pierde su Imperio, sus afanes de
descubrimientos y conquista, su religiosidad, sus conceptos de la
familia y con ello del honor calderoniano. Si el teatro había sido
el reflejo de la España de los Austria, desaparecida ésta es lógico
que desapareciera el viejo teatro. Entramos en el siglo XVIII, en
el que el espectáculo escénico en España será un mero reflejo del
teatro francés, con traducciones generalmente malas. Hará falta
todo un siglo para que vuelva a renacer el teatro español, con el
Romanticismo. Pero esto ya es otra historia distinta.

EL REY DE LA CABEZA CORTADA
CABALGA POR LA PLAZA DE ORIENTE

Durante mucho tiempo ha estado en litigio la fecha en que se
fundió la estatua en bronce del rey Felipe IV que preside la plaza
de Oriente. Magnífico monumento en que el monarca galopa sin
cesar para llegar a ningún sitio. En libros escritos por autores
muy serios hemos leído que el tal monumento se fundió en 1636,
mientras otros lo datan en 1648.

Sin embargo, un feliz azar, fruto, como casi todos los azares, del
trabajo metódico, ha venido a proporcionarnos una fecha exacta
y que ni es tan temprana ni tan tardía.

Por los años de 1930, un joven estudioso llamado Heliodoro
Sancho Corbacho, que preparaba su tesis doctoral, encontró en el
Archivo de Protocolos de Sevilla un documento, al parecer insignificante. Se trataba de una «carta de pago» por el importe «del
viaje que el escultor Juan Martínez Montañés hizo a Madrid para
tallar el retrato del rey Felipe IV». Su fecha es 21 de marzo de
1639.

Tirando de este hilo podemos llegar hasta el ovillo, enredado
y enredoso, de la estatua de la plaza de Oriente, que si no es
propiamente un enigma o un misterio, sí es al menos un suceso
que tiene mucho de sabroso y pintoresco.

En el año de 1638 se recibió en Madrid el modelo del monumento que el rey se había mandado hacer, y que se había encargado al
escultor italiano Pietro Tacca, en Florencia.

Pietro Tacca había hecho, en colaboración con otro italiano,
Gian Bologna, otro monumento público, la estatua ecuestre de

Felipe III que está en la plaza Mayor. Por cierto que este monumento de la plaza Mayor tenía un pedestal muy elevado; demasiado elevado, tanto que para ver la estatua había que dislocarse el cuello, arriesgándose a una tortícolis crónica. Y ocurrió que el segundo don Juan de Austria (no el héroe de Lepanto sino el ministro y quasi tutor del rey Carlos II), cuando ocupó el cargo de primer gobernante de las Españas, lo primero que hizo fue mandar que rebajasen la altura de la estatua de Felipe III, quitándole más de la mitad de su basamento. Pero como coincidió esta medida suntuaria o urbanística con otras de carácter económico en las que se incluía elevar el precio de las subsistencias, el pueblo de Madrid, con su acostumbrada vena satírica y mordaz, echó a volar un refrancillo que decía:

¿A qué vino don Juan?
—A bajar el caballo
y a subirnos el pan.

Pero volvamos a la estatua de Felipe IV. El monumento se había encargado a Pietro Tacca en 1636 y esto explica la confusión de fechas. Pero una cosa es recibir un encargo y otra cosa muy distinta entregar un monumento de esta envergadura. Dos años tardó Tacca, y no es demasiado tiempo. Por fin, en 1638 llegó a Madrid la estatua, es decir, el modelo del que había que sacar los moldes para fundir la estatua en bronce, y quedó depositada en los bajos del Alcázar Real.

Por esas fechas, don Diego Velázquez y Silva había pintado ya la mayoría de sus grandes cuadros: *Los borrachos* en 1628; el *Cristo crucificado* en 1632; el *Retrato de Felipe IV en pardo y plata* en 1633; *La rendición de Breda* en 1634 y 1635. El éxito de estos cuadros había sido clamoroso, y el rey le colmaba de agasajos, y, lo que es más, tomaba su opinión en todo asunto que se refiriera a las artes.

Cuando Velázquez vio la estatua ecuestre exclamó:

—Buen retrato de caballo, y mal retrato de rey.

Bastaron estas palabras del más calificado de los artistas para que Felipe IV decidiera rotundamente:

—Habrá que desistir de fundir en bronce la estatua.

—No, majestad; el monumento es bueno, tiene calidad y perfección; lo que le falta es el parecido, la expresión, la personalidad. Lo único que no está logrado es la cabeza.

—¿Podría cambiarse la cabeza?

—Ciertamente, majestad.

—Pero, ¿a quién podríamos encargar tan delicado trabajo?

—Señor, en Sevilla vive el más completo de los escultores que hoy tienen las Españas.

—¿Cómo se llama?

—Juan Martínez Montañés.

—Es curioso. Nunca le he oído nombrar. ¿Será un artista joven y aún desconocido?

—No, majestad, se trata de un hombre de más de sesenta años.

—¿Y decís que es sevillano?

—No, majestad, no es sevillano, pero como si lo fuera. Nació en Alcalá la Real, que es tierra de vuestro reino de Jaén. Pero ha trabajado siempre en Sevilla, y no ha salido de allí.

—¿Y decís que es el mejor de las Españas?

—Sin duda alguna, y por ello el único capaz, y a la vez digno, de hacer vuestro real retrato con la mayor perfección.

—Pues hoy mismo le mandaréis aviso para que venga a la Corte a poner mi cabeza en la estatua que ha modelado Micer Tacca.

En efecto, Martínez Montañés, que se encontraba en Sevilla y que acababa de firmar el 7 de marzo un contrato notarial para labrar una imagen de san Juan Bautista con destino al monasterio de Santa Paula, recibió por la posta la carta en que Velázquez le comunicaba la orden real de marchar a Madrid inmediatamente.

Dejó para mejor ocasión la estatua del Bautista, y emprendió el viaje tan inmediatamente como se le mandaba.

Mientras tanto, el monumento ecuestre de Felipe IV permanecía guardado en uno de los salones bajos del Alcázar.

Llegó, pues, Martínez Montañés a Madrid y, junto con don Diego Velázquez, que era viejo amigo de su suegro Pacheco, y a quien Velázquez, de joven, había conocido y admirado mucho, reconoció y examinó la estatua y empezó a trabajar. Lo primero que hizo fue, naturalmente, cortarle la cabeza para ajustar exactamente las medidas de la que debía tallar nueva.

Durante siete meses (según sabemos por los documentos en que Montañés dice haber durado siete meses su estancia en Madrid) estuvo Felipe IV sin cabeza en aquellos salones que daban hacia lo que hoy es la plaza de Oriente. Mal asunto para el reino tener durante tanto tiempo un rey sin cabeza, decían *sotto voce* los cortesanos y criados de palacio; pero no *sotto voce* sino a voz en cuello lo decían entre coplas y chirigotas los bufones, ante la propia mesa del rey.

Juan Martínez Montañés tardó algo más de dos meses en labrar la cabeza de Felipe IV, la cual talló en madera y la hizo policromar para asegurar una absoluta fidelidad al rostro del monarca. Esa cabeza tallada en madera sirvió después para sacar el molde que se unió al molde del cuerpo del rey y al del caballo.

Felipe IV era muy curioso y notable aficionado a las artes, así que siguió con atención, día a día, la marcha del trabajo, desde el primer apunte que Montañés hizo, al carbón, sobre una lámina de cartón pajizo, hasta el modelado en barro, el sacado de puntos, la talla en basto, el pulimentado de la madera y el policromado. Se extrañaba mucho el rey de todo aquel proceso tan laborioso, acostumbrado a las esculturas en mármol que había visto hacer, pero no a este procedimiento más propio de la imaginería religiosa, en que Montañés era el primer maestro.

Todavía durante otros cuatro meses dirigió el propio Montañés la fundición del monumento en bronce, que se hizo al lado del Alcázar, en los terrenos del Campo del Moro. Primero hizo cavar un pozo de más de tres metros de profundidad y en él puso el molde completo de la estatua ecuestre, lo rodeó de arena, y por último echó por las piqueras el metal derretido, que hacía silbar furiosamente el aire que salía por los orificios o respiraderos. Veintisiete días hubo que esperar a que el metal se enfriase, y entonces se retiró la arena, apareciendo entera la estatua, tan bien fundida que no se advirtió la menor grieta ni fisura que hubiera que resanar.

La estatua fue retirada del hoyo y se llevó a la plaza de la Armería, en donde se montó a su alrededor un andamio, en el que Martínez Montañés pasó varias semanas perfeccionando con el buril, el cincel y el mazo los relieves, hasta dejar la estatua como si hubiera salido de las manos de un platero.

Terminada la obra, y a manera de recuerdo, Velázquez pintó al óleo un retrato de Martínez Montañés, en donde le vemos trabajando en el diseño del rostro del rey. Este retrato se encuentra en el Museo del Prado.

No quiso quedarse más tiempo en Madrid el maestro, por más que Velázquez le convidaba, tratando de llevarle a visitar las colecciones de cuadros de los alcázares de Toledo, Segovia y Valladolid. Solamente aceptó una escapada a El Escorial, donde le sobrecogió la grandeza del edificio y la riqueza de su tesoro. Demasiado para Martínez Montañés, que amaba las cosas más a la medida humana, no a la medida de los gigantes.

Regresó a Sevilla a finales de aquel mismo año de 1638, o a principios del 39. No sabemos la fecha, pero por la carta de pago de sus gastos de viaje no debió llegar a la capital andaluza hasta después de mediado enero.

LEYENDAS Y MISTERIOS DE MADRID

Llegó a Sevilla tan silenciosamente como todo lo que hacía, y, sin vanagloriarse de haber retratado al rey, se puso a trabajar en la imagen de san Juan Bautista para las monjas de Santa Paula.

Todavía vivió diez años más. Murió en 1649, víctima de aquella horrorosa epidemia de la peste bubónica que diezmó a toda España, y que dicen algunos fue la causa de que, faltando soldados, perderíamos las guerras de Flandes. No había en Sevilla sitio ya en donde enterrar los miles de muertos, ni obreros que cavasen nuevas tumbas, así que el Ayuntamiento dispuso que los cadáveres se arrojasen al antiguo foso de la muralla, entre la Puerta de Triana y la Puerta del Arenal. Un testigo presencial escribió: «Llevaban en uno de los carros muchos muertos y entre ellos vi a Martínez Montañés el escultor, que yo bien le conocí.»

CURIOSA RELACIÓN DE LOS CONVENTOS, PARROQUIAS, HOSPICIOS Y HOSPITALES QUE EXISTÍAN EN MADRID EN EL SIGLO XVII

Es curioso que en la llamada *Guía y avisos de forasteros que vienen a la Corte*, escrita por don Antonio Liñán y Verdugo (que por cierto parece que no fue escrita sino por fray Alonso Remón), no se facilite a quien viene a Madrid dato alguno sobre la topografía de la villa. Tan curioso y sorprendente, que alguna vez hemos estado por pensar si tampoco escribió el tal libro el susodicho padre Maestro. Nos asalta la sospecha de que quien escribió este libro no estuvo jamás en Madrid y hablaba de oídas. Cierto que el libro es excelente, uno de los mejores que ha parido el ingenio del siglo XVII, y que a un mismo tiempo nos muestra las tretas de que se valen los pícaros para engañar y timar a los incautos forasteros, y nos ofrece sabrosas lecciones de moral. Quizás el libro fue escrito por un sevillano, conocedor de lo que era una gran ciudad como Sevilla, y se lo encajó a Madrid, allá por los años 1620.

Pero, a lo que vamos. El único capítulo del interesantísimo libro donde habla de su urbanismo es en el último, y concretamente en las tres últimas páginas. Parece como si alguien le hubiera dicho, al leer el manuscrito:

—¿Y por qué dice usted que el libro trata de Madrid, si aquí no aparece Madrid por ninguna parte?

Y el autor, fuera o no fuera el fraile, el licenciado, o el sevillano desconocido, se procuró apresuradamente un listín de edificios religiosos, casi como tomado de las páginas amarillas de la guía telefónica, si la hubiera habido entonces, y lo añadió, como decimos, al final del libro, en el que titula: «Aviso octavo y último. En que le enseña al forastero cómo ha de repartir el tiempo y acudir a sus ocupaciones cristianas.»

Y he aquí la curiosísima relación de iglesias, conventos, hospicios y hospitales que nos da:

PARTE DE ORIENTE HACIA MEDIODÍA

Comencemos por las entradas de la parte de Oriente. Por la parte de Oriente, pero que mira a Mediodía, siguiendo la calle de Atocha hasta la plaza Mayor, está aún antes de entrar en Madrid, Nuestra Señora de Atocha, monasterio de religiosos de la Orden de Santo Domingo. Y el monasterio de Santa Isabel, de monjas Agustinas Recoletas. Monasterio Real y Fundación de Doncellas, para hijas de criados de su majestad. Luego, a pocos pasos el Hospital General, y frontero de él las Monjas Capuchinas, y a corto trecho de éstos los Desamparados, el Hospital de Antón Martín, las niñas de Nuestra Señora de Loreto, las monjas de La Magdalena, la parroquia de San Sebastián, el monasterio de La Santísima Trinidad, el monasterio de los religiosos de Santo Domingo, que también se llama Colegio de Atocha, y la parroquia de Santa Cruz.

PARTE DE ORIENTE HACIA SEPTENTRIÓN

Si volvéis a entrar por la parte de Oriente, pero hacia el Septentrión, tomando el Prado de San Jerónimo está el monasterio Real de San Jerónimo del Prado, y la Casa Profesa de la Compañía de Jesús. Y los Recoletos Descalzos del glorioso padre san Agustín. Los Carmelitas Descalzos, las monjas Bernardas de Vallecas, los religiosos Capuchinos, los clérigos Menores, las monjas de Santa Catalina de Siena y el Hospital de los Italianos. Las monjas de la Concepción Bernarda, que dicen de Pinto, los padres Mínimos de San Francisco de Paula, que dicen de La Victoria; y el Hospital de la Corte, que dicen también de Nuestra Señora del Buen Suceso. El hospicio de los Niños Expósitos, que dicen de Nuestra Señora de la Inclusa; la parroquia de San Luis, el Carmen Calzado, las Mujeres Recogidas, que es el antiguo Hospital de los Peregrinos, el Hospital Real de la princesa doña Juana, el monasterio Real de la misma princesa, que dicen de Las Descalzas de la Emperatriz; la parroquia de San Martín, que es el antiguo monasterio del glorioso padre san Benito; la parroquia de San Ginés, y el monasterio de San Felipe, de los religiosos calzados del glorioso padre san Agustín.

PARTE DE SEPTENTRIÓN

Si entráis por la parte del Septentrión, está, antes de entrar en Madrid, el convento de San Bernardino, que es monasterio de religiosos franciscanos descalzos, y entrando en la calle de Fuencarral la casa del Noviciado de la Compañía de Jesús. Y al entrar en Madrid por la calle de Hortaleza, Santa Bárbara, que es monasterio de religiosos descalzos de Nuestra Señora de la Merced. Y más adentro de Madrid, el Hospital y Fundación de San Antón. Y luego, a pocas calles, el monasterio de las religiosas descalzas de Nuestra Señora de la Merced, y el monasterio de los religiosos del glorioso padre san Basilio, y el Hospital de la parroquia de San Martín.

Y el monasterio de Caballero de Gracia de las monjas de la limpísima Concepción Recoletas Descalzas. Y el Hospital de San Luis de los Franceses, el monasterio de los religiosos Premonstratenses (que el vulgo dice de los Mostenses), el monasterio de los religiosos del glorioso padre san Bernardo, que es Santa Ana; el monasterio de monjas franciscanas, que es de Los Ángeles; el monasterio de Santo Domingo el Real que es de monjas dominicas, y el Hospital de Santa Catalina de los Donados.

PARTE DE PONIENTE

Si entráis por la parte de Poniente, en el mismo real palacio está la Capilla de Su Majestad; cerca de allí el real monasterio de la Encarnación, que es de monjas Agustinas Recoletas; San Gil, que es monasterio de religiosos descalzos del glorioso padre san Francisco; la parroquia de San Juan, la parroquia de Santa María; el monasterio de las monjas Bernardas descalzas; la Capilla del Obispo, la parroquia de San Andrés; el monasterio de monjas Jerónimas descalzas, que llaman Corpus Christi; la parroquia de San Miguel; la parroquia de San Nicolás; las monjas de Nuestra Señora de Constantinopla, que son de la Orden de san Francisco, y el monasterio de Santa Clara, que también son monjas Franciscanas; la parroquia de Santiago, la parroquia de San Salvador, la parroquia de San Pedro, la parroquia de Santiuste.

PARTE DEL MEDIODÍA

Y si entráis por la parte del Mediodía, está el recogimiento de mujeres perdidas que llaman La Galera; a la Puerta de Toledo está el monasterio del seráfico padre san Francisco, de los religiosos de su Orden; está el Hospital de los Catalanes, Aragoneses y Valencianos; está el monasterio de monjas de la Concepción Francisca; está la casa del Colegio Imperial, de la Compañía de Jesús; está el monasterio de Nuestra Señora de La Merced, de religiosos de esta sagrada religión calzados; y el Humilladero de la plazuela de la Cebada; el Hospital de la Pasión, y la parroquia de San Millán; el monasterio de la Concepción Jerónima, de las monjas Jerónimas; y además de estas parroquias y monasterios y hospitales, hay otras capillas, oratorios y ermitas adonde se dice misa.

Tan adornado está Madrid, como Corte de monarca tan poderoso y rey tan cristiano, de templos e iglesias adonde se celebren los oficios divinos, se frecuenten los sacramentos y se predique la palabra de Dios.

Hasta aquí lo escrito en 1620 en la *Guía de forasteros que vienen a la Corte*. Por nuestra parte hemos querido completar la lista de los establecimientos religiosos y benéficos que existieron en el siglo XVII y algunos de los cuales o estaban en construcción cuando Liñán escribió su libro, o se olvidó de anotarlos. La lista que hemos podido hacer, y que ofrece una visión más completa, es como sigue:

Curiosa relación de conventos, parroquias y hospitales del viejo Madrid

PARROQUIAS

1. Santa María de la Almudena. Es la primera parroquia fundada tras la Reconquista por Alfonso VI. Situada en la Cuesta de la Vega. La primitiva se derribó para construir sobre su solar la actual Catedral de la Almudena.
2. El Salvador o San Salvador. Es la segunda fundada en el siglo XI, a la Reconquista. Estaba situada en donde hoy la Plaza de la Villa, y fue derribada para la construcción del edificio del Ayuntamiento, en 1599 parcialmente. El resto se

derribó el año de 1842. Esta parroquia pasó a unirse a la de San Nicolás.

3. San Andrés. Del siglo XIV. En la calle San Andrés, 7. Incendiada en 1936, se conserva de ella la Capilla de San Isidro, construida en 1660.

4. San Ginés. Fundada en el siglo XII, aunque el edificio actual es del XVII, construido sobre el solar del anterior. Calle Arenal, 13. En esta parroquia está la famosa Capilla del Santo Cristo.

5. San Juan Bautista. Parroquia fundada en el siglo XII, y que fue derribada en el siglo XIX, cuando se hizo el ensanche para construir la Plaza de Oriente.

6. San Justo. Parroquia del siglo XIII. En lenguaje medieval se le decía Santiuste y estaba en la calle San Justo. Se derribó en el siglo XVII para construir el Palacio Arzobispal.

7. San Ildefonso. Fundada en el siglo XI o·XII. Se derribó para hacer el ensanche, en el siglo XIX.

8. San Lorenzo. Construida en 1670 la iglesia, aunque creemos que es una parroquia mucho más antigua, fundada en el XIV. Calle Doctor Piga, 2.

9. San Luis Obispo. Estaba en la calle de la Montera, y fue destruida durante la guerra en 1936. Su portada monumental se trasladó a la iglesia del Carmen en la fachada a la calle de la Salud.

10. San Marcos. Construida en 1749, está en la calle San Leonardo, 10.

11. San Martín. Es el actual Oratorio de Portacoeli, de 1761, en la calle del Desengaño-calle Luna.

12. San Miguel de Octoes. Parroquia del siglo XV, derribada para el ensanche de la Plaza de San Miguel en el siglo XIX.

13. San Millán. Es una de las parroquias medievales, aunque su edificio se incendió fortuitamente en el siglo XVII, en que se reconstruyó.

14. San Nicolás. Es una de las más antiguas, pues parece que se construyó sobre una antigua Mezquita Musulmana en el siglo XII, y creemos que ya dicha Mezquita se había consagrado como parroquia en el siglo XI, en la Plaza de San Nicolás.

15. San Nicolás y el Salvador. Construida en 1658 en la calle Atocha, 60.

16. San Pedro, llamado San Pedro el Viejo. Es una de las fundadas en la Reconquista. El edificio actual es de 1354, en la Costanilla de San Pedro.

17. San Sebastián. Construida en 1541 en la calle Atocha, 39, con su monumental capilla de Belén.

18. Santiago. Parroquia antigua, medieval. Derribada en el siglo XIX para el ensanche de la Plaza de Oriente.

CONVENTOS DE RELIGIOSOS

1. Comunidad de los Agonizantes. Convento del Santísimo Cristo de la Agonía.
2. Agustinos. San Felipe el Real. En la Puerta del Sol, calle Mayor, 1. Construido en el siglo XVI, y sus gradas fueron el «mentidero de Madrid», donde concurrían poetas, soldados y pícaros.
3. Agustinos. Convento de la Encarnación. Era convento y Colegio de los Calzados. Construido en 1590, se derribó en el siglo XIX para construir en su solar el Palacio del Senado. En la Plaza de la Marina Española, 10.
4. Agustinos Recoletos. En época de Felipe II se hace la reforma de la Orden, introduciéndose frailes «de clausura» a los que se llama Recoletos. Establecen su convento fuera de la ciudad, en el Prado, que por eso se llamó Prado de los Recoletos, y hoy Paseo de Recoletos. Para diferenciarse de los otros Agustinos, eran descalzos.
5. Basilios. Convento de los Basilios o de San Basilio. Estaba en la calle del Desengaño, número 2. Derribado en el siglo XIX y en su solar se edificó un teatro.
6. Benedictinos. Nuestra Señora de Montserrat. Convento fundado en 1640, en la calle San Bernardo, número 79, por los frailes expulsados de Cataluña.
7. Benedictinos. Convento de Santo Domingo de Silos. Estos frailes vinieron a Madrid huyendo de Aragón y Cataluña, durante la rebelión de Cataluña en el reinado de Felipe IV.
8. Bernardos. Convento de Santa Ana. Derribado para el ensanche de la plaza Santa Ana, puesto que el Teatro Español quedaba en la calle Príncipe, y en el siglo XIX se hizo un ensanche para que quedase en una plaza.
9. Bernardos. Convento de San Martín. Parece que el convento de este nombre fue fundado por los frailes de San Bernardo de Claraval en el siglo XIV, y que después pasó a ser ocupado por otra orden. El convento de San Martín se derribó en el siglo XIX, y en su solar se construyó el Monte de Piedad y Caja de Ahorros, en la Plaza de San Martín.
10. Capuchinos. Convento de San Antonio, del siglo XVI. En la Plaza de Capuchinos.
11. Capuchinos. Convento del Santísimo Cristo de las Injurias. (Creemos que es el mismo anterior.)

12. Carmelitas. Calzados. Se construyó en el siglo XVII al derribarse el barrio de la Mancebía, en su lugar, en 1631. En la calle Carmen, 12. Convento del Carmen.
13. Carmelitas. Descalzos. Convento de San Hermenegildo. Fundado por indicación de santa Teresa de Jesús y con la protección de Felipe II. Se derribó en el siglo XIX, conservándose de él la Iglesia de San José, en la calle Alcalá, 41.
14. Clérigos Menores. Convento del Espíritu Santo. Estuvo situado en la actual Plaza de las Cortes. Al principio se reunieron las Cortes, en la primera mitad del siglo XIX, en el Palacio de Santa Cruz, hoy Ministerio de Asuntos Exteriores, pero en 1840 se derribó el Convento del Espíritu Santo, a que nos referimos, y en su terreno se edificó el actual Palacio del Congreso.
15. Clérigos Regulares. Convento de Nuestra Señora del Favor. (Sin datos.)
16. Dominicos. Nuestra Señora de Atocha. Era convento y colegio. En calle Atocha.
17. Dominicos. Convento de Santo Tomás, en calle Santo Tomás. Parte de él se utilizó en el siglo XIX como Cárcel de Corte, como anejo del Palacio de Santa Cruz, que fue dicha cárcel, y hoy Ministerio de Asuntos Exteriores.
18. Dominicos. Nuestra Señora del Rosario.
19. Dominicos. Convento de la Pasión. Derribado en el siglo XIX para el ensanche del sector de la Plaza de Oriente-Ópera.
20. Dominicos. Santo Domingo de Portacoeli. En la calle Desengaño, 26. (Hoy es parroquia.)
21. Escolapios. Escuelas Pías de San Fernando. En la calle Mesón de Paredes, 68. Fundadas en el siglo XVII, se derribaron en el XIX, quedando aún restos de la iglesia.
22. Escolapios. Colegio de San Antón. Fundado en 1753. Calle Hortaleza, 63.
23. Felipenses. Convento y Oratorio de San Felipe Neri.
24. Franciscanos. Convento de San Francisco, llamado «El Grande» por ser el convento mayor, o Casa Grande de la Orden. La iglesia primitiva debió ser construida en el siglo XIII, pero por su deterioro y vejez se derribó en el siglo XVIII, construyéndose el templo actual en 1760.
25. Franciscanos. San Gil. Convento derribado en el siglo XIX durante las reformas urbanas y el ensanche del casco antiguo.
26. Franciscanos. Convento noviciado de Santa Catalina. Pasó después a ser el Hospital de Santa Catalina de los Donados, en la Cuesta de los Donados.
27. Franciscanos. Convento de San Bernardino. En la cuesta de San Bernardino.

28. Jerónimos. Convento de San Jerónimo. Estaba situado en extramuros de Madrid, en el prado que se llamó Prado de los Jerónimos, y del que toma su nombre el actual paseo del Prado. Se conserva la iglesia y partes del primitivo convento, en la calle Ruiz de Alarcón.

29. Jesuitas. Noviciado de San Ignacio. Estuvo situado en la calle San Bernardo número 49. Tras la expulsión de los jesuitas en el siglo XVIII, se dedicó el edificio a diversas funciones docentes, y hoy es el Instituto Cardenal Cisneros de enseñanza de Bachillerato.

30. Jesuitas, Casa Profesa. Era el convento, o residencia principal, fundado en el siglo XVI. Derribado en el siglo XIX para la construcción de la Gran Vía, ocupaba el terreno de los edificios actuales de dicha calle número 55 al 59.

31. Jesuitas. Colegio Imperial. Fundado en el siglo XVI. Llamado también Los Estudios. En la calle Toledo. Es el actual Instituto de San Isidro. La iglesia se adaptó a colegiata y después a catedral, siendo la actual catedral de Madrid.

32. Jesuitas. Hospicio de religiosos de la Compañía de Jesús. Era una residencia para sacerdotes jesuitas ancianos o incapacitados. Estuvo en un anexo de la Casa Profesa, que correspondería al número 53 de la actual Gran Vía.

33. Mercedarios. Convento de Santa Bárbara. Estaba en la plaza de Santa Bárbara. Fue derribado en el siglo XIX para la alineación de la plaza de Alonso Martínez.

34. Mercedarios. Convento de Nuestra Señora de la Merced.

35. Mínimos de San Francisco de Paula. Convento de la Victoria. Derribado en el siglo XIX para ensanche. Calle Victoria.

36. Premonstratenses. (Vulgarmente llamado Mostenses.) Derribado para ensanche en plaza de los Mostenses.

37. Premonstratenses. Convento de San Joaquín, situado en la zona del cuartel del conde-duque, y derribado en el siglo XIX para ensanche.

38. Teatinos. Convento de San Cayetano. Fundado en 1678. En calle Embajadores, número 15.

39. Trinitarios. Convento de la Trinidad, fundado en el siglo XVI. En la calle Doctor Cortezo, 4. Derribado el convento, queda la capilla hoy llamada del Ave María.

40. Trinitarios. Convento de Trinitarios Descalzos. Extramuros. En la actual calle Santísima Trinidad.

CONVENTOS DE RELIGIOSAS

1. Agustinas. La Encarnación. Fundado en 1610. Plaza de la Encarnación, 10. Este Real Monasterio de la Encarnación es, con las Descalzas Reales, uno de los conventos del Patrimonio Real, y valiosísimo monumento nacional.
2. Agustinas. Santa Isabel. Convento de las Agustinas Recoletas.
3. Agustinas. La Magdalena. Llamado Las Recogidas, que significa lo mismo que Recoletas, o sea dedicadas a la vida contemplativa y al recogimiento espiritual. Fundado en 1623. Calle Hortaleza, 88.
4. Benedictinas. Convento de San Plácido. Fundado en 1641. Muy restaurado y modificado el convento. La iglesia subsiste íntegra. Calle San Roque, número 9.
5. Bernardas. Convento del Sacramento y Virgen de la Almudena. Calle Sacramento. Fundado en 1671.
6. Bernardas. Convento de San Bernardo. Fue el que dio nombre a la calle.
7. Bernardas. Convento de Nuestra Señora de la Piedad. En la calle Alcalá.
   (Nota. A las Bernardas de la calle Alcalá se les llamaba «las Bernardas de Vallecas», mientras a las de la calle San Bernardo se les decía «las Bernardas de Pinto».)
8. Orden de Calatrava. Convento de monjas Calatravas de la Concepción. El convento fue derribado pero susbsiste la iglesia. Calle Alcalá, 25.
9. Capuchinas. Convento de San Pascual (antiguo). Extramuros, en el Prado de los Recoletos. Construido nuevamente a fines del siglo XIX en paseo de Recoletos, 7.
10. Carmelitas. Nuestra Señora del Carmen. (Descalzas.)
11. Carmelitas. Nuestra Señora de las Maravillas. (Calzadas.) Fundado en 1616. Tras ser derribado queda su iglesia, en la calle Dos de Mayo, que es hoy parroquia de los Santos Justo y Pastor.
12. Carmelitas. Convento y colegio para niñas huérfanas de Nuestra Señora de Loreto.
13. Concepcionistas. Oratorio de Caballeros de Gracia. Convento de las Esclavas Concepcionistas, e iglesia, que es monumento nacional. Fundado en 1786. Calle Caballero de Gracia, 5.
14. Dominicas. Convento de Santa Catalina de Siena; en la calle Santa Catalina.
15. Dominicas. Santo Domingo el Real. Fundado en el siglo XVI.
16. Franciscanas. Convento de Jesús y María.
17. Franciscanas. Convento de Santa María de los Ángeles. Fun-

dado en el siglo XVII. Derribado en 1836. Estaba en plaza de Santo Domingo.

18. Franciscanas. Real monasterio de las Descalzas Reales También llamado las Descalzas Imperiales. Son de la rama de las franciscanas clarisas, por lo que el monasterio es del título de Santa Clara. Fundado en 1559, patrocinado por Felipe II, sobre el palacio del emperador Carlos I. Plaza de las Descalzas Reales, 1. Es monumento nacional.

19. Convento de la Concepción. Le llamaban «la Concepción Francisca» para diferenciarlo de la Concepción Jerónima. En la calle Goya, esquina con Núñez de Balboa.

20. Franciscanas. Convento de Nuestra Señora de la Salutación, o de Constantinopla.

21. Jerónimas. Convento de la Concepción Jerónima, de monjas jerónimas calzadas. En calle Concepción Jerónima.

22. Jerónimas (descalzas). Convento del Corpus Christi, vulgarmente llamado «de las Carboneras», fundado en 1607. En plaza del Conde de Miranda.

23. Mercedarias. Convento de la Merced Descalza, vulgarmente llamado «convento de las Góngoras». por haber sido fundado en 1663 por don Luis de Góngora. Calle Luis de Góngora, 5.

24. Mercedarias. Convento de la Merced (calzadas), llamado vulgarmente «convento de don Juan de Alarcón», fundado por un caballero de este nombre.

25. Salesas. Las Salesas Reales. Primer establecimiento. Al establecerse en Madrid, traídas por la reina doña Bárbara de Braganza en 1740, se instalaron en un convento provisional en el paseo de Recoletos, entonces Prado de Recoletos. El segundo establecimiento fue el actual monasterio de la Visitación, en la calle Bárbara de Braganza, 3 y 5. Una parte se ha dedicado a edificio del Ministerio de Justicia, y se conserva la iglesia.

26. Salesas. Las Salesas Nuevas. Fundadas en 1798, en la calle San Bernardo, 72.

27. Orden de Santiago. La rama femenina de la Orden Militar de Santiago puso convento de monjas, llamadas Las Comendadoras de Santiago, en 1584, en la plaza de las Comendadoras.

28. Trinitarias. Convento de San Ildefonso de las Trinitarias Descalzas. En la calle Lope de Vega. Es monumento histórico.

29. Trinitarias. Colegio de Doncellas, para hijas de criados del rey (funcionarios del Estado).

PRINCIPALES HOSPITALES DE LOS SIGLOS XV AL XIX

1. Hospital de la Latina, fundado por doña Beatriz Galindo, «La Latina», en 1499. Derribado en 1870 y parcialmente reconstruido en 1904. En la calle Toledo, 52.
2. Hospital de incurables, de Nuestra Señora del Carmen. Siglo XVI. En la calle Atocha, 87.
3. Hospital de la Concepción y Buena Dicha. Fundado en 1554. Derribado en el siglo XIX, queda su iglesia. En la calle Libreros.
4. Hospital de Antón Martín para enfermos de Bubas. Siglo XVI.
5. Hospital de Santa Catalina de los Donados. Siglo XVI. En la calle Donados.
6. Hospital de la parroquia de San Martín. Siglo XVI. En la plaza de San Martín.
7. Hospital Real de la princesa doña Juana.
8. Hospital de los Italianos.
9. Hospital de Corte o del Buen Suceso.
10. Hospital de San Luis de los Franceses.
11. Hospital de los Catalanes, Aragoneses y Valencianos.
12. Hospital de la Pasión. Siglo XVII. En la calle Atocha, 106. Se conserva, adaptado a sede del Ilustre Colegio de Médicos.
13. Enfermería de la venerable Orden Tercera. Fundado en 1683. En la calle San Bernabé, número 1. Se conserva como monumento nacional.
14. Hospital y Fundación de San Antón.
15. Hospital de San Antonio, de los Alemanes y Portugueses.
16. Hospital General de Atocha. Fundado en 1756. Plaza de Atocha.
17. Hospicio de San Fernando. Fundado en 1720. Hoy Museo Municipal. Calle Fuencarral, 76.

UNA TUMBA VACÍA EN SANTO DOMINGO EL REAL

(El testamento de Quevedo)

Don Francisco de Quevedo y Villegas fue uno de los ingenios más preclaros de esta Corte. Aunque su vena burlona y satírica le hizo ganar popularidad, hasta considerársele por muchos como un poeta chistoso, sin más méritos que el de la sátira y el epigrama, la verdad es que sus principales obras son de carácter político, religioso y moral.

Observador agudo de lo que le rodeaba, acertó a diagnosticar los males de España y a cristalizarlos en el mejor soneto que se ha escrito en lengua castellana. Quevedo, con sagacidad y a la vez con tristeza, explica los males de España por el pecado de haber abarcado demasiado, de haber vencido a todos los países para crear el mayor Imperio de la Tierra. Pero no es posible sostenerse contra el mundo entero indefinidamente.

> *es muy fácil, oh España, en tales modos,*
> *que lo que a todos les quitaste sola*
> *te puedan a ti sola quitar todos.*

Don Francisco de Quevedo y Villegas había nacido en Madrid, hijo de un secretario de la casa real y de una dama de la reina. Su proximidad al rey le convierte pronto en un político influyente. Tanto que es capaz, nada menos, que de obtener que se nombre virrey de Nápoles al duque de Osuna, frente a otros pretendientes al cargo.

Quevedo es a la vez un hombre de acción, y esto desde su in-

fancia. A los catorce años, habiendo sabido que el poeta Baltasar
Elisio de Medinilla había hablado mal de su madre vertiendo sucias calumnias sobre su nombre, Quevedo sale de Madrid al anochecer, a caballo, recorre los sesenta y ocho kilómetros que hay
hasta Toledo, busca a Medinilla, y lo mata, y, cambiando de montura tres veces, regresa a Madrid al amanecer, sin que nadie pudiera imaginar por entonces que un niño fuera capaz de semejante
empresa.

Su vida transcurre a partir de entonces en plena acción. Comisionado por Felipe III para sublevar Niza contra el duque de
Saboya, consigue realizarlo, pero con peligro de su vida, y se ve
obligado a escapar. En Venecia, sus conspiraciones en favor de
España hacen que el Consejo de los Diez le condene a muerte y,
no pudiendo capturarle, le ahorcan y queman en efigie.

Al intervenir en el pleito del patronato de Santiago contra los
carmelitas, que se oponen a que Santiago sea declarado patrón de
España, Quevedo se sube de tono, es acusado de desacato y desterrado de Madrid.

Dueño de la torre de Juan Abad, en las proximidades de Sierra
Morena, cerca de Andalucía, pasa a Sevilla. Su amistad con los
duques de Medinaceli le proporciona la oportunidad de casarse
con una parienta de éstos, doña Esperanza de Aragón y Cabra,
de la que se separaría años después.

Reinando ya Felipe IV y ocupando el cargo de «valido» el conde-
duque de Olivares, su política es denunciada por Quevedo, quien
cierto día introduce bajo la servilleta de Felipe IV un memorial
en que denuncia los impuestos exhorbitantes que la Hacienda,
por disposición de Olivares, está cargando sobre los españoles,
llevando a la total ruina al país; de ese memorial son estos versos:

> *En cuanto Dios cría, o lo que se inventa,*
> *de más que ello vale se paga la renta.*
> *A cien reyes juntos nunca ha tributado*
> *España las sumas que a vuestro reinado;*
> *y el pueblo doliente llega a recelar*
> *que le echen gabelas sobre el respirar.*
> *Los ricos repiten por mayores modos:*
> *«Ya todo se acaba, pues hurtemos todos.»*

El conde-duque de Olivares por el momento no se atreve a
proceder contra él, pero le estorban los versos y las prosas de Quevedo, así que le manda callar. ¿Callar? Quevedo escribe entonces
su más valiente diatriba contra el conde-duque:

No callaré, por más que con el dedo
ya tocando la boca, ya la frente
silencio avises o amenaces miedo,

¿No ha de haber un espíritu valiente?
¿Siempre se ha de sentir lo que se dice?
¿Nunca se ha de decir lo que se siente?

Olivares no lo resiste. Aunque el «memorial» al rey iba sin firma, Olivares busca un testigo falso que jura ante el juez que le consta que los versos son de Quevedo.

El testigo falso es un cierto maestro de esgrima, y noble, llamado don Luis Pacheco de Narváez. Éste pretendía haber descubierto unas fórmulas geométricas que le permitirían parar cualquier estocada que le tirasen, convirtiendo el ciencia exacta el arte de la esgrima. Pero Quevedo lo tomó a chacota, y en presencia de muchos caballeros, en casa del presidente de Castilla, le invitó a probar su defensa geométrica, y derribándole el sombrero con su espada le puso en ridículo, lo que le valió su enemistad a muerte.

Con la declaración bajo juramento de Pacheco se puso en marcha el proceso y se dictó auto de prisión contra Quevedo.

Quevedo residía en el palacio del duque de Medinaceli, y allí van a buscarle los alcaldes de Corte don Enrique de Salinas y don Juan de Robles, el día 10 de diciembre de 1639, y, según la costumbre judicial de la época, es sacado de Madrid y llevado a San Marcos de León, donde permanecerá cuatro años en un calabozo frío, húmedo, oscuro, amarrado con grilletes de hierro que le ulceran los pulsos y los tobillos durante los cuatro años enteros.

Escribe unas páginas de súplica que estremecen, explicando el miserable estado en que se encuentra, y que no es prisión sino la propia muerte en vida. Trato indigno de un caballero como él, y más con un hábito de Santiago.

Pero las súplicas de nada sirven. El rigor no se atenúa ni un ápice. Solamente cuando se produce la caída del conde-duque de Olivares saldrá Quevedo, como otros, de la cárcel.

Vuelve a Madrid, pero envejecido y enfermo, y poco después se le indica que el perdón del rey no significa la libertad absoluta. No es permitido que resida en Madrid, así que debe irse a sus posesiones de Ciudad Real, a su torre de Juan Abad.

Alrededor de la torre y la casa hay un pequeño dominio que abarca cuatro aldeas, cada una de veinte o treinta vecinos. El dominio o finca, que es como conviene llamarle, está en el límite de Ciudad Real con la Sierra Morena, en los llamados Campos de Montiel.

En abril de 1645 don Francisco se siente viejo y achacoso, aunque aún no ha cumplido los sesenta y cinco años. Han podido mucho sus cuatro años de calabozo inhumano en San Marcos de León.

Una mañana hace que le preparen el carricoche, tirado por dos mulas, y se dirige al cercano pueblo de Villanueva de los Infantes, cabecera de la comarca. Allí busca al escribano, Alonso Pérez, y ante él, pausadamente, formula su testamento. Firman como testigos Juan Rubio Burcillo, Fernando Navarro y Gárate y J. de Santa Cruz, todos ellos gente de su finca.

El verano lo pasa mal, ahogándose, y a primeros de setiembre, viéndose cada vez peor, decide acudir a Villanueva de los Infantes otra vez, pero ahora para meterse en el convento de Santo Domingo, de la Orden de Predicadores, donde le habilitan una celda para que esté bien atendido. Cada día le visita el médico, y tiene un fraile novicio que le asiste como enfermero. En la mesilla de noche tiene el testamento, que de vez en cuando relee, y hace anotaciones en un papel para añadirle algo. Alguna nueva manda que beneficie a alguien de quien antes se olvidó.

El testamento de Quevedo comienza con estas piadosas palabras: «En nombre de Dios Nuestro Señor, amén. Sepan cuantos esta carta de testamento vieren mi última y postrimera voluntad, como yo don Francisco de Quevedo y Villegas, caballero de Santiago, estante en esta villa nueva de los Infantes, estando enfermo pero en mi juicio, memoria y entendimiento natural del cual Nuestro Señor fue servido de me dar, creyendo como fiel y verdaderamente creo en el misterio de la Santísima Trinidad...»

El testamento se divide en tres partes: la primera ordenando su entierro y misas que se digan por su alma. La segunda disponiendo de sus bienes, para que se instituya un mayorazgo, y con el resto se paguen salarios y se hagan algunos regalos a sus allegados y criados, y finalmente la tercera se dedica a nombrar los albaceas testamentarios.

En lo referente al entierro dispone que su cuerpo sea enterrado en el convento de Santo Domingo el Real, de Madrid, de monjas dominicas, donde está enterrada su hermana Margarita. «Y mando que el día de mi entierro si fuese hora y si no otro siguiente, se diga por mi ánima una misa de réquiem cantada, con sus diáconos, y vigilias según costumbre, y se paguen de mis bienes. Y mando que se digan por mi familia y mis difuntos y personas a quienes tuviere algún cargo, doscientas misas rezadas.»

Respecto a mandas, otorga a su criado Juan Gayoso que se le entregue un vestido de terciopelo negro, con ferreruelo de paño fino, medias de seda, jubón, y cuanto sea necesario para el luto. Su torre de Juan Abad y los pueblos de su propiedad, junto con todos los demás bienes muebles e inmuebles, los destina a constituir un mayorazgo, que heredándolo quien corresponda, no pueda lo vender, enagenar ni cambiar. Entre los bienes inmuebles figura el arrendamiento de las alcabalas de Sevilla.

Nombra como albaceas testamentarios a los duques de Medinaceli y Alcalá, y de Huéscar, a don Francisco de Oviedo, vecino de la villa de Madrid, y al vicario de Villanueva de los Infantes, don Florencio de Vera y Chacón.

Pidió, pues, Quevedo que le trajesen la carpeta en la que guardaba el testamento, y tras leerlo, añadió como codicilo: «Al hospital de Nuestra Señora de los Remedios de esta villa, désele de mis bienes, una cama completa con tres colchones, dos sábanas, dos almohadas, una frazada y un cobertor. Item más: a Juan Ramírez, vecino desta villa, maestro del oficio de peletero, se le dé una escopeta con una llave de rabo de alacrán, con sus herramientas, que se entienden martillejo, carcaja y bolsa y frasco de pólvora. Item: al Licenciado Francisco Gallego, cura presbítero desta Villa se le pague lo que le debo, según él lo dijere.»

Murió tal como él lo había deseado. Habiendo ordenado sus asuntos, y dejado la vida que le había deparado de todo, aventuras, glorias, amarguras, sinsabores, diversiones, provechos y desengaños.

Para quien ha vivido todo eso, la muerte es un descanso en el trajín y una victoria en la pelea. ¿A qué tenerle miedo? Él mismo había escrito:

Ya formidable y espantoso suena
dentro del corazón el postrer día,
y la última hora negra y fría
se acerca, de temor y sombra llena.

Mas, si amable descanso, paz serena
la muerte en traje de dolor envía,
señas de su desdén de cortesía:
más tiene de caricia que de pena.

¿Qué pretende el temor desacordado
de la que a rescatar piadosa viene
espíritu en miserias añudado?

Llegue, rogada, pues mi bien previene;
hálleme agradecido y no asustado;
mi vida acabe y mi vivir ordene.

Firmó, pues, el codicilo con los añadidos a su testamento, y poco después echóse a morir. Duró su agonía aquella noche, y a la madrugada se extinguió su vida como una candelilla que se apaga.

Era el amanecer del 9 de setiembre de 1645.

Y aquí empieza, o por mejor decir, aquí sigue el calvario de don Francisco de Quevedo y Villegas. Desde que salió de la prisión no había estado totalmente libre, sino en lo que podríamos llamar «libertad vigilada». Don Francisco era uno de los españoles que más secretos de Estado conocía. Y como ya existía el antecedente de Felipe II a quien su secretario Antonio Pérez causó gravísimos problemas, al huir al extranjero y divulgar allí los oscuros entresijos de la política española, ahora el rey don Felipe IV tuvo buen cuidado de que no pudiera repetirse la misma historia. Así que, aun estando Quevedo enfermo, y quebrantado por la larga e inhumana prisión, y precisamente por ello, le puso espías de vista que le siguieron en su breve estancia en Madrid, y en su forzado exilio en la torre de Juan Abad.

Quevedo conocía al dedillo nombres y circunstancias de quienes participaron en las sublevaciones de Niza y Venecia, los cardenales sobornados por el rey de España para las elecciones en cónclave a nuevos Papas, y, en fin, esa parte de la administración pública que él había manejado, y que se llama con el significativo nombre de «fondo de reptiles» para indicar a quiénes se destina el dinero del soborno, la confidencia y la complicidad.

Apenas don Francisco de Quevedo abandonó la torre de Juan Abad para ir a hacer testamento en Villanueva de los Infantes, salió un propio a caballo para informar al rey. Y lo mismo cuando don Francisco, no teniendo asistencia médica en su dominio o finca, decidió trasladarse al convento de los dominicos de Villanueva.

Desde el Alcázar de Madrid llegaron pliegos secretos, dirigidos al vicario, ordenándole que informara puntualmente sobre el estado del enfermo, se celasen sus visitas, y además que en caso de muerte no se autorizase el traslado de su cuerpo para ser enterrado en Madrid.

Esto último tenía otra explicación, puesto que una vez muerto no iba a divulgar secretos. Pero Felipe IV no quería en modo alguno que el entierro de Quevedo pudiera convertirse de algún modo en una manifestación de simpatía hacia quien en más de una ocasión había censurado al monarca.

Todavía escocía en el corazón de Felipe IV aquella sangrienta burla que le había hecho Quevedo en uno de sus epigramas, satirizando el que Felipe disimulase las derrotas de su ejército, las pérdidas de territorios en la guerra de Flandes y la cesión gratuita de provincias enteras a Francia, en virtud de tratados absurdos, en que España asumía siempre el papel del bobo de la comedia.

Quevedo había escrito: «Grande eres, oh Felipe, a manera de hoyo, que cuanta más tierra le quitan más grande se hace.»

El vicario, que además era albacea testamentario, cumpliendo las órdenes secretas que había recibido del rey, hizo enterrar el cadáver de Quevedo en la parroquia, en la capilla de San Juan Bautista, que era de patronato de los señores Bustos, linaje muy aristocrático de la comarca, dada la categoría social de don Francisco de Quevedo, y el ostentar éste el rango de caballero del hábito de la Orden de Santiago.

—¿Y no se opusieron los otros albaceas?

—Los otros albaceas estaban muy lejos. Los duques de Medinaceli, Alcalá y Huéscar tenían cosas muy graves en que pensar, con el virreinato de Nápoles por delante. Eso, suponiendo que el vicario no les dijera las órdenes recibidas de la Corte. En cuanto al don Francisco de Oviedo, vecino de Madrid, ni siquiera acudió a Villanueva a los funerales. Así que don Francisco de Quevedo y Villegas fue enterrado en la parroquia, por la autoridad del vicario, sin que nadie se opusiera, aunque ésa no fue la voluntad del muerto.

Pero todavía no termina aquí nuestra historia. A principios del siglo XX se pensó en trasladar los restos de Quevedo al panteón de hombres ilustres de Madrid. Se efectuó la exhumación de sus restos de la parroquia de Villanueva de los Infantes, y por conducto oficial fueron los restos a Madrid. Pero aquí viene la sorpresa. No sabemos si por un cambio de gobierno que había convertido en cesantes a los funcionarios correspondientes, ello es que el cofre con los restos quedó abandonado a su propia suerte. Nadie se hizo cargo de él, ni nadie se encontró con autoridad suficiente para llevarlo al panteón de hombres ilustres. Así que quedó el cofre con los huesos en un armario de un despacho burocrático, hasta que pasados unos años, viendo que no se concretaba nada, el Ayuntamiento de Villanueva de los Infantes reclamó su devolución. Y los huesos de Quevedo retornaron a Villanueva. Sin embargo, ahora se aprovechó la oportunidad para enderezar el entuerto que había cometido el vicario, pues los restos no se enterraron en la parroquia en la capilla de los Bustos, sino que se llevaron a una ermita llamada del Calvario, que está situada en medio de unos jardines o parque municipal. Y allí se depositaron, en el mes de setiembre del año 1920.

Madrid, el Madrid oficial, dejó perder los restos de Quevedo después de haberlos tenido en las manos. Madrid ingrato para con uno de sus mejores hijos, de los que más gloria le han dado en las letras, y uno de los mejores políticos y servidores de España.

Hoy, los restos de Quevedo, lejos de su Madrid ingrato, escuchan desde la ermita del Calvario las canciones, las risas, las lecciones, del próximo centro de enseñanza, por donde discurre la muchachada estudiantil. Cada año se celebra el 9 de setiembre un acto académico en homenaje al madrileño exiliado. Que, como todos los exiliados, si su patria le ha vuelto las espaldas, ha encontrado otra patria adoptiva, y tal vez más amante para con él.

Los romanos, que tanto entendían de estas cosas, escribieron: *Ut bene, ut patria*. Donde me va bien, allí es mi patria. Y no cabe duda de que a Quevedo, donde le ha ido bien, por la desidia y la apatía de su Madrid, ha sido en Villanueva de los Infantes.

Nota

La celda donde murió Quevedo se conservó en el convento de Santo Domingo el Real de Villanueva de los Infantes hasta la exclaustración de los frailes en el siglo XIX. Posteriormente se ha restaurado, y en la actualidad el edificio, dedicado a fines culturales, la tiene como uno de los recuerdos históricos que se muestran al visitante.

EL MOTÍN DE LAS CAPAS Y SOMBREROS, UNA BATALLA ANTIPROGRESISTA

Por los años de 1758, a la muerte de Fernando VI, quedó España sin un rey que llevarse al trono. La dinastía de los Borbones no había entrado con buen pie, pues Felipe V, su fundador, tuvo un primer hijo heredero, Luis I, a quien dejó el trono tan pronto como tuvo edad de reinar. Felipe V deseaba facilitar la reconciliación entre los españoles que en uno y otro bando habían sostenido una larga y cruenta guerra civil, la llamada «Guerra de Sucesión». Deseaba que los españoles se reconciliasen, aunque fuera al precio de que se olvidasen de él.

Y en efecto, subió al trono su hijo Luis I, pero con tan mala fortuna que al año de reinar murió de unas viruelas. Y el viejo Felipe V tuvo que volver a hacerse cargo de la gobernación de España por otros cuantos años. A su muerte vino Fernando VI, su segundo hijo, y muerto éste sin sucesión, el hermano de éste, Carlos III, que reinaba en Nápoles.

Indudablemente la llegada a España del primer Borbón, Felipe V, había supuesto un auténtico vendaval de aires renovadores en la vida española. Unas veces para bien y otras para mal, pero en general para bien, fueron tomándose medidas que cambiaron la faz del país, iniciando la transformación en nación moderna de la que aún tenía mucho de estructura feudal, férreo absolutismo y clericalismo asfixiante e inquisitorial.

En poco tiempo consiguió Felipe V, a pesar de haber transcurrido una larga y costosa guerra, poner en orden la economía del país, y mejorarla mucho, superando la de la época de Carlos II, último de los Austrias. Esta mejora de la economía se debió a la inteligente actuación del ministro Patiño. También mejoró Felipe V la villa de Madrid, dándole aire de gran capital europea, con la construcción del Puente de Toledo, reformas de trazado de calles en diversos barrios, y sobre todo la construcción del ·Palacio Real o Palacio de Oriente, tras el incendio de la noche de Navidad de 1724, que había destruido por completo el viejo Alcázar. La construcción del palacio se encargó a los arquitectos Filippo Juvara y Giovanni Batista Sachetti. También creó Felipe V la Real Academia de la Lengua Española, la Real Academia de la Historia y la Real Academia de Bellas Artes de San Fernando.

Si su hijo Luis I no pudo hacer nada importante porque solamente reinó siete meses, en cambio su segundo hijo Fernando VI sí realizó mejoras, entre ellas la construcción del convento de las Salesas Reales, uno de los mejores monumentos que tiene Madrid, y la edificación de un ensanche entre Recoletos y Santa Bárbara. También se le debe el haber convertido los Corrales de Comedias sin techo en teatros techados, la construcción del Hospicio de San Fernando, la del Puente de San Fernando en la carretera de El Pardo, y el comienzo de la industria artística y sus enseñanzas.

Y llegamos a Carlos III. Muerto Fernando VI sin sucesión, su hermano Carlos III, que era, como dijimos, rey de Nápoles, es llamado a reinar en España. Es lógico que no viniera solo, pues habiendo reinado varios años, tenía a su lado políticos y tecnócratas que ya habían demostrado su valía, por lo que viene a Madrid acompañado de algunos de ellos.

El más importante de todos es Leopoldo de Gregorio, marqués de Esquilache (o de Schilace si lo escribimos con su ortografía italiana). Esquilache ya ha realizado en Nápoles una brillante labor como ministro de Hacienda, y Carlos III tiene puestas en él sus esperanzas en ese ramo, y sobre todo en su progresismo.

Esquilache se trae con él a un arquitecto genial, Francesco Sabatini. Su llegada a Madrid debe señalarse en el calendario de la Historia como un acontecimiento de los que ocurren sólo una vez cada siglo. Sabatini, en los siete años que gobierna Esquilache, transforma el aspecto general de Madrid, construye edificios como el palacio de la Rentas, hoy Ministerio de Hacienda, la Puerta de Alcalá y la iglesia de San Francisco el Grande. Pero además hace los famosos jardines que llevan su nombre, y todavía hizo algo más: rivalizando con Ventura Rodríguez y con Diego de Villanueva, estimuló a estos dos para construir y reformar también, de tal modo que a Sabatini debe agradecerse de modo indirecto la edificación de la Real Academia de Bellas Artes de San Fernando, en la calle Alcalá, y la del palacio de Correos, después Ministerio de la Gobernación, y Dirección General de Seguridad, y Jefatura Superior de Policía, en la Puerta del Sol, hoy Gobierno Autonómico.

Lo malo que tuvo Esquilache es que para las obras necesitaba molestar a mucha gente importante, que no se dejaba molestar. En unos casos para ensanchar calles hay que derribar total o parcialmente casas, cuyos propietarios son personajes. Otras veces la Iglesia se considera perjudicada por reformas de las costumbres o en el plano cultural. Esquilache quiere que Madrid sea una ciudad iluminada por la noche, y esto no le gusta a nadie. Los moralistas, porque a mayor iluminación nocturna más vida nocturna pecaminosa. Los amos de la calle a oscuras son los rateros y capeadores, pero también ellos suelen estar protegidos por altas instancias que les encargan no pocas fechorías. Y al pueblo honrado que tiene que acostarse pronto, porque ha de levantarse al alba para ir a trabajar, le importa poco que las calles estén o no alumbradas, pero sí le importa el tener que pagar la iluminación de su bolsillo. Sabatini, siguiendo los dictados de Esquilache, pone faroles:

Dicen que Sabatini
pone faroles
porque no ve los rayos
de tus dos soles;
abre tus ojos
y él los irá apagando
poquito a poco...

canta el pueblo con música de seguidillas. Pero una cosa es cantar y otra aceptar. Ya empieza a alborotarse el cotarro, y envidiosos, perjudicados, timorados, pseudopatriotas, van formándole el cerco a Esquilache.

Unos dicen que todas esas modernidades son cosa extranjera y que van contra el espíritu español. Otros que es indecente. Otros, en fin, respirando por la herida, dicen que si para hacer todo eso no podía haberse contado con ellos en vez de traer un arquitecto extranjero.

Pero todavía faltaba algo más. La indumentaria de los madrileños se ha quedado estancada en varios siglos. Las capas son la prenda local más típica. Unas capas que llegan hasta el suelo, y arrastran. En las novelas picarescas del Siglo de Oro podéis encontrar abundantes referencias. La capa llega hasta el suelo, pero por arriba su embozo oculta hasta más arriba de la nariz. Y el sombrero con su ala gacha llega hasta las cejas. El tipo del «majo» es un vestigio, casi un fantasma del otro mundo. No se le ven más que los ojos. Y como el color de la capa es generalmente el mismo,

parda, y el sombrero oscuro, un embozado no se diferencia de
otro, y pueden cometerse impunemente toda clase de robos y de
crímenes en la certeza de que la justicia quedará burlada.

Aunque en España probablemente no se sabía, porque nuestra
incomunicación había sido grande, sí sabían Carlos III y su ministro Esquilache que poco tiempo atrás otro rey, Pedro *el Grande*
de Rusia, había realizado una renovación de la indumentaria de
sus súbditos, precisamente acortando las capas y recortando los
sombreros.

Esquilache decide intentar lo mismo. Publica un bando en el
que se ordena a todo el vecindario recortar las capas hasta la altura
de las corvas y doblar el ala de los sombreros de tal modo que,
con tres puntadas o tres alfileres, la enorme ala redonda tome el
aire de un sombrero de tres picos.

Esquilache lo razona y lo justifica, pero sus enemigos solivian-
tan al pueblo. El majo o chispero madrileño es fácil de llevar por
donde se quiera si se le hace creer que le están robando su madri-
leñismo. La longitud de la capa hasta el suelo en vez de a la rodi-
lla es fácil convertirla en una cuestión de patriotismo y hasta de
religión. Quizá de una de estas cosas surgen la mayoría de las
grandes revoluciones. (La Revolución Francesa se hizo arrastrando
al vecindario a tomar por asalto una Bastilla que se presuponía
abarrotada de infelices prisioneros, y resultó luego que había tan
sólo un viejo gobernador, un oficial y cincuenta soldados del Cuerpo de Inválidos que componían la guarnición, pero ningún prisionero.)

A los majos de Madrid se les convence fácilmente de que su
personalidad reside en su indumentaria: Si os quitan las capas
largas y los sombreros gachos, ya no seréis más majos, ni chisperos, ni nada.

El sombrero hasta las cejas
y el embozo a la nariz.

Hay un refrán madrileño que dice: «El domingo de Ramos
quien no estrena no tiene manos.» Había que estrenar alguna ropa
para festejar la llegada de la Semana Santa, y con ella de la primavera. Sólo quien no tiene manos, es decir quien no trabaja, no
dispondrá de dineros para renovar su vestuario.

Durante los días anteriores había entrado en vigor el bando
del ministro Esquilache sobre la indumentaria. Y a quienes co-
braban sueldo del rey o de la villa se les obligó a llevar la capa
corta y el sombrero apuntado en sus tres picos. Tras de los funcionarios y trabajadores de nómina, empezaría en las puertas de
la villa la operación de cortar la capa a quien no la llevase corta.

Pero el Domingo de Ramos, que era día 23 de marzo de 1766, estalló el motín. Como en todas las algaradas, hubo nocturnos cabildeos, reparto de dinero en tabernas, y gentecilla que va y que viene de los palacios a los corrales de vecinos llevando órdenes y trayendo mensajes.

El motín estalló por la tarde en la plazuela de Antón Martín, donde se habían ido reuniendo grupos de gente sospechosa. La cosa estaba tan preparada que muchos hombres llevaban escondidas bajo las capas espadas y herramientas, las unas para herir y las otras para descerrajar puertas y abrir ventanas. Tras unos discursos mitinescos, la multitud, en la que iban los comprometidos, los ignorantes y los meros curiosos, se dirigió a la calle Infantas, en donde vivía el marqués de Esquilache, con ánimo de asesinarle. No le encontraron porque no estaba, y su mujer y sus hijas, al ver lo que venía se salieron de la casa y se refugiaron en un convento cercano, en la calle de la Reina.

Los amotinados, gritando consignas contra el progreso, y dando vivas a un patriotismo trasnochado, invadieron la casa del marqués de Esquilache, destruyeron el mobiliario, robando de camino los objetos que podían esconder debajo de las capas, y trataron de incendiar el edificio, cosa que impidieron los vecinos de las casas colindantes que hubieran sufrido los efectos del incendio. De allí, la multitud, satisfecha de su obra, emprendió la marcha en alborozada manifestación callejera, y se dirigió a la calle de San Miguel, donde también saquearon y destruyeron la casa del marqués de Grimaldi (la casa que hoy está en la calle Bailén, número 5, con fachada a la plaza de la Marina Española).

Caslos III, al saber lo ocurrido, se asustó. Era demasiado empeño el de intentar civilizar a un país que prefería cadenas e inquisición a libertad y progreso. Así que para salvar lo salvable, destituyó a Esquilache y le expulsó de España, lo mismo que a Grimaldi. Sin embargo, como Esquilache era buen político, hombre fiel y honesto, no se podía perder tan buen y útil funcionario, así que Carlos III, poco después, le nombró embajador de España en Venecia, cargo que desempeñó con pulcritud y eficacia hasta su muerte.

AMOR MÁS ALLÁ DE LA MUERTE

Una tarde del mes de octubre de 1761 se encontraban en una taberna de la calle de la Flor, cerca de la esquina de Leganitos, un grupo de alegres jóvenes, cadetes, oficiales y guardias de corps, que se refrescaban bebiendo una jarra de sangría. No era propiamente una taberna, porque de serlo les hubiera estado prohibido el frecuentarla, sino más bien una botillería, a la que solían concurrir comerciantes, escribanos y gente allegada a las oficinas del Palacio Real, no muy lejano de allí. Los jóvenes militares tenían sus cuarteles también en las proximidades; el Cuartel del Conde Duque en la calle de su nombre, que es de los Guardias de Corps, en la plaza que también lleva el del cuerpo que allí estaba acuartelado.

Los jóvenes eran del Arma de Caballería, del Regimiento de Borbón, y del Real Cuerpo de la guardia de la Real Persona. Entre ellos se destacaba, por su soltura de lengua y por su acento andaluz, uno, más joven que los otros, que en aquel momento estaba recitando unos versos. Cuando terminó, el que estaba sentado frente a él le dijo:

—Cómo te envidio, José. Si yo fuera capaz de escribir en verso como tú, resolvería el problema que tenemos todos los de mi cuerpo.

—¿Pues cuál es el problema que tenéis los guardias?

—Verás: nosotros todos somos de familias nobles, pero unos porque su casa es de mayorazgo y hereda el hermano mayor, estamos siempre faltos de dineros, y los demás, aunque nobles, proceden de familias arruinadas. Así que tenemos que vivir exclusivamente de nuestro sueldo, y éste es muy mezquino.

—¿Y qué tienen que ver los versos con vuestra soldada?

—Muy sencillo. El ministro de la Guerra es muy aficionado a la poesía. Si le pidiéramos un aumento de sueldo en prosa, lo tomaría como un acto de rebelión, pero si se lo decimos en verso le hará gracia, y ¿quién sabe si nos aumentará la soldada?

Se echó a reír el cadete, y tras pensar un poco dijo:

—Eso es bien fácil. Pedidle al hostelero recado de escribir, y veréis cómo se cuentan en verso las penurias de un joven militar. ¿Cuánto os pagan al mes?

—Una onza, una puñetera onza. Y con esos miserables 320 reales hay que mantenerse, costear el uniforme, divertirse y hasta tener alguna moza.

—Pues tú mismo me acabas de dar hecho el epigrama.

Y tomando la pluma que le ofrecían, escribió de un tirón la siguiente estrofa:

Comer, calzar y vestir
tener moza pasadera,
jugar, beber y lucir,
todo tiene que salir
¡de una onza puñetera!

La concurrencia celebró con aplausos y risotadas el epigrama, y desde ese día el cadete de Caballería José Cadalso fue tenido en la guarnición de Madrid por un poeta consumado.

José Cadalso había nacido en Cádiz el 8 de octubre de 1741, en el seno de una familia de la aristocracia local. Sus padres le pusieron en el colegio de los jesuitas, y como despuntaba en el estudio de los idiomas, hicieron que además del latín, que entonces se consideraba indispensable, aprendiera el inglés, que por la proximidad de Gibraltar era muy útil para todo gaditano. A los catorce años le enviaron a París, donde residía un tío suyo banquero, y allí no sólo aprendió el francés, sino también el alemán, y perfeccionó el inglés en tal manera que se expresaba en los tres con la misma facilidad que si hubiera sido el suyo propio.

A los diecisiete años regresó, y su padre, presentando el obligado expediente de nobleza, consiguió que le admitieran en el Seminario de Nobles de Madrid, con el propósito de que hiciera carrera en la política o en la magistratura. Pero el joven manifestó vocación militar y en 1761 sentó plaza de cadete en el Regimiento de Caballería Borbón, «con caballo y armas propias», según costumbre de la nobleza. Poco después el Regimiento partió para la guerra de Portugal, en la que participaban contra España tropas inglesas mandadas por el general Federico William, conde de Lippe Schauenbourg. José Cadalso, por su dominio del idioma inglés y por su

rango social, fue reclamado por el general, que era el conde de
Aranda, quien le hizo su Oficial de Órdenes.

Cierta noche que el joven subteniente marchaba a caballo por-
tando unos pliegos, al llegar junto al río Coa sintió que le echaban
el alto. Aunque le gritaban en portugués, por el acento conoció
que el centinela era un inglés, y le contestó en su lengua, y por la
perfección en que la hablaba le tomaron por un oficial británico.
Desmontó, charló con el centinela y con el cabo de la posición, y
con habilidad les sonsacó detalles sobre la disposición defensiva de
la plaza inmediata, que era la localidad de Almeida, capital del
distrito de Beira Alta. Se despidió de los ingleses, y en seguida puso
en conocimiento del conde de Aranda la información que había
obtenido, y que permitió aquella misma noche tomar por sorpresa
la ciudad enemiga. Este hecho le valió el ascenso a teniente, y
aumentó la confianza que el general tenía depositada en él.

En esta época, Cadalso escribe en sus ratos libres, bajo la tienda de campaña, o en los pueblos portugueses donde se aloja su
Regimiento. Su musa es alegre, desenfadada y satírica. Un permiso que disfruta en Madrid le desengaña de un amorío que dejó en
la Corte. Pese a las lágrimas y juramentos, la amada, antes de un
año de su ausencia, se ha casado con otro. Cadalso, para vengarse,
escribe un divertido poema que titula: *Letrilla satírica imitando
el estilo de Quevedo y Góngora.* En estos versos se burla de las
mujeres, y las iguala a todas como egoístas, inconstantes, vanido-
sas y vanas, ya sean solteras, casadas o viudas.

En 1764, ya ascendido al grado de capitán, es destinado a Zaragoza, donde toma contacto con la Universidad. La lectura de sus
versos, tanto satíricos como dramáticos e históricos, le reporta
la admiración de los elementos más cultos de la sociedad zara-
gozana.

Vuelve a Madrid, donde en 1766 el rey le otorga un hábito de
la Orden de Santiago, «con pruebas», esto es, que sus servicios
personales se une la cualidad de su nobleza familiar.

En Madrid, Cadalso ya está consagrado como poeta. Se une al
grupo de jóvenes escritores de la Ilustración, entre ellos Meléndez
Valdés y Jovellanos, y se acerca a la Universidad de Alcalá, en la
que está fermentando una nueva escuela literaria. Cadalso, que por
su conocimiento de idiomas está al tanto de las corrientes del neoclasicismo francés y del orientalismo alemán, causa sensación cada
vez que participa en las reuniones de escritores, en la tertulia de
la Plaza del Ángel.

Pero Cadalso no se ha dejado seducir por las nuevas corrientes literarias. Toma de ellas lo que vale, sin tirar por la borda lo
que España posee. Y viendo el panorama de los falsos literatos,
imitadores serviles de lo foráneo, y de los que, sin un bagaje cul-

tural obtenido mediante el sacrificio y el estudio, sientan cátedra de sabios sin serlo, inicia la redacción de un libro que más tarde causará a la vez admiración y escándalo: el titulado *Eruditos a la violeta*.

Cadalso valora lo que hay de sólido y eterno en la literatura española, y por ello, en pleno vendaval del neoclasicismo, defiende a Garcilaso, a Cervantes y a fray Luis de León. Además mantiene sus ideas monárquicas y defiende el sentimiento del honor y del patriotismo. Escribe su poema, basado en un tema histórico, *Carta de Florinda a su padre el conde don Julián después de su desgracia*, y a la vez sigue escribiendo epigramas y sátiras contra las mujeres, con nombres y apellidos o títulos, explícitos o transparentes: la duquesa de Osuna, la de Alcañiz, la marquesa de Salvatierra, la condesa de Benavente, son el blanco de sus punzantes dardos. Madrid entero ríe, mientras Cadalso filosofa y censura las costumbres.

Y es en este momento cuando aparece ante sus ojos, como un lucero rutilante, una mujer, que sería el gran amor de su vida y de su muerte.

—¿No me engañáis? ¿Es vuestro nombre el que figura en los carteles del teatro?

Ella, con un arranque de sinceridad, borró de su lindo rostro el mohín picaresco con que le había recibido y, con la misma expresión seria con que él se lo había preguntado, le respondió:

—Mi verdadero nombre es María Ignacia Ibáñez. Mi padre es el «autor» de la compañía que trabaja en el teatro de los Caños del Peral.

—¿Y por qué no actuáis en el Teatro del Príncipe o en el de la Cruz?

—Mi padre solamente quiere representar obras de nuestros clásicos, Calderón de la Barca, Lope de Vega, Tirso, o de escritores españoles aunque sean de hoy, como don Ramón de la Cruz. Pero los otros dos teatros que habéis mencionado son los que disfrutan de la protección del protector.

—Buena redundancia. ¿Y qué queréis decir con ese galimatías de la protección del protector, si puede saberse?

—¿No estáis informado, y decís que sois escritor? Pues escuchad: (y sacando del seno un papel que traía doblado, lo extendió y comenzó a leer) «Don Joseph Antonio de Armona, Caballero pensionado de la Real y Distinguida Orden de Carlos III, Intendente de los Reales Exércitos, y de la provincia de Madrid, Corregidor de esta Villa, Superintendente General de sus Sisas Reales y Municipales, Intendente de la Regalía de Casa de Aposento, y Juez Protector General de todos los Teatros y Representes del Reyno...» ¿Queréis que siga leyendo? Este papel es una «Instruc-

ción» que acaba de publicar nuestro Protector. Aunque más bien
que Protector de los Teatros del Reyno debería llamarse Protector
de los Teatros extranjeros, puesto que las dos únicas compañías
que gozan del favor de este señor, las de los teatros del Príncipe y
de la Cruz, se dedican a representar comedias francesas, olvidán-
dose de nuestro teatro nacional. Ved esta lista de obras que han
obtenido su beneplácito para estrenarse: *El conde de Warvich*, de
monsieur Harpe, *Loredán*, de monsieur Fontenelle, *La viuda del
Malabar*, de monsieur Le Mierre.

—¿Entonces no os gustan las obras francesas?

—El teatro francés es una remota imitación del teatro español
de hace más de cien años. Molière imitó a nuestros clásicos. Y a
Molière le imitaron luego los demás franceses. Mucho de la censura de costumbres que hoy hacen en prosa los escritores franceses ya la había hecho en magníficos versos nuestro Juan Ruiz
de Alarcón o nuestro Agustín Moreto.

—Sois adorable. Estáis diciendo con esa boquita encantadora
las mismas cosas que yo he escrito hace apenas unas semanas.
Creo que pocas veces se encontrarán dos espíritus más semejantes.

Sonrió ella.

—Jamás he tenido ocasión de hablar con ningún hombre del
modo que os he hablado. Ha sido como hablar sola, con entera
libertad, sintiéndome capaz de pensar y de expresarme. Sí, creo
que nuestros dos espíritus pueden identificarse en uno solo.

A partir de aquel día José Cadalso vivió para María Ignacia Ibáñez, como ella vivió para José Cadalso. Todas las horas que él no
tenía que estar en el cuartel, o ella en el teatro, las pasaban hablando, hablando sin cesar, porque para ellos el comunicarse sus
pensamientos y sus sentimientos era la única razón de vivir.

Los amores de Cadalso y María Ignacia fueron un éxtasis constante. Cadalso la llamaba «Filis» y en torno a ella gira la totalidad
de su producción poética de varios años.

Cadalso acariciaba la idea de casarse con ella, aunque para
conseguirlo había de obtener la «licencia real», trámite dificultoso,
por no pertenecer ella a la nobleza. Sin embargo, confiaba Cadalso
en la promesa que el conde de Aranda, que ahora ocupaba el cargo de presidente del Consejo de Castilla, o sea Primer Ministro, le
había hecho. Cadalso acudió a su antiguo general y le dijo:

—Nunca os he pedido una merced, señor, pero si mis servicios
en campaña merecen de algún modo vuestra aprobación, os ruego
que me obtengáis de su majestad esa gracia.

Don Pedro Abarca de Bolea, que así se llamaba el conde de
Aranda, le respondió:

—Dejadme un poco de tiempo. Estoy tratando de cumplir todos los encargos que el rey había hecho a mi antecesor el marqués de Esquilache. Tan pronto como pueda presentarme a su majestad con un balance satisfactorio de mi gestión, podéis contar con que le plantearé vuestra súplica, y estoy seguro de que merecerá su gracia.

Los amores de Cadalso y Filis adquirieron aún más fogosidad al ver próximo el logro de sus anhelos de casarse. Cuando no estaban juntos, en las jornadas en que él tenía servicio como capitán de la Guardia, escribía sin cesar versos dedicados a su amada. Ella, en el escenario, cada estrofa amorosa que había de recitar de las obras de Lope o de Calderón, las decía pensando solamente en él. Sin saberlo, los dos estaban llevando a la vida real lo que después sería el credo del Romanticismo: el amor sobre todo; la religión del amor.

En el invierno de 1770, empezaron a darse representaciones por la noche en el teatro de los Caños del Peral, pues aunque los otros dos teatros habían ya adoptado este horario con licencia oficial en 1768, el protector no había autorizado al que después sería el teatro de la Ópera esta prolongación de su horario, y continuaba ateniéndose al reglamento contenido en la real cédula de 1725 del rey don Felipe V, que decía: «Que para evitar los desórdenes que facilita la oscuridad de la noche en concurso de ambos sexos, se empezarán las representaciones a las cuatro, desde la tarde Pascua de Resurrección hasta el día último de setiembre, y a las dos y media desde primero de octubre hasta Carnestolendas.»

Una de las primeras noches en que hubo representación, se dejó sentir un frío extremado, para el que las ropas de los representantes y la disposición del escenario no estaban preparados. María Ignacia Ibáñez, al salir a la calle, sintió una dolorosísima punzada en el costado, como si le hubieran clavado un cuchillo. Al llegar a su casa le dio una furiosa calentura que la tuvo delirando hasta el amanecer. Su padre la escuchaba repetir incesantemente: «Que llamen a José, que venga José.»

Pero José Cadalso no estaba en Madrid. El día anterior había salido con el regimiento hacia Extremadura.

Dos días se mantuvo la enferma luchando por sobrevivir, con la impaciencia de ver a su amado. Al tercer día la enfermedad hizo crisis, María Ignacia ya no tuvo fuerzas para continuar su desesperada ansia de vivir, y al anochecer se apagó como una candelilla el último hilo de respiración que le quedaba.

Dos semanas después regresaba a Madrid el regimiento de Caballería de Borbón. Cuando Cadalso supo la terrible noticia se encerró en su cuarto sin querer ver a nadie y se entregó a los más tristes y desolados pensamientos. Pero, ¿cómo había podido perder a su amada para siempre? ¡Y sin verla! ¡Sin verla!

Estas palabras se repetían en su cerebro con una angustia creciente.

—¡Sin verla! ¡Sin verla!

No, no podía dejar de verla por última vez. Tenía que despedirse de ella, aunque ya estuviera enterrada. Pero ¿cómo? Sí, la desenterraría. Levantaría la losa de la tumba para estrecharla por última vez en sus brazos. O para morir él también y que le enterrasen junto a ella.

Mandó llamar a su asistente, y le ordenó que buscase una palanca de hierro, pues aquella noche había de acompañarle a realizar un trabajo muy secreto.

Alrededor de media noche, José Cadalso y su asistente, embozados en sus capas de uniforme y llevando el asistente una piqueta, llegaron ante la puerta de la iglesia de San Sebastián. En la capilla de Nuestra Señora de la Novena, donde tienen su bóveda de enterramiento los cofrades de la Hermandad a que pertenecen todos los cómicos, había sido enterrada María Ignacia Ibáñez.

Tamayo y Rubio, el excelente prologuista de la edición de las *Cartas marruecas* de Cadalso, describe así la escena:

«Cadalso lloró y oró ante el sepulcro, con el deseo irrefrenable de enlazar otra vez el cuerpo joven de María Ignacia, que no envejecería ya. En el silencio de la iglesia solitaria, en la noche, retumban los golpes cautos de la piqueta enamorada.»

Febrilmente, arrebató de las manos del asistente la piqueta y él mismo levantó la tapa del sepulcro, echándola a un lado. Bajó a la fosa, y con un gigantesco esfuerzo izó en sus brazos el ataúd y lo depositó al borde del sepulcro, en el pavimento de la iglesia. Abrió la caja y allí estaba el cadáver de María Ignacia, su Filis adorada, pálida y afilada la faz, todavía no destruida su belleza, como si acabase de morir.

Cadalso la estrechó entre sus brazos llorando desesperadamente, besándola una y otra vez entre raudales de lágrimas y sollozos desgarradores.

—Para qué quiero vivir sin ti. No puedo vivir sin ti. Sí, amor mío, te acompañaré en la muerte ya que no te he podido acompañar en vida.

Y diciendo esto, dejó el cadáver en el ataúd, y echando mano al cinturón sacó la pistola que llevaba colgada, y la levantó con ánimo de llevársela a la sien. Pero el asistente que le acompañaba se la arrebató violentamente, y antes de darle tiempo a recuperarla le arrancó la piedra de chispa, que arrojó al otro lado del templo, perdiéndose en la oscuridad entre los bancos.

En ese momento se abrió la puerta y entró en el templo un grupo de oficiales y soldados de Caballería. Dos capitanes cogieron por los brazos a Cadalso, y sin que pudiera resistirse lo apartaron de allí, llevándoselo al cuartel, mientras que los otros, cerrando el ataúd, lo bajaron a la fosa, y cubrieron ésta con la losa de mármol. El secreto no había podido guardarse, porque habían echado de menos al asistente, que debía dormir en el cuartel, y habían notado la falta de una piqueta del almacén, lo que hizo sospechar los propósitos del enamorado capitán.

A la mañana siguiente, cuando llegó la noticia al despacho del conde de Aranda, rezongó éste:

—Maldito muchacho. Me ha echado a pelear con la Iglesia.

En efecto, no había transcurrido media hora cuando pedían audiencia el inquisidor y el vicario. El uno porque desenterrar un cadáver era un sacrilegio. El otro porque abrir tumbas y sacar muertos podía ser cosa de brujería.

Pero el conde de Aranda aprovechó la ocasión para ofrecer al rey la oportunidad de demostrar que la autoridad real no entregaría a un militar a la jurisdicción eclesiástica.

Cuando se marcharon los dos clérigos, el rey don Carlos III, con el ceño fruncido, preguntó al Primer Ministro:

—Aranda, ¿cómo va ese proyecto de expulsar a los jesuitas?

José Cadalso fue desterrado de Madrid por orden del rey enviándole de guarnición a Salamanca. Allí escribió José Cadalso sus más dolientes y románticos poemas, *A la primavera después de la muerte de Filis*, *A la fortuna* y *Renunciando al amor y a la poesía lírica*.

Pero sobre toda su obra destacan las terribles páginas de *Las noches lúgubres*, en que relata casi minuciosamente su propia autobiografía y el dramático suceso de la exhumación del cadáver de María Ignacia Ibáñez, en la iglesia de San Sebastián de Madrid.

Después de escribir estas obras ya no quiso hacer nada más. Las que se publicaron después con su firma habían sido escritas antes de la muerte de Filis, aunque las ediciones se hicieran años más tarde, y alguna póstuma tras la muerte del poeta.

Solamente sobrevivió en él el afán moralista y político que puso de manifiesto en la única obra, en prosa, que escribió tras la muerte de Filis: *Cartas marruecas.*

José Cadalso no aprende a vivir sin Filis. La busca desesperadamente en sus recuerdos. Indultado de su destierro a Salamanca, se le ofrece volver a Madrid pero lo rechaza. Pide destino a Extremadura, ya como comandante, y a Utrera. Es nombrado ayudante del general Álvarez de Sotomayor, y en 1780 asciende a coronel.

Más taciturno que nunca, pasa las noches sin dormir, absorto en el recuerdo de María Ignacia. Su retrato, pintado en una miniatura, le acompaña siempre, de guarnición en guarnición, puesto eternamente sobre su mesilla de noche, o sobre su mesa de despacho, o sobre su escritorio de campaña.

Ya no puede más. Su corazón está destrozado, y cada día anhela más la muerte. Pide destino al campo de Gibraltar, donde se está riñendo una guerra para intentar recuperar el peñón para España.

Una madrugada, sin haber podido dormir, sale de la tienda de campaña a recorrer las posiciones del frente. Empieza a amanecer y un leve resplandor sonrosado se alza por la banda del Mediterráneo. Un leve resplandor que poco a poco va pintando el cielo de un rojo encendido y de un dorado maravilloso.

¡Qué bello espectáculo! Si estuviera a mi lado Filis para disfrutarlo juntos. Pero Filis está muerta, al otro lado de la frontera de la Nada. Sí, al otro lado de la frontera de la Nada está ella. Está ella, aguardándome. Debo ir a verla, debo reunirme con ella para disfrutar por toda una eternidad juntos, todas las maravillas que nos han sido arrebatadas por la muerte.

La muerte, sí, la muerte, la gran liberación de mis dolores, y la recuperación del amor perdido. Habrá que ir a buscar la muerte para reunirme con mi amada.

Cadalso dirige sus pasos hacia uno de los parapetos, salta sobre la trinchera y trepa a lo alto de la doble hilera de sacos terreros. Suenan unos disparos. Abajo, en la trinchera un soldado le grita:

—Mi coronel, póngase a cubierto, los ingleses le han visto y están disparando hacia aquí.

Pero el coronel Cadalso, el enamorado Cadalso, el loco de amor Cadalso, no le escucha. Aspira ávidamente el aire fresco, mientras sus ojos ven a lo lejos, sobre el fondo de nubes encendidas de oro y de grana, la silueta de su amada Filis.

Una nueva descarga derribó al coronel de lo alto del parapeto. Cayó al fondo de la trinchera herido de cuatro balazos, los cuatro en el pecho.

Adelantándose al pistoletazo literario de *Werther*, y al pistoletazo real de Larra, Cadalso había abierto con su muerte la puerta del Romanticismo.

EL DOS DE MAYO

El episodio histórico del Dos de Mayo de 1808 con que se abrió la Guerra de la Independencia es sin duda el suceso más importante del siglo XIX español, y el que de algún modo señaló el paso de la Edad Moderna a la Edad Contemporánea. Es lógico que los madrileños, y aun quienes no lo son, sientan curiosidad e interés por conocer aquel acontecimiento.

Generalmente los historiadores han basado sus relatos en dos o tres documentos de la época: la *Historia del levantamiento, guerra y revolución de España*, escrita por don José María Queipo de Llano, conde de Toreno, que en 1808 tenía veintiún años, el *Bosquejillo de la vida y escritos de don José Mor de Fuentes escrito por él mismo*, cuyo autor participó en la organización del levantamiento, y las *Memorias de don Juan Escoiquiz*, canónigo, ayo y consejero de Fernando VII, a quien acompañó a Bayona, y con quien vivió en el exilio. Y muy poco más.

Pero hay otros materiales menos conocidos; librillos, folletos, sermones fúnebres, de los que se hicieron tiradas cortísimas y que han sido menos estudiados. Citaremos, a título de ejemplo, algunos de entre los que hemos conseguido encontrar:

El Dos de Mayo de 1808, por el coronel de Caballería don Rafael Arango, que entonces era teniente, y hoy destinado en la isla de Cuba. La Habana 1858. Impr. La Cubana.

Manifiesto imparcial y exacto de lo más importante ocurrido en Aranjuez, Madrid y Bayona desde el 17 de marzo hasta el 15 de mayo de 1808, por don José Arango, intendente honorario de ejército. Madrid 1808. Impr. de Repullés.

Oración fúnebre por las víctimas de Madrid el dos de mayo de 1808, por el licenciado don Antonio García Bermejo. Madrid 1817. Imprenta Real.

Los cinco días célebres de Madrid, por D. W. de A. Madrid 1820. Imprenta Burgos.

Resumen de los hechos más notables que fijan la conducta del ejército francés, y relación exactamente circunstanciada de todo lo sucedido en la escena del dos de mayo de 1808, por D. T. de V. Madrid 1808. Imprenta de Vega y Compañía.

Elogios fúnebres de los héroes y las víctimas del Dos de Mayo de 1808, por D. Xavier Vales Asenjo. Madrid 1816. Imprenta Ibarra. Los varios opúsculos sobre Daoíz y la Artillería escritos por el coronel don Enrique de la Vega Viguera, en Sevilla, recientemente.

Y el interesante discurso de inauguración del monumento a Daoíz en Sevilla, que pronunció don Manuel Gómez Imaz, y que se imprimió con el título de *Apuntes gráficos del capitán de Artillería don Luis Daoíz*, en Sevilla, Imprenta de Rasco, en 1889, con datos inéditos facilitados por la propia familia Daoíz.

Con todo ello y algún documento inédito, hemos redactado el relato que ofrecemos a continuación.

El antecedente del Dos de Mayo hay que buscarlo en el motín de Aranjuez de 17 de marzo de 1808.

España, en cumplimiento del tratado suscrito en 1807 con Francia, debía permitir el paso de tropas francesas en dirección a Portugal, y aun apoyarlas con un cuerpo de Ejército, para ocupar el territorio portugués, cuyo Gobierno se había aliado con Inglaterra en la lucha que ésta sostenía contra Francia.

Sin embargo, la verdadera misión de aquellas tropas francesas era apoderarse de España y sustituir la monarquía española por otra forma de gobierno, que en la mente de Napoleón Bonaparte no podía ser otra que la de un rey títere, manejado por el emperador de los franceses.

No se trataba solamente de dominar el territorio propiamente español, para integrarlo en una Europa dominada por el Imperio francés, sino que además, si Napoleón se apoderaba del trono de España, dispondría de las colonias españolas de ultramar, que en aquel entonces ocupaba la mitad de los actuales Estados Unidos de América, México, toda Centroamérica, y toda Sudamérica excepto Brasil, más las Filipinas, Carolina, las Marianas, gran parte de la Micronesia, y Orán y Ceuta en el norte de África.

En principio pensó Napoleón que era necesario desposeer de la corona de España a Carlos IV, mediante la abdicación de éste en su hijo, el cual, apenas un adolescente, sería fácilmente mane-

jable, hasta que pasado un breve tiempo se le destronaría pasando
a ser rey de España un familiar del popio Napoleón, su hermano
José Bonaparte, del mismo modo que otros familiares ya ocupaban tronos de otras naciones europeas.

Para lograr sus propósitos inició la captación de personajes
que, por unos u otros motivos, pudieran prestarse a facilitar la
consecución de la coronación y ulterior deposición del príncipe
de Asturias, el que sería luego Fernando VII. A tal objeto cursó
instrucciones reservadas a su embajador en Madrid Monsieur
Beauharnais, poniendo a su disposición abundantes fondos con
los que comprar tales ayudas.

Las tropas francesas, bajo el mando del general Murat, duque
de Berg, entraron en España por la frontera del Bidasoa el 18
de octubre de 1807, agregándoseles un contingente de tropas españolas mandadas por el general Solano. El ejército así formado
pasó por Burgos, Palencia y Salamanca, penetró en Portugal a mediados de noviembre, y sin encontrar gran resistencia avanzó sobre
Lisboa. Los reyes Juan y Joaquina Carlota (ésta, hermana de Carlos IV de España), cuando las tropas invasoras se encontraban a
veintidós leguas de la capital, embarcaron hacia Brasil, acompañados por quince mil personas de lo más florido de Portugal, para
continuar en Brasil el curso de la monarquía portuguesa.

Para tranquilizar a Carlos IV respecto a las buenas intenciones
de Napoleón, quien fingía no interesarse por Portugal sino en
cuanto a asegurar la península Ibérica contra una invasión inglesa, el emperador suscribió un convenio secreto en virtud del cual,
una vez que pasase la primera etapa de ocupación militar, Portugal sería dividido en tres partes: El Norte se constituiría en un
pequeño reino, del que se nombraría reina a doña María Luisa Josefina, hija de Carlos IV, que había sido reina de Etruria, viuda de
Luis de Borbón, a quien se había desposeído de sus territorios de
la Toscana para poner en aquel trono a un Bonaparte, y que se
encontraba refugiada en la Corte de Madrid.

El centro de Portugal se entregaría a España, en reconocimiento de que Portugal era tierra española que se había independizado
ilegítimamente siglo y medio atrás. El Sur, es decir el Alentejo y
los Algarbes, se constituiría también en un reino del que se nombraría rey al príncipe de la Paz, esto es, a Godoy.

Con este convenio, al parecer tan beneficioso para España y tan
lisonjero para Carlos IV, pues reponía a su hija en un trono, y esta-
blecía en el máximo rango a su protegido y eficaz Primer Ministro
Godoy, se sintió totalmente feliz Carlos, esperando que ello haría
igualmente felices a sus fieles súbditos.

Sin embargo, la realidad era muy distinta. Napoleón anunció que se disponía a venir a España para entrevistarse con Carlos IV, y en el mes de marzo de 1808 las tropas francesas, con un contingente de unos 40.000 hombres, emprendieron la marcha hacia Madrid, lo que no estaba previsto, ni mucho menos pactado.

El ofrecimiento de Napoleón de venir a Madrid a entrevistarse con el rey, pero al mismo tiempo el enviar un ejército a la capital de España, alarmó a Godoy, sagaz político, que vio en esto una gravísima amenaza, pues si Carlos IV había de celebrar conversaciones con el emperador, en las que éste presumiblemente pediría más tropas y barcos para sus guerras, y quizás otro tipo de condiciones políticas, no se podría dialogar con él, estando rodeados por las bayonetas francesas.

Comprendió Carlos IV el peligro gravísimo, y por consejo de Godoy redactó un manifiesto a la nación en el que, aunque se decía íntimo amigo y aliado de Napoleón, expresaba su intención de no parlamentar rodeado de un ejército extranjero, por lo que prefería abandonar Madrid con su Corte y establecerse en Andalucía hasta que las condiciones de un diálogo fueran más aceptables. Veamos sus palabras:

«Esta plática se ha abierto en los mismos días en que sus tropas se dirigen, sin acuerdo alguno de mi parte, al centro de mis reinos, y en medio de las cuales ni a mí ni a mi aliado pudiera sernos decoroso tratar ningún negocio de tan alta trascendencia. En tales circunstancias mi obligación es conservar mi soberana independencia, y retirarme más adentro momentáneamente, donde en perfecta libertad sin semejanza alguna de presión o violencia, pueda seguir mis relaciones y entenderme francamente con mi íntimo aliado.»

Inmediatamente se hicieron los preparativos para el viaje de la Corte. Pero esto no convenía a los intereses de Napoleón, por lo que el embajador Beauharnais determinó adelantar los acontecimientos, consiguiendo que mediante un golpe de fuerza se obligase al rey a destituir a Godoy del cargo de Primer Ministro y asimismo a renunciar al trono en favor de su hijo Fernando.

Parece ser que entre los personajes que se unieron al embajador francés en esta conspiración figuraron el infante don Antonio, quien odiaba a Godoy y ambicionaba el poder, y algunos aristócratas y altos funcionarios, vendidos al oro francés. El 15 de marzo, y cuando las tropas francesas se acercaban a la capital, la Corte se encontraba en Aranjuez pasando una temporada de recreo, según era costumbre en esa época del año. Esa noche se repartieron, según una fuente de la época, nada menos que dos millones de reales entre empleados de palacio de distintos rangos, y una cantidad desconocida sirvió para que se trajeran a Aranjuez gentes levantiscas de los pueblos de alrededor, a fin de que promovieran la algarada. Esto era necesario pues en Aranjuez no había más vecinos que los propios empleados del real sitio, y para un motín hacen falta tanto agitadores como una multitud levantisca y alborotada.

Pero veamos quién era don Manuel Godoy, príncipe de la Paz, Primer Ministro de Carlos IV.

Manuel Godoy y Álvarez de Faria había nacido en 1767. A los diecisiete años de edad ingresó en el cuerpo de Guardias de Corps, y por su proximidad a la familia real en funciones de su puesto militar, fue muy pronto distinguido con la amistad personal del entonces príncipe de Asturias, quien al subir al trono le convirtió en su consejero de confianza, elevándole a los puestos de mayor responsabilidad y autoridad.

Así pasó sucesivamente a ascender los distintos escalones de la milicia, y en 1792, a los veinticinco años de edad, fue promovido al grado de teniente general y honrado con el título de duque de Alcudia.

Pero todavía el rey Carlos IV quiso demostrar su estimación hacia Godoy y asegurarse su lealtad. Para ello le casó al año siguiente con una de sus sobrinas, con lo que Godoy pasaba a formar parte de la propia familia real, y así su colaboración en las tareas de gobierno resultaba más eficaz, y garantizaba una mayor continuidad.

La sobrina del rey, dulce adolescente, es nada menos que «la condesa de Chinchón» cuyo retrato, pintado por Goya, está considerado por expertos como Eugenio D'Ors, como uno de los diez máximos retratos de la pintura occidental. Jean Cocteau venía a Madrid exclusivamente para visitar ese cuadro y contemplarlo durante horas enteras, y lo mismo hacía Malraux.

Este matrimonio convirtió a Godoy en un sobrino del rey más fiel que los propios familiares de sangre, tanto que años más tarde acompañaría a Carlos IV al destierro y permanecería a su lado hasta la muerte del monarca. Infundadamente se han propalado calumnias contra Godoy, suponiéndole amante de la reina María Luisa, lo que no pasa de ser una especie difundida para desacreditarle y hacerle odioso a los ojos del pueblo, lo que consiguieron los interesados.

Tras la boda, Godoy fue nombrado «valido» y primer ministro, sucediendo al conde de Aranda, que había venido ocupando ambos cargos.

Cuando se produjo la Revolución Francesa, Godoy siguió la corriente de los demás países europeos, que veían con temor la posibilidad de que el incendio revolucionario se extendiese por toda Europa. Así que España, gobernada por Godoy, participó en la alianza europea y participó en la guerra contra la Francia revolucionaria, hasta que, habiendo perdido su virulencia aquella revolución, terminado el período denominado «el terror», en que los revolucionarios guillotinaron a miles de intelectuales como el poeta Andrés Chenier, aristócratas, científicos, banqueros, y cuanto de algún modo destacaba sobre la masa, una vez que el gobierno de Robespierre cayó siendo sustituido por el consulado de Napoleón, inició Godoy una política de reconciliación con Francia, que cristalizó en la firma de la Paz de Basilea, éxito político que premió Carlos IV otorgando a Godoy el título de príncipe de la Paz. Conviene tener en cuenta que el título de príncipe existió en España en personas no reales hasta el siglo XIX. Así, en la Historia de España encontramos títulos de príncipes, sobre todo procedentes de Aragón y de las provincias españolas de Italia y de Flandes: Príncipe de Éboli, de Montalbán, de Esquilache, de San Jenaro, de Paterno, de Portela, de Santo Mauro, del Sacro Imperio, de Pignatelli, de Aremberg, de Brabanzón, de Angola, de Botera y otros; los dos últimos principados fueron el de La Paz, concedido a Godoy, y el de Vergara, concedido al general Espartero, que terminó con la Guerra Carlista.

Sin embargo, todos los títulos de príncipe no reales fueron más tarde anulados, o canjeados por títulos de duque, a consecuencia de un curioso suceso político. En el año 1847, cuando Godoy, que se encontraba en el exilio desde hacía casi cuarenta años, y ya tenía ochenta de edad, fue rehabilitado y nombrado senador por la reina Isabel II, al tratarse de ello en el Consejo de Ministros, estaba redactando el decreto el ministro de Gracia y Justicia, Pacheco, y dictó al secretario estas palabras: «Nómbrese senador a don Manuel Godoy, príncipe de Paz»; a lo que corrigió el también ministro, Benavides, con estas palabras: «Príncipe no; es un título que no debe prevalecer; en España no hay más príncipe que el de Asturias. Llamémosle sólo don Manuel Godoy, capitán general del Ejército y duque de la Alcudia.»

Otra distinción, más sustanciosa, que recibió Godoy, además de la de príncipe de la Paz, fue que el Ayuntamiento de Madrid adquirió el palacio de Buenavista, en la Cibeles, que había sido de la duquesa de Alba, para regalárselo. Sin embargo, Godoy siguió viviendo alternativamente en ése y en el palacio Grimaldi, en la calle Bailén, 5, con fachada a plaza de la Marina Española, para estar más cerca del palacio real.

Los títulos y cargos que llegó a reunir don Manuel Godoy y Álvarez de Faria, Ríos, Sánchez Zarzosa, son los siguientes:

Príncipe de la Paz.

Duque de la Alcudia.

Grande de España, de primera clase.

Señor del Soto de Roma y del Estado de Alcalá.

Capitán general de los reales ejércitos.

Inspector general y sargento mayor del real cuerpo de Guardias de Corps.

Regidor perpetuo de la villa de Madrid y de las ciudades de Cádiz, Santiago, Málaga y Écija.

Caballero veinticuatro de Sevilla.

Caballero de la insigne Orden del Toisón de Oro.

Gran cruz de la real y distinguida Orden de Carlos III.

Comendador de Valencia del Ventoso y Ribera Acencha en la Orden de Santiago.

Caballero gran cruz de la Orden de Cristo, de Portugal.

Caballero gran cruz de la Orden de Malta.

Consejero de Estado.

Primer secretario de Estado y del despacho.

Secretario de la reina.

Superintendente general de la Real Academia de las Nobles Artes y de los reales gabinetes de Historia natural, jardín botánico, laboratorio químico y del observatorio astronómico.

Gentilhombre de cámara en ejercicio.

Protector del colegio de sordomudos y de los establecimientos de beneficencia de la villa de Madrid.

Su talento, carácter y entrega al trabajo hicieron que la labor de Godoy fuese beneficiosa en la mayor parte de los cargos que ocupó, y si como político logró que Inglaterra nos devolviera Menorca, su actuación como superintendente de Bellas Artes logró la creación de enseñanzas para pintores y escultores en las materias de perspectiva, anatomía, dibujo del antiguo, colorido y copia de estampas, enseñanzas que más tarde se convertirían en la escuela especial de Bellas Artes.

La creación del colegio de sordomudos de Madrid puso a España a la cabeza de estas enseñanzas en el mundo.

Sospechando lo que se tramaba y advertido por los agentes de la seguridad sobre los movimientos extraños que se observan en palacio y sus alrededores, y de las entrevistas y reuniones que secretamente se tenían en las habitaciones del príncipe Fernando, y por otra parte viendo que las tropas francesas se aproximaban a Madrid, el rey encargó a Godoy que escribiese una carta al general Murat, gran duque de Berg, para cumplimentarle en nombre del rey, pero a la vez para obligarle a dar una explicación sobre el motivo de la venida del Ejército francés a Madrid, y las intenciones que traía.

Pero a la vez era necesario que quien llevase la carta fuese un hombre de total confianza, que no estuviera metido en la conjura de Fernando, y que tuviera un elevado espíritu de servicio y patriotismo, junto con una gran sagacidad y perspicacia, capaz de saber observar e interpretar los movimientos de las tropas y deducir de su conversación con Murat los más recónditos pensamientos de éste.

La persona más capacitada en todos los aspectos con que se podía contar era el secretario de Estado Mayor, don Pedro Velarde, quien luego sería uno de los héroes del Dos de Mayo.

Don Pedro Velarde y Santiyán era capitán de Artillería, tan excelente matemático como militar. A los veinticinco años fue nombrado profesor de la Academia de Artillería, y en 1806, con sólo veintiséis años, pasó al cargo de secretario de la Junta Suprema Económica del cuerpo de Artillería, y secretario de la del Estado Mayor.

Salió de Aranjuez, provisto de la carta para Murat, pero cuando éste le dio respuesta ya habían ocurrido los sucesos del motín de Aranjuez y ya Carlos IV había abdicado en Fernando VII.

Durante la jornada del 16 no se notó ninguna alteración en Aranjuez, pero sí el incesante ir y venir de personas importantes, allegadas al príncipe, que se movían de forma desusada, yendo a caballo de un lado a otro por los alrededores y manteniendo conversaciones con gentes que no venían a cuento. Por ejemplo, reclutando a los hombres de campo que participaban en las cacerías y monterías del rey para hacer ruido y acosar las reses, carreros y acemileros, gente que desbrozaba el campo donde se iban a hacer carreras de caballos persiguiendo a los ciervos. Todo esto inconcebible en una época en que no estaban anunciadas próximas monterías. El propio rey confesaría más tarde que durante el motín reconoció a varios de sus monteros entre la chusma que invadió el palacio.

La tarde del 17 se encontraban ya en Aranjuez numerosos paisanos, muchos de ellos armados, que con las armas ocultas fueron distribuyéndose estratégicamente por todo el real sitio. Anochecido, un gran número de soldados de los cuarteles de la Guardia Real salieron de su compañías por las ventanas y se unieron a los grupos de paisanos.

A la medianoche se oyó un tiro, que era la señal de comenzar el motín, e inmediatamente estallaron por todas partes gritos, consignas coreadas contra el Primer Ministro, y se vio un grupo numeroso de gente armada y de soldados, algunos totalmente equipados y con la bayoneta calada, otros descamisados y blandiendo sables o pistolas; había entre ellos muchos de la Guardia Walona, que por ser extranjeros eran más fácilmente sobornables por el francés, y probablemente eran los que habían facilitado la entrada del populacho.

La casa de Godoy fue prontamente asaltada. Su criado, para evitar que le encontrasen, le encerró con llave en una habitación en la que se guardaban las alfombras, y Godoy se escondió entre ellas. Sin embargo, durante el registro entró un soldado a aquella pieza y descubrió a Godoy, quien en seguida fue declarado preso. Conducido al cuartel de la Guardia, por el camino fue golpeado, y herido. Una vez en el cuartel, el príncipe Fernando se dirigió a la gente prometiendo que Godoy sería castigado y anunció que él mismo sería inmediatamente rey.

Dos días más tarde, Carlos IV, que se encontraba virtualmente prisionero en su palacio de Aranjuez, fue obligado por los partidarios de su hijo a firmar la abdicación en favor de Fernando. Era el 19 de marzo de 1808.

Napoleón había ganado la primera baza de la partida, eliminando al único político que se le podía oponer, Godoy, y había puesto ya en el trono de España al inexperto Fernando, a quien fácilmente podría desposeer para sustituirle por José Bonaparte, hermano del propio emperador.

Firmó el rey su abdicación en presencia de su hermano el infante don Antonio y de la reina y sus hijos, encontrándose al lado de Fernando su ayo y consejero Escoiquiz.

Una vez firmado el documento se retiró Carlos a sus habitaciones, y allí permaneció entregado a sus cavilaciones. Le faltaba al lado en aquel momento el fiel Godoy, única persona que hubiera podido orientarle sobre la conducta a seguir. Sin embargo, dos días después, y probablemente porque Godoy consiguiera enviarle un mensaje desde el cuartel de Guardias de Corps donde se encontraba detenido, Carlos redactó la siguiente protesta: «Protesto y declaro que mi decreto de 18 de marzo, en el que he abdicado la corona en favor de mi hijo, es un acto al que me he visto obligado para evitar mayores infortunios y la efusión de sangre de mis amados vasallos, y por consiguiente debe ser considerado como nulo. Carlos. Aranjuez, 21 de marzo de 1808.»

No satisfecho con redactar esta protesta, que hizo llegar a algunas de las personas más destacadas de la Corte, escribió pocos días después una carta al emperador Napoleón, cuyo texto es el siguiente:

«Señor mi hermano: V. M. sabrá sin duda con pena los sucesos de Aranjuez y sus resultas, y no verá con indiferencia a un rey que, forzado a renunciar la corona acude a ponerse en brazos de un grande monarca aliado suyo, subordinándose totalmente a la disposición del único que pueda darle su felicidad, la de toda su familia y la de sus fieles vasallos.

»Yo no he renunciado en favor de mi hijo sino por la fuerza, cuando el estruendo de las armas y los clamores de una guardia sublevada me hacían conocer bastante la necesidad de escoger la vida o la muerte, pues esta última habría sido seguida de la de la reina. Yo fui forzado a renunciar, pero asegurado ahora con plena confianza en la magnanimidad y el genio del grande hombre que siempre ha mostrado ser amigo mío, he tomado la resolución de conformarme con todo lo que este mismo grande hombre quiera disponer de nosotros y mi suerte, la de la reina y la del príncipe de la Paz.

»Dirijo a V. M. I. y R. una PROTESTA contra los sucesos de Aranjuez y contra mi abdicación; me entrego y enteramente confío en el corazón y amistad de V. M., con lo cual ruego a Dios que os conserve en su santa y digna guarda. De V. M. I. y R. su más afecto hermano. CARLOS. Aranjuez, 27 de marzo de 1808.»

A esta carta se unía la protesta firmada el 18 y que antes hemos copiado. Naturalmente que Carlos IV no confiaba en que Napoleón le devolviera el trono, pero sí al menos que protegiese su vida, la de la reina y la de Godoy, que no olvidemos que estaba casado con una sobrina del rey y por tanto formaba parte de la familia real.

Sin embargo, y ante el temor de que la situación empeorase, y teniendo en cuenta la distancia a que podía encontrarse Napoleón, al menos en París, por lo que tardaría bastante tiempo en recibir la carta y tomar disposiciones para proteger a Carlos IV (al menos eso creía éste), la reina decidió por su parte escribir al general Murat, gran duque de Berg, pidiéndole su protección, temerosa de que lo que había comenzado como una conjura de cámara y un golpe de Estado de carácter familiar, pudiera degenerar en una revolución generalizada como la Revolución francesa. Así, en su carta a Murat manifiesta sus temores de que se produzca una matanza de la familia real, como la ocurrida en París.

«Si el gran duque de Berg no tiene la bondad y la humanidad de hacer que se suspenda el curso de la causa contra el pobre príncipe de la Paz, amigo del mismo gran duque y del emperador de los franceses, y del rey y mío, van sus enemigos a hacerle cortar la cabeza, en público, y después a mí, pues lo desean también.»

Murat se encontraba ya en Villaviciosa y al recibir el mensaje primero, la carta que le llevaba Velarde, ya conocía la abdicación dos días antes, y no quiso contestar por escrito, pues no tenía instrucciones del emperador sobre si reconocer en ese momento como rey de España al padre o al hijo. Así que dio a Velarde solamente una respuesta verbal, en la que prometía vagamente que al entrar en Madrid, si entraba, puesto que su propósito era dirigirse a Cádiz para defender aquella costa contra los ingleses, se pondría de acuerdo con el gobierno español respecto del alojamiento de las tropas francesas en la capital de España, y respecto a los víveres, caballerías y carruajes necesarios para el servicio de su ejército. En su respuesta daba a entender que él, personalmente, entraría en Madrid, para esperar allí al emperador, cuya venida aguardaba para dentro de cuatro o cinco días, pero sus tropas no entrarían en la capital sino que se acantonarían en los alrededores, alojándose en Madrid solamente su Guardia y su Estado Mayor.

El 23 de marzo, hizo Murat su entrada en Madrid, de manera ostentosa, a caballo, en medio de brillante Estado Mayor, un regimiento de caballería de la guardia imperial, y lo más lucido de sus tropas. Como familiar del emperador, pues era cuñado de Napoleón, y por tanto Alteza Imperial, se le dio alojamiento en el palacio del Buen Retiro, pero poco después, y para estar más en el centro neurálgico de la política de la Corte se trasladó, sin contar para nada con el gobierno español, al palacio de Godoy, que desde la prisión de éste se encontraba cerrado, palacio situado en el centro del casco antiguo de la capital.

También sin contar con las autoridades españolas, dispuso que una parte de sus tropas ocupase la Casa de Campo, donde emplazaron baterías que miraban a la población, aunque el pretexto era defender Madrid contra cualquier agresión que viniera del exterior.

El vecindario no sabía a qué atenerse, pues se divulgó que Murat venía a consolidar en el trono a Fernando VII y a evitar cualquier alzamiento de los partidarios de Godoy. Una hábil propaganda había conseguido que el pueblo odiase a Godoy olvidando que se le debía entre otras cosas la reincorporación de Menorca a España y la creación de numerosos establecimientos de utilidad pública, tales como el Colegio de Sordomudos de Madrid.

Pocos días después hizo su entrada en Madrid el nuevo rey Fernando VII. Un inmenso gentío hábilmente convocado se congregó desde la Puerta de Atocha hasta el Palacio Real, entusiasmado por la idea de que el joven rey rejuvenecería a España y le traería todas las felicidades posibles. Las circunstancias del mundo de entonces, Europa entera ardiendo en guerras, el bloqueo inglés de las costas continentales, todo ello junto, había empobrecido a Europa entera, y de algún modo había arruinado nuestra economía nacional. La propaganda consiguió convencer al pueblo de Madrid de que todos esos males eran únicamente culpa de Godoy y de

Carlos IV, mientras que Fernando VII acabaría con aquellas cala-
midades. El entusiasmo popular era, pues, inaudito.

El jovencísimo rey entró, montado en un caballo blanco, seguido de su tío el infante don Antonio, y su hermano don Carlos,
menor que él, con sólo un reducido grupo de servidores de palacio,
y sin tropas.

El entusiasmo le acompañó por todas las calles del recorrido,
en el que invirtió nada menos que cinco horas.

Pero si no se había hecho acompañar de un poderío militar que
ratificase su suprema autoridad real, sí en cambio el general Murat
había hecho cubrir la carrera con sus tropas francesas, so pretexto
de honrar a Fernando VII, pero en realidad para indicar a los
españoles que el verdadero dueño de la situación en la capital era
él, apoyado en sus cuarenta mil hombres, mientras que Madrid
contaba con una guarnición escasa, casi simbólica.

Inmediatamente que Fernando VII se asentó en Madrid y se
sintió sólidamente instalado en el trono, recibió la sugerencia del
embajador francés, y el consejo de su antiguo ayo, convertido ahora en su consejero áulico, el canónigo don Juan de Escoiquiz, de
que debería ir a Francia a entrevistarse con el emperador, en primer lugar para cumplimentarle, como cortesía obligada de un rey
a un emperador. Y en segundo y más importante, para discutir con
el emperador las condiciones en que España debía participar en la
alianza, en la nueva situación política en que se encontraba, y tratar sobre la presencia de las tropas francesas en España después
de la conquista de Portugal, y reclamar la parte que de Portugal
correspondía a España, y la que correspondería a la reina de
Etruria, su hermana.

Así, y habiéndose enviado unos comisionados a Francia, se recibió la respuesta de que Napoleón le recibiría con gran satisfacción
en la ciudad de Bayona, donde se encontraba.

Pero el maquiavelismo del embajador francés Beauharnais,
aleccionado por Napoleón, consiguió que al mismo tiempo y por
distinto conducto, recibieran los reyes Carlos IV y su esposa, María
Luisa, una invitación para trasladarse también a Francia, acompañados de Godoy, a quien Murat había conseguido la libertad.
Murat puso a disposición de Carlos IV los medios necesarios de
transporte y escolta, a fin de que se presentasen en Francia cuanto antes. Carlos IV creía que de esta entrevista con Napoleón se
derivaría la nulidad de la abdicación y la recuperación de su
trono.

Fernando VII emprendió el viaje desde Madrid el día 10 de
abril de 1808, quedando a cargo de la gobernación de España, tal

como había deseado, el Infante don Antonio, su tío, quien había participado en el golpe de Estado, con ánimos y ambición de sustituir a Godoy en la presidencia del gobierno. Llegaron a Vitoria Fernando y sus acompañantes el día 13, y allí les llegó la noticia de que el emperador ya había llegado a Bayona, donde les esperaba.

Al llegar a Bayona el día 21, se encontró Fernando con la sorpresa de que la víspera, es decir cuando ya estaba él en suelo francés, Napoleón había llamado a los comisionados españoles duques de Medinaceli, Fría, Híjar, y conde de Fernán Núñez, a quienes dijo que estaba resuelto a que en España no reinasen más los Borbones.

Esta sorprendente noticia dejó aterrado a Fernando VII, y más cuando su consejero Escoiquiz fue llamado a presencia del emperador, quien le dijo personalmente que «sus intereses políticos eran incompatibles con la permanencia de la dinastía de Borbón en el trono de España». Por tanto había decidido ofrecer a Fernando las siguientes condiciones: Que renunciase a la corona de España, y que a cambio le daría el reino de Etruria, con un año anticipado de las rentas de dicho territorio de la Toscana. Que el emperador se comprometía a retirar sus tropas de la Toscana para que Fernando pudiera gobernarla sin presencia extranjera. Y que para garantizar la buena voluntad de uno y otro, se daría a Fernando una esposa de la familia Bonaparte.

Escoiquiz comunicó a Fernando lo que Napoleón exigía, y habiendo estudiado la cuestión Fernando, junto con los políticos que le acompañaban, y los Grandes de España que aún permanecían en Bayona, encargó a Escoiquiz que dijera a Napoleón que no estaba dispuesto a cederle la corona.

Entonces Napoleón le dijo:

—Mañana llega el rey Carlos, y él me hará la cesión que ustedes me han negado.

En efecto, al día siguiente, 29 de abril, llegó a Bayona Carlos IV, acompañado de su esposa, María Luisa, y de Godoy, príncipe de la Paz, así como de dos hijos del monarca, María Luisa Josefina, reina destronada de Etruria, y don Francisco, su hijo menor.

El día 4 de mayo, en presencia del emperador, los dos reyes españoles, padre e hijo, tuvieron una entrevista en la que Carlos recriminó a Fernando el haberle forzado a la abdicación mediante un acto de fuerza, y le declaró rebelde y mal hijo.

Habló entonces Napoleón diciendo que para defender el justo derecho de un rey ultrajado y un padre ofendido, él, como árbitro supremo entre los reyes de Europa, otorgaba su auxilio a Carlos, dando de plazo hasta el día 5 de mayo a las seis de la mañana a Fernando para que hiciera renuncia de la corona en manos de su padre, so pena de la ira imperial.

En efecto, el día 5 de mayo de 1808, antes de las seis de la mañana, Fernando renunció por escrito, devolviendo a su padre la corona, que Carlos a su vez puso a disposición de Napoleón. Tanto Carlos IV como Fernando VII quedaron en Francia en calidad de huéspedes, pero sin libertad para regresar a España; es decir, en calidad de rehenes o prisioneros distinguidos, junto con toda la familia real y su séquito.

Aún no había llegado a Madrid la noticia de la cesión de la corona española a Bonaparte, pero ya los franceses estaban actuando como dueños y señores de la situación y el gobierno, o mejor quienes del gobierno habían quedado en Madrid, pues varios ministros habían acompañado a Fernando VII a Bayona, se encontraba cada vez más inoperante, pues el duque de Berg, Murat, actuaba en la capital como autoridad soberana, sin contar para nada con el infante Don Antonio, que ejercía como regente por ausencia del rey. Los ministros que tenía a su lado eran O'Farrill, de la Guerra; Piñuela, de Gracia y Justicia; Gil, de Marina, y Asanza, de Hacienda.

Siempre se había creído que la explosión armada del pueblo de Madrid el día Dos de Mayo de 1808 se debió a que los franceses intentaban llevarse a Francia a los últimos miembros de la familia real que habían quedado en Madrid. El conde de Toreno, en el libro segundo de su *Historia del levantamiento, guerra y revolución de España*, dice: «Al dar las nueve subió en un coche, con sus hijos, la reina de Etruria, mirada más bien como princesa extranjera que como propia, y muy desamada por su continuo y secreto trato con Murat; partió sin oponérsele resistencia. Quedaban todavía dos coches, y al instante corrió por la multitud que estaban destinados al viaje de los dos infantes, don Antonio y don Francisco. Por instantes crecía el enojo, y la ira, cuando al oír de la boca de los criados de palacio que el niño don Francisco lloraba y no quería ir, se enternecieron todos, y las mujeres prorrumpieron en lágrimas y sentidos sollozos.

»En este estado y alterados más y más los ánimos, llegó a palacio el ayudante de Murat, M. Augusto Lagrange, encargado de ver lo que allí pasaba y de saber si la inquietud popular ofrecía fundados temores de alguna conmoción grave. Al ver al ayudante, conocido como tal por su particular uniforme, nada grato a los ojos del pueblo, se persuadió éste que era venido allí para sacar por fuerza a los infantes. Siguióse un general susurro, y al grito de una mujerzuela: "Que nos los llevan", fue embestido M. Lagrange por todas partes y hubiera perecido a no haberle escudado con su cuerpo el oficial de walones don Miguel Desmaisieres y Flórez; mas subiendo de punto la gritería y ciegos todos de rabia y desesperación, ambos iban a ser atropellados y muertos si afortunadamente no hubiera llegado a tiempo una patrulla francesa que los libró del furor de la enfurecida plebe.»

Este relato parece haber sido el modelo que todos después han copiado, y así los sucesos del Dos de Mayo han venido a quedar como provocados por el intento francés de llevarse al infante niño don Francisco, que se resistía a marchar a Francia.

Pero esta versión de los hechos, escrita por el conde de Toreno, está en total contradicción con lo que el canónigo Escoiquiz, consejero de Fernando VII, escribe en sus memorias. Escoiquiz desmiente categóricamente que el niño infante don Francisco y su hermana la reina de Etruria hubieran quedado en Madrid. Las palabras de Escoiquiz son, a este respecto, terminantes, y más dignas de crédito porque no están escritas con ánimo de polémica, sino que, describiendo sencillamente las entrevistas de Bayona el 29 de abril de 1808, es decir tres días antes del Dos de Mayo, dice textualmente: «Llegó en fin Carlos IV el 29 de abril con la reina su mujer a Bayona, precedido de poco tiempo por el príncipe de la Paz y seguido del infante don Francisco, su hijo menor, y de su hija, la reina viuda de Etruria, con sus dos hijos. Se alojaron todos en la casa llamada del Gobierno, situada en la misma calle que la del comerciante Dubrocq, en donde habitábamos con el joven rey y con el infante don Carlos, a cosa de doscientos pasos de distancia.»

Además, por sentido común, no podemos creer que si la reina temía por su vida en Madrid, fuese a dejar allí a su hijo, emprendiendo ella el viaje a Francia.

La diferencia que observamos entre ambos textos nos obliga a dar por cierto el de Escoiquiz. Toreno, el Dos de Mayo de 1808, es un joven de veintiún años de edad, no introducido en los íntimos recovecos de la política. Lo que cuenta en sus Memorias relativas a aquellos momentos se basa principalmente en lo que oyó o le contaron. En cambio Escoiquiz es el consejero de Fernando VII, sacerdote, canónigo, de edad muy competente. Lo que él dice nos parece mucho más cierto, y menos literario. El episodio del infante niño que intentan llevarse a la fuerza es más bien una justificación romántica a unos hechos, que se hubieron de producir por otros motivos, más políticos y menos sentimentales. No olvidemos que cuando el conde de Toreno escribe su *Historia del levantamiento, guerra y revolución de España* es en pleno Romanticismo.

El alzamiento, más que por un motivo casual y doméstico, se originó por un estado de opinión de personas amantes de la Patria, conscientes de que Napoleón pretendía sojuzgar a España como lo había hecho con otras naciones, y defensoras de una serie de tradiciones nacionales, entre ellas la religión, que los franceses en su Revolución de 1789 habían atacado en Francia, y presumiblemente iban a atacar en España.

De que el alzamiento se preparaba con anticipación tenemos el testimonio de don José Mor de Fuentes, quien en sus Memorias nos dice que precisamente la mañana del Dos de Mayo se dirigía a Palacio para que su amigo el capitán de Guardias Españolas don Manuel Jáuregui le introdujera, a fin de hablar con el infante don Antonio para «tratar de acalorarle», como ya lo había hecho antes con el ministro de Marina, Gil.

El secretario de Estado Mayor, Velarde, ya antes del Dos de Mayo había elaborado un plan de defensa de Madrid, para el caso de que la capital fuera atacada por las tropas francesas acantonadas en sus alrededores, lo que prueba que se esperaba el enfrentamiento, cuyo plan de defensa presentó una semana antes al ministro de la Guerra O'Farrill, el cual no quiso tomar las providencias que Velarde proponía. Velarde lo había tratado con Mor de Fuentes en el café de «La Fontana de Oro».

No cita Mor de Fuentes, testigo presencial del Dos de Mayo, y que participó en el propio alzamiento, las fuerzas francesas existentes en Madrid. Por nuestra parte, y uniendo datos de diversas fuentes, creemos que podrían ser:

— Dos batallones de infantería de línea, alojados en el convento de San Bernardino.
— Una brigada de caballería, compuesta por un regimiento de coraceros y uno de mamelucos, alojados en los edificios del Retiro.
— Una compañía de la guardia imperial de infantería.
— Un escuadrón de caballería de la guardia. Estas unidades de la guardia, alojados en el palacio de Godoy y edificios aledaños, por ser la guardia personal del duque de Berg.

Fuera del casco urbano se encontraban:
— Una división de infantería y otra de caballería, acantonadas en Chamartín.
— Una brigada de artillería, acampada en la Casa de Campo.
— Una brigada de caballería, acantonada en Fuencarral.
— Una brigada de infantería, acantonada en Pozuelo de Alarcón.

Frente a estos efectivos, que en total se acercaban a los 40.000 hombres, las tropas de la guarnición española en Madrid, incluyendo las guardias española y walona del Palacio Real, no pasaban de 3.000 hombres, pues el grueso del ejército español estaba en las costas del Norte, Portugal, estrecho de Gibraltar y provincias mediterráneas, para impedir una anunciada invasión de los ingleses.

En fin, sea o no cierto lo de la pretendida marcha de los infantes a Francia, ello es que en la mañana del Dos de Mayo se había concentrado una gran multitud ante el Palacio Real, en la plaza de la Armería y calles adyacentes. Fue en este lugar donde se produjo el primer incidente, al llegar el general M. Augusto Lagrange, ayudante de Murat, a averiguar cuál era la causa de aquella concentración de gentes. El general fue acometido por el paisanaje, y hubiera sido muerto de no haberle protegido con su propio cuerpo el oficial de la guardia walona, don Miguel de Desmaisieres y Flórez, quien sufrió algunos de los golpes dirigidos contra el francés. Momentos después llegó una patrulla de soldados franceses, quienes protegieron a Lagrange hasta que montó a caballo y salió a galope para informar a Murat de lo que ocurría.

Pero el paisanaje reaccionó contra los soldados franceses, y allí mismo se trabó un primer combate en el que salieron a relucir estoques, chuzos, escopetas y trabucos, con que los madrileños se enfrentaron a los fusiles napoleónicos, matando allí a toda la patrulla y apoderándose de sus armas.

Inmediatamente, aquella multitud, a la que se iban uniendo otros grupos de gente que llegaban desde los distintos barrios, se dirigió hacia la Puerta del Sol, y ocupó las calles de Alcalá, Carrera de San Jerónimo, Carretas, Arenal, Mayor, Montera y Carmen.

Otros grupos se fueron en dirección a la calle Sacramento, para llegar a Puerta Cerrada, en donde se les unieron los trabajadores del mercado, y mozos de cordel que allí estaban, con garrotas, pinchos, navajas, cuchillos de matarife y algunos con carabinas y escopetas.

De los que habían estado en la plaza de la Armería salió la petición de que se les entregasen fusiles, y así se hizo en el Palacio Real, repartiendo dos mil fusiles de chispa, de reglamento, pero el infante don Antonio, que ejercía, como regente, la suprema autoridad militar, ordenó que los dos mil paisanos armados con fusiles permanecieran en el propio Palacio, no tanto para protegerle como para impedir que, dispersándose por Madrid, fueran a atacar los cuarteles de los franceses, lo que ocasionaría una situación de guerra abierta.

El monasterio de los Jerónimos en la actualidad.

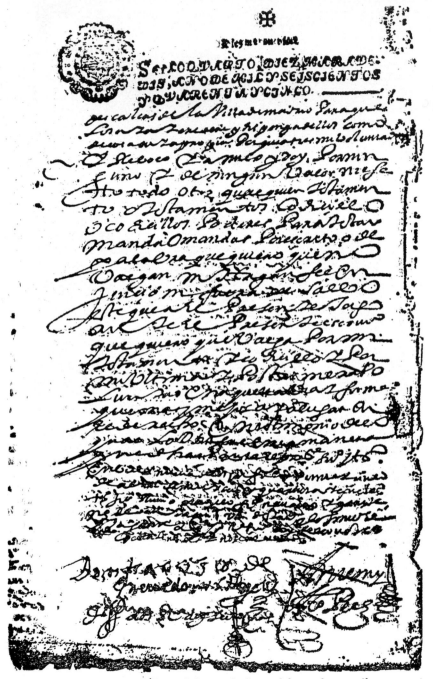

Testamento de Quevedo. Último folio con la firma del testador, escribano y testigos.

Don Francisco de Quevedo, pintado por Velázquez.

El pueblo madrileño contra los mamelucos de Napoleón en la Puerta del Sol. (Goya.)

Entrada de Fernando VII en Madrid tras el Motín de Aranjuez en 1808.
(Dibujo de Martí grabado por Orbailleta, siglo xix.)

Don Manuel Godoy, Príncipe de la Paz.

El Motín de Aranjuez. (Grabado de la época.)

Quevedo en un retrato poco conocido pintado por Pacheco hacia 1625.

Para despachos de oficio quatro mrs.

SELLO QUARTO, AÑO DE
MIL OCHOCIENTOS DIEZ Y
OCHO. *Sobre la persecución de Ladrones*
5 de Julio de 1818

D. ALEJANDRO DE TOMAS Y ASENSIO, CAPITAN

de Infantería, Escribano mayor propietario de Gobierno y
Asistencia de esta ciudad.

Certifico, que por el Señor D. Bartolomé Muñoz, Secretario del Rey nuestro Señor, y Escribano de Cámara
más antiguo y de Gobierno del Real y Supremo Consejo de Castilla, se ha comunicado con fecha treinta de
Marzo último al Señor D. Mariano Lafuente y Oquendo, del Consejo de S. M.; Alcalde del Crímen honorario de la Real Audiencia de esta Ciudad, Teniente primero de ella, que por ausencia del Señor D. Francisco
de Laborda, del Consejo de S. M., Ministro honorario
en el Real y Supremo de la Guerra, Intendente de los
Reales Egércitos, y de los cuatro Reinos de Andalucía,
Asistente de esta Ciudad, y Superintendente general de
Rentas Reales de ella y su Provincia, despacha los negocios respectivos á la Asistencia, la órden de dicho
Real y Supremo Consejo de Castilla, que copiada á la
letra es como sigue.

Deseoso el Rey nuestro Señor de facilitar la
apreension de ladrones, que infestan el Reino, es-
citando el zelo de sus vasallos para que contribu-
yan á tan importante objeto, se ha servido resolver, entre otras cosas, conformándose con lo propuesto por el Escelentísimo Señor Duque del Infantado, Presidente del Consejo: „Que se designe
„el premio de una onza de oro por cada ladron
„que se apreenda, la que deberá pagarse del fon-

Real orden creando el premio de una onza de oro por cada bandolero capturado,
expedida en 1818.

REAL CEDULA

DE S. M.

Y SEÑORES DEL CONSEJO,

En que se inserta el Soberano decreto por el que el REY
nuestro Señor se sirve abolir para siempre el suplicio
de horca, mandando que en adelante se ejecute en el
de garrote la pena de muerte que se imponga,
con las distinciones que expresa.

AÑO DE 1832.

*Portada del documento por el que se suprimió en España la pena de horca
sustituyéndola por la de garrote.*

LUIS CANDELAS.

Retrato a lápiz realizado por Antonio Perea y grabado por Álvaro. (Siglo XIX.)

Diego de León, *"La primera lanza del Reino"*

Bécquer en su lecho de muerte, dibujo del natural realizado por su amigo Palmaroli el 22 de diciembre de 1870.

El periodista y diputado José Paul y Angu*antes de sufrir el accidente que le deformó horrorosamente la cara. (Retrato del fotógrafo Beauchy, uno de los pioneros de la fotografía.)

El general Prim en la época de su victoria en Marruecos.

El general Prim poco antes de su muerte.

Calle del Turco, hoy Prim.

El Palacio del Congreso, recién construido, antes de que se le pusieran los leones.

Uno de los leones del Congreso.

Palacio del Congreso con los leones.

La segunda plaza de Madrid en los años 1880. Frascuelo en una fotografía del pionero de la información gráfica J. Laurent.

El despeje de plaza a principios del siglo XIX, en el primitivo coso madrileño. (Grabado de la época.)

Josef Hillo, muerto en la plaza de Madrid en 1801.

Pedro Romero hacia 1790, todavía con la antigua indumentaria suelta. (Grabado de José de la Cruz.)

El torero Martincho en una de sus arriesgadas suertes (Dibujo de Goya.)

El pelele; festejo popular retratado por Goya.

Sin embargo, los grupos de madrileños mejor o peor armados que circulaban por las calles empezaron a atacar a los soldados franceses que encontraban a su paso y dieron muerte a algunos de ellos, mientras otros se refugiaban en las iglesias que encontraban abiertas, para protegerse de las iras del vecindario.

A las diez y media de la mañana, el gran duque de Berg, considerando que lo que empezó con un incidente se había generalizado, convirtiéndose en un pueblo entero alzado en armas, abandonó su palacio y, seguido de su Estado Mayor, salió a galope de Madrid y situó su puesto de mando en las afueras, en los altos de San Vicente. Desde allí envió un oficial español de los que tenía agregados, con un mensaje para el capitán general, intimidándole a que mantuviera acuarteladas las tropas de guarnición española, para evitar un choque sangriento con el Ejército francés.

A la vez mandó enlaces franceses a los acantonamientos de su ejército, ordenando que algunas de las fuerzas acantonadas en el Retiro se dirigieran hacia la Puerta del Sol, para desde allí pasar al Palacio Real.

En aquel momento el pueblo de Madrid ya se había percatado de que los franceses se habían propuesto sojuzgar a la nación española, y olvidados de Carlos IV y de Fernando VII, los madrileños se disponían a luchar con desesperación, no ya por su independencia sino por su propia supervivencia.

Cuando los grupos que se habían situado en la calle Alcalá avisaron que se acercaba a todo galope un escuadrón de «mamelucos», la multitud, que se había agrupado en la Puerta del Sol, se dispuso a combatir hasta la muerte.

Los «mamelucos» eran un cuerpo traído de Egipto por Napoleón, jinetes habilísimos, vestidos a la turca, con sus turbantes en la cabeza, cuyo solo aspecto inspiraba pavor, y más la ferocidad con que manejaban los sables, hendiendo cabezas al abrirse paso en su avance.

A su llegada la gente se abría hacia las aceras, refugiándose en los portales, mientras que desde los balcones caía una lluvia de macetas y muebles arrojados por las mujeres sobre la calzada. Algunos tiestos herían a los jinetes, derribándolos de sus cabalgaduras. Algunos caballos, tropezando en los muebles arrojados, caían al suelo.

A la entrada de la Puerta del Sol, la multitud era tan compacta que los caballos ya no podían avanzar. Fue entonces cuando se pudo ver el valor increíble del pueblo madrileño. Los hombres se agarraban a las ropas de los «mamelucos» y a fuerza de brazos los echaban abajo de los caballos, para herirlos con sus navajas en el suelo. Algunos de los jinetes desmontados se habían agrupado y, haciendo terribles molinetes con sus sables, intentaban ganar la Carrera de San Jerónimo para batirse en retirada.

Muchas mujeres, despreciando el temor de ser pisoteadas por los caballos, se metían bajo los vientres de estos animales, y con navajas y cuchillos de cocina los herían echándoles los intestinos afuera. El humo de las escopetas y pistolas que se disparaban, las voces, el ruido de las armas, todo había convertido la Puerta del Sol en un verdadero infierno.

Los «mamelucos» que consiguieron escapar eran perseguidos ahora por diversas calles. La guardia francesa de la Oficina de Correos, que ocupaba entonces el edificio que después se ha llamado «Gobernación», donde está el reloj que preside la Puerta del Sol, había salido a defender a los «mamelucos», pero fue igualmente acuchillada. Algunos de sus soldados, dentro del edificio, disparaban sus fusiles sobre la multitud, acribillando a hombres y mujeres.

Consumada la victoria con la muerte de los últimos franceses que encontraron a su paso, el principal grupo de paisanos combatientes se dirigió por la calle Montera hacia la de Fuencarral, con ánimo de llegar al Parque de Artillería de Monteleón, a fin de hacerse con las armas que allí hubiera almacenadas.

En el Parque de Artillería se encontraba el capitán don Luis Daoíz, con un reducidísimo número de soldados, seis o siete solamente, que desempeñaban funciones de oficinas. La guardia del edificio estaba encomendada desde hacía días a las tropas francesas, y la componían un oficial y treinta y ocho soldados de infantería, de la división alojada en San Bernardino.

Por delante de los grupos de paisanos, llegó al Parque de Monteleón el secretario de Estado Mayor, don Pedro Velarde, capitán de artillería, quien vestía el uniforme de Estado Mayor, con casaca verde con cuello morado y chaleco y pantalón blanco. Le recibió en su despacho el capitán Daoíz, quien vestía el uniforme del arma de Artillería, con casaca chupa y calzón azul turquí.

Velarde expuso a Daoíz la necesidad de armar al pueblo de Madrid para que pudiera luchar contra los franceses, que de aliados se habían convertido ya en invasores, a lo que Daoíz le contestó que, en primer lugar, con siete soldados de oficina le era imposible apoderarse del Parque, guarnecido por la tropa francesa, y que además había recibido un pliego, firmado por el propio capitán general de Madrid, don Francisco Javier Negrete, quien de orden del Regente disponía que las tropas españolas permanecieran acuarteladas, neutrales en cualquier encuentro entre los franceses y el paisanaje madrileño, y que en ningún modo se permitiera la entrada de paisanos ni se les facilitasen armas en los cuarteles.

Partió Velarde a toda prisa hacia el cuartel del regimiento de infantería denominado Voluntarios del Estado, a cuyo coronel le pidió que la facilitase una compañía para ocupar el Parque de Artillería.

El coronel le dijo que no podía darle tantos hombres, porque desgraciadamente disponía de muy pocas fuerzas, pero dado que lo que Velarde le pedía era para asegurar el Parque de Monteleón, le podía dar treinta y tres soldados con algunos oficiales.

En efecto, salieron treinta y tres soldados llevando por mandos al capitán don Rafael Goicoechea, teniente don Jacinto Ruiz de Mendoza, teniente don José Ontoria, subteniente don Tomás Burguera y cadetes don Andrés Pacheco y don Juan Rojo.

Llegando ante el Parque de Monteleón, detuvo Velarde esta fuerza en la esquina de la calle para que solamente asomara la cabeza de la formación, y acompañado del capitán Goicoechea y del teniente Ruiz se dirigió a la puerta del Parque, y habló con el oficial de la guardia francesa en su idioma, diciéndole:

—Señor oficial: tengo ahí fuera el regimiento de Granaderos Voluntarios del Estado. Está usted perdido si no se oculta con toda su tropa; entregue las armas, pues el regimiento va a atacar y el pueblo va a forzar la entrada del Parque, y en ese caso no puedo responder de que vuestras vidas sean respetadas.

El oficial, creyendo que se las había con todo un regimiento de granaderos, accedió a rendirse, y la guardia francesa fue encerrada en las caballerizas tras entregar las armas.

Entonces Velarde puso sus treinta y tres hombres en los lugares estratégicos del Parque, y pidió a Daoíz que dejara franco el paso a los grupos de paisanos que empezaban a llegar y que ya se estaban concentrando ante las puertas del edificio, y que entregase las armas que estuvieran almacenadas.

Daoíz salió entonces a la puerta del Parque, hizo que el público guardase silencio y, hablando en voz bien alta para ser entendido de todos, dijo:

—He recibido orden de mantener cerrado el Parque y de no intervenir en la lucha.

Agitó en el aire el papel de la orden del capitán general para que todos la vieran, y a continuación, lentamente, lo rasgó y lo hizo pedazos, que arrojó al suelo mientras pronunciaba estas palabras:

—He aquí el destino de una orden injusta.

Y después de ello, entre el silencio de la multitud que no sabía lo que iba ahora a ocurrir, gritó:

—Ahora, señores, vamos a cumplir con nuestro deber. ¡Viva la independencia española! ¡Mueran los franceses!

Inmediatamente se abrieron las puertas de par en par y entró la multitud de paisanos, a los que el teniente Ontoria, con los soldados del Parque, empezó a repartir fusiles, mientras que el capitán Goicoechea y el teniente Ruiz distribuían este personal, uniéndolo a los treinta y tres soldados de infantería, por las ventanas y tapias del Parque.

Mientras esto ocurría llegó un piquete francés al mando de un oficial, que venía a reforzar la guardia, y el capitán Goicoechea, hablándole en francés, le dijo que se retirase inmediatamente, que allí no había ya más guardia ni más autoridad que la española. Entonces el oficial francés dispuso su tropa en orden de combate y ordenó abrir fuego por descargas contra las ventanas, entablándose un tiroteo en el que murieron varios franceses mientras los otros se replegaban.

El capitán Daoíz hizo cargar inmediatamente cinco cañones, los cuales dispuso, los dos de mayor calibre, que eran de a ocho, apuntando hacia las puertas del Parque, desde dentro del patio, y los otros tres en reserva.

Momentos después, avisados por el oficial francés que acababa de retirarse, empezaron a llegar refuerzos franceses procedentes del convento de San Bernardino, en número de cuatro compañías de granaderos. Cuando se encontraban frente a la puerta del Parque, Daoíz hizo abrir repentinamente las puertas y disparar los dos cañones que lanzaron una nube de metralla contra los atacantes, cubriendo el suelo de muertos y heridos. En seguida, y antes de que se rehicieran, hizo Daoíz sacar los cinco cañones a la calle, los que dispuso, dos mirando hacia la calle de San Pedro la Nueva, otro hacia la de Fuencarral, otro hacia la de San Bernardo, y otro hacia la convergencia de las cuatro calles situadas al extremo superior de la de San José. De este modo podía defenderse de los ataques que pudieran venir por las distintas direcciones hacia el Parque.

Rehechos los franceses, y reforzados por el grueso de la división de infantería que guarnecía San Bernardino, se entabló un combate furioso. Los defensores del Parque, subidos en las ventanas y en los tejados, disparaban contra los franceses, que igualmente se habían encaramado a las casas colindantes, mientras que iban acercándose por avances escalonados las compañías que ocupaban las calles, disparando descargas cerradas.

Poco después, Murat, que desde su puesto de mando en los Altos de San Vicente oía el tronar de los cañonazos, ordenó que acudieran al fuego las baterías de artillería que estaban en la Casa de Campo, y dos batallones de infantería, que entrando por la Puerta de Santa Bárbara se dirigieran por la calle de la Palma hacia Monteleón, emplazando sus cañones en la calle San Bernardo, junto a la Fuente de Matalobos.

La mortandad en ambos bandos era terrible, y los defensores del Parque iban quedándose sin granadas de cañón. Daoíz hizo sacar del almacén varios cajones de piedras de chispa, trozos de pedernal poco mayores que una almendra, de los que se ponían en los fusiles para hacer saltar la chispa que prendía la pólvora, y con estas piedras cargó los cañones para dispararlas como metralla.

Daoíz había sido herido en un muslo y sangraba abundantemente. Velarde había caído ya muerto, destrozado por la metralla. Ruiz estaba igualmente caído, atravesado el pecho por una bala.

Viendo que los cañones españoles habían sido reducidos al silencio y que ya aflojaba el tiroteo, el general francés Augusto Lagrange, que venía en vanguardia a caballo, gritó, dirigiéndose a Daoíz, que se rindiera *con sus bandidos*.

Daoíz le contestó en francés:

—Si fuerais capaz de hablar con vuestro sable, no me hablaríais así.

Entonces Lagrange se precipitó, sable en mano, contra Daoíz, echándole el caballo encima, pero Daoíz, que a pesar de estar herido era muy rápido, esquivó el ataque echándose a un lado, y alargando su espada hirió en la ingle al general francés, el cual, sintiéndose herido, gritó:

—*Grenadiers, a moi! Secours a votre general!*

Los granaderos de la guardia cargaron a la bayoneta, peleando los españoles contra ellos sobre un montón de cadáveres hasta que Daoíz cayó al suelo, atravesado por un bayonetazo. Entonces, el capitán Goicoechea, viendo ya la inutilidad de seguir resistiendo, sin municiones, sin oficiales, y con la casi totalidad de los defensores muertos o heridos, levantó una bandera blanca, y rindió el Parque, no a los franceses, sino al coronel del regimiento provincial número 4, del Ejército español, que acudió expresamente.

Generalmente, los comentaristas de este suceso afirman que Daoíz murió en el combate. Esto no es cierto. Una vez se produjo la rendición, se empezó a recoger a los muertos y heridos, y a Daoíz, que estaba atravesado de un bayonetazo, viendo que aún vivía lo transportaron en una escalera de albañil a guisa de camilla, habiéndole desnudado para que los franceses no conocieran su grado por el uniforme. Fue conducido a su casa de la calle de la

Ternera, número 12, a la que llegó aún vivo. Allí acudió el párroco
de San Martín, quien intentó confesarle, pero Daoíz, que no podía
hablar, se limitó a apretarle la mano. El cura le dio la Extremaun-
ción, y poco después murió el héroe. Sin dar parte a los franceses,
el cura lo confió al escribiente meritorio del servicio de Cuenta y
Razón del Ramo de Artillería, don Manuel Almira, joven de diecisiete años, que se encargó de amortajar el cadáver con el uniforme
de gala. Por la noche lo trasladaron a la parroquia, donde fue
enterrado en secreto. De esto hay una carta que envió dos días
después el joven Almira al padre de Daoíz, y la partida de enterramiento, en el libro parroquial de difuntos de San Martín, de la
que también se envió al padre, a Sevilla, una copia, que dice:

«CERTIFICO yo el infrascrito, Teniente Mayor de Cura de la
Parroquia de San Martín de Madrid, que en el Libro Corriente de
Difuntos de ella, al Folio 322 se halla la siguiente: PARTIDA: Don
Luis Daoíz, Capitán de Artillería, natural de Sevilla, hijo legítimo
de don Martín Daoíz y Quesada y de doña Francisca Torres, y de
estado soltero, parroquiano de esta parroquia, calle de la Ternera nº doce. RECIBIÓ LA SANTA UNCIÓN, y murió en dos de Mayo
de mil ochocientos ocho. Se enterró en esta Parroquia DE SECRE-
TO, y para que conste lo firmo. Fray Luiz Suárez de Ribera.— Con-
cuerda con el original al que me remito. San Martín de Madrid y
Mayo, diez de mil ochocientos ocho. Fr. Josef Gómez.»

Don Pedro Velarde y Santiyán, capitán de artillería y secretario
de Estado Mayor, que había quedado muerto por la metralla junto
al cañón con que disparaba en la puerta del Parque, reconocido
por un paisano y para evitar que los franceses profanaran el cadáver exhibiéndolo a la curiosidad pública, lo envolvió en una lona
de tienda de campaña como a un muerto paisano, disimulando
con ese arbitrio el uniforme. Se le llevó a la Parroquia de San
Martín, también, y amortajado con el propio uniforme ensangren-
tado que tenía puesto, el mismo cura párroco le enterró, también
de secreto, junto a su compañero Daoíz.

Distinta suerte corrió el teniente don Jacinto Ruiz y Mendoza.
Herido de un balazo que le había atravesado un pulmón, uno de
sus soldados le sacó del Parque por una ventana y, aprovechando
la confusión de los primeros momentos de la rendición, consiguió
hacerle llegar hasta su casa, próxima al cuartel de Voluntarios. Allí
recibió las primeras curas, y tras un mes de luchar contra la muerte empezó a sanar de sus heridas. Sin embargo, al saber sus amigos, días más tarde, que el general Murat había ordenado la busca
de todos los que lucharon en Monteleón para hacerles fusilar, le
sacaron de Madrid el día 30 de mayo en un carro, a fin de trasladarle a Extremadura, donde tenía familia en Cáceres. No pudo

Ruiz sufrir el agravamiento de su estado por las incomodidades del traslado, y al llegar a la localidad de Trujillo murió.

Terminado el alzamiento de Madrid, ahogado en sangre por los franceses, se dedicaron éstos a capturar a todos los que habían participado en los combates. Muchos de ellos fueron conducidos al edificio de Correos en la Puerta del Sol, desde donde se les sacó en pequeños grupos, para fusilarlos. Estos fusilamientos se realizaron, no sólo en la Montaña del Príncipe Pío, como suele creerse, sino también en otros lugares, a saber:

Patio del convento del Buen Suceso, en la misma Puerta del Sol.

Paseo del Prado, a la subida del Retiro.

Cercado de la Casa del Príncipe Pío de Saboya, situada en la llamada Montaña del Príncipe Pío de Saboya.

El número de bajas producidas en la jornada del Dos de Mayo es muy difícil de calcular. Una cifra de las bajas francesas, calculada por Vázquez Taboada, da:

Distritos	Muertos	Heridos	Desaparecidos
San Francisco	15	11	10
Maravillas	1.063	296	95
Lavapiés	31	13	4
Afligidos	92	20	9
Palacio	44	10	9
Barquillo	100	15	24
San Martín	107	83	71
San Isidro	26	4	7
Plaza Mayor	84	13	10
San Jerónimo	122	30	12
TOTAL	1.684	495	251

Gran parte de los desaparecidos nunca más volvieron a aparecer, porque sus cadáveres fueron arrojados a los pozos de las casas para evitar que los encontraran.

Las bajas españolas son más difíciles aún de calcular, ya que a los que murieron directamente en los combates callejeros y en Monteleón hay que añadir los que fueron recogidos heridos y no se llevaron a hospitales sino a sus casas, y muriendo en ellas se les enterró secretamente para evitar represalias a sus familiares o a quienes los hubieran ocultado. Tampoco hay cifras exactas de los condenados a muerte, ya que los consejos de guerra no eran escritos sino sumarísimos verbales, y tras su fusilamiento fueron enterrados, unos en el Prado y otros en zanjas en los lugares de sus fusilamientos. Solamente en el Prado fueron sacrificados y enterrados aquella misma noche del Dos de Mayo más de doscientos.

Tampoco el gran duque de Berg publicó las cifras verdaderas de sus bajas, para no desmoralizar a sus tropas ni presentar ante Napoleón un desastre imputable a su torpeza política.

Tampoco las autoridades españolas quisieron en aquel momento facilitar cifras, y cuando más tarde el Consejo de Castilla dio un balance, falseó los datos, apuntando en total ¡doscientos muertos!, cuando solamente en el Prado fueron fusilados más de doscientos, y cuando en el cuartel de Monteleón pasaron de cuatrocientos los héroes que murieron peleando.

Una cifra que no nos parece exagerada podría ser la de seiscientos muertos en combate y otros tantos fusilados.

Aquella misma noche, el Regente, infante don Antonio, recibió la orden de Murat de que abandonase Madrid y se dirigiera a Francia para entrevistarse con Napoleón.

Sin despedirse de sus ministros, y no queriendo llamar la atención si viajaba en un coche de la Casa Real, tomó un coche de la duquesa viuda de Osuna, y abandonó el palacio dejando solamente una carta que resulta a la vez pintoresca y cínica, en la que, dirigiéndose al ministro de Marina don Francisco Gil y Lemus, como vocal más antiguo de la Junta de Gobierno, le dice estas palabras, que nos ha conservado la Historia:

«Al Señor Gil: A la Junta, para su gobierno, la pongo en noticia cómo me he marchado a Bayona, de orden del Rey; y digo a dicha Junta que ella sigue en los mismos términos como si yo estuviere en ella. Dios nos la dé buena. Adiós, señores, hasta el valle de Josafat. Antonio Pascual.»

A partir de ese momento cayó sobre Madrid un lúgubre silencio, solamente roto por los cascos de la caballería francesa que se iba adentrando en la villa, y el redoble de las botas de la infantería, que abandonando sus cantones de los alrededores venía alojarse en cuantos conventos y palacios había en la capital.

Un hambre atroz se adueñó de Madrid, al disminuir los suministros de carnes, hortalizas y trigo, que los vendedores de los pueblos ya no traían porque les eran requisados en su origen estos productos para mantenimiento de las tropas francesas de ocupación.

Esto duró hasta el mes de agosto de 1809, en que los franceses, derrotados en Bailén, se retiraron de Madrid, entrando la columna española mandada por don Pedro González de Llanos; pero poco después volvieron los franceses, rehechos, y permanecieron otra vez en Madrid hasta el 28 de mayo de 1813, en que se retiraron definitivamente derrotados.

Los restos de Daoíz y Velarde fueron exhumados de su secreta sepultura del templo parroquial de San Martín el día 1 de mayo de 1814 y al día siguiente, justo a los seis años de sus gloriosas muertes, fueron trasladados a la Real Iglesia de San Isidro.

Para conmemorar la gesta y el sacrificio del heroico pueblo de Madrid la Regencia y Junta de Gobierno, que se habían refugiado en Cádiz, aprobaron que el día 2 de mayo de 1810 se celebrase una fiesta en memoria del alzamiento madrileño y en homenaje a sus héroes.

Esta fiesta, que había sido dispuesta sólo para aquel año, causó tal efecto patriótico que se pensó en hacer de ella una Fiesta Nacional perpetua. Para ello, don José Aznares, diputado en las Cortes de Cádiz, y que era abogado del Ilustre Colegio de Madrid, presentó un proyecto de ley el día 2 de mayo de 1811, para la creación del Día de la Independencia, que se celebraría cada año el 2 de mayo. A petición del también diputado don José Pérez de Castro, se hizo constar en dicha Ley la heroica lucha del vecindario de Madrid, iniciador de la guerra por la independencia patria, y que se pusieran los nombres dc Daoíz y Velarde en el Salón de Sesiones de las Cortes, para que estuvieran siempre presentes como ejemplo ante los ojos de los diputados.

En Granada la fiesta en honor de Daoíz y Velarde fue unida a la fiesta de Santa Bárbara, patrona de Artillería, en el año de 1813, y según leemos en el *Diario Crítico General*, número 149, correspondiente al martes, 21 de diciembre de 1813: «El Cuerpo de Artillería hizo la función de su patrona Santa Bárbara, y en honor de los inmortales Daoíz y Velarde, sus beneméritos individuos, se puso la siguiente

DÉCIMA

Viva el Cuerpo que el primero
por la boca de un cañón
le dixo a Napoleón

obedecerte no quiero;
pues ese incendio guerrero
que por todas partes arde
y aterra al Corso cobarde,
todo es efecto del rayo
disparado en dos de mayo
por Daoíz y Velarde.

Terminada la Guerra de la Independencia y vuelto a España Fernando VII, el 27 de octubre de 1815 firmó una Real Orden por la que se creaba una Medalla de Oro a las Víctimas del Dos de Mayo, y se concedían ciertas mercedes a los hijos, viudas y parientes más cercanos de los que murieron en los heroicos combates de aquel día. Por su curiosidad, transcribimos completa dicha Real Orden:

«Enterado el Rey de lo expuesto por el Ayuntamiento de esta heroica villa, fecha de 11 del corriente, en consecuencia de la Real Orden de 30 de abril de este año de 1815, para que se propusieran los auxilios que necesitasen los hijos de ambos sexos, viudas y parientes más cercanos de las ilustres víctimas del Dos de Mayo, se ha servido S. M. aprobar con satisfacción lo siguiente:

»A todos los referidos, sin excepción, una Medalla de Oro pendiente de una cinta negra, con el lema bien inteligible: *Fernando VII a las víctimas del Dos de Mayo.*

»A las viudas, cuatro reales diarios por su vida, que serán satisfechos por el Ayuntamiento los correspondientes, y los restantes por justa proporción de los fondos de Cruzada, Expolios y Penas de Cámara de los Tribunales.

»Los parientes varones que tienen oficio, si su aptitud lo permite, sean admitidos en los obradores de la Real Cámara en sus respectivas profesiones.

»Los jóvenes en estado de tomar oficio, sean destinados para su enseñanza a los obradores públicos, invitándose a los maestros respectivos, a quienes se extenderá el uso de la Medalla, correspondiendo a la invitación; y que cuando aquéllos sean examinados y titulados, no adeuden derecho ni servicio alguno, entrando en seguida a disfrutar la gracia que los anteriores. Y los niños y párvulos sean encomendados especialmente en las escuelas gratuitas, hasta que su edad permita darles el destino indicado.

»Las jóvenes que no estén premiadas ya con dotes, sean preferidas en la asignación de número que se haga para la sucesiva extracción de la Lotería Primitiva, y gocen del premio señalado a cada una cuando le toque la suerte.

»A los pobres sirvientes y jornaleros del campo la asignación de dos reales diarios sobre los fondos referidos, con derecho en caso de inutilidad por vejez, a plaza en los establecimientos dedicados a este objeto.

»Los peones de albañil y mendigos serán considerados como los jornaleros, y se les ocupará siempre en las obras Reales y Públicas.

»A los varones jóvenes, jornaleros, sirvientes, peones y mendigos enfermos se les destinará una sala en los hospitales General y de la Pasión, en donde estén bien cuidados.

»Los que por idoneidad o particulares circunstancias merecieren otra consideración, serán colocados en primera ocasión en las oficinas de los Ayuntamientos u otras semejantes.

»Y los nombres de las víctimas conocidas se inscribirán en una lápida en la Real Iglesia de San Isidro, donde estarán sus restos, para perpetua memoria de su sacrificio heroico.

»A cuyo fin es la voluntad de S. M. que el Ayuntamiento remita nota de las expresadas doncellas, como igualmente de las viudas y huérfanos a quienes se asignan pensiones.»

Solamente a medias se cumplió aquella Real Orden. El Ayuntamiento, falto de recursos, no efectuó el pago de las pensiones a todos los que tenían derecho. Y el traslado de los restos de las víctimas del Dos de Mayo a la Real Iglesia de San Isidro tampoco se llevó a efecto. En los Jerónimos se rodeó con una tapia y verja sencilla el lugar donde estaban enterrados los cadáveres de los fusilados en el Prado. Éste se llamó el «Campo Santo de los Jerónimos». Pero como el tiempo hace que todo se olvide, pasadas ya tres generaciones, la gente dejó de visitar aquel camposanto, olvidados ya los nombres de los bisabuelos héroes. Un día, a principios del siglo XX, se celebró una Exposición Industrial en el Campo Grande, y el pequeño recinto del camposanto, sin sacar los huesos o cenizas de aquellos héroes, fue asfaltado ¡para convertirlo en una pista de patinaje!

También se hizo un pequeño camposanto en la Florida, donde estaban enterrados los madrileños fusilados la noche del 2 al 3 de mayo en los terrenos de la Casona del Príncipe Pío de Saboya, fusilamientos que fueron plasmados en un famosísimo cuadro por el genial pintor don Francisco de Goya.

En realidad, el único recuerdo que persiste de aquellos hombres y mujeres es el de unos pocos nombres que se pusieron a las calles edificadas alrededor de lo que fuera el Parque de Artillería de Monteleón; así, los nombres de Daoíz, Velarde, Ruiz, y el de la heroína de Madrid, aquella mujer patriota y valiente, que se llamó Manuela Malasaña, para que no faltase el sexo femenino en la página más bizarra de la historia de la Villa de Madrid.

LUIS CANDELAS, EL BANDIDO DE MADRID

Entre los personajes que se movieron en el deslumbrante escenario del Romanticismo madrileño, allá por los años de 1830, quizá
ninguno fue tan romántico y tan novelesco, aureolado por la admiración popular, y secretamente deseado por todas las mujeres,
como lo fue Luis Candelas, el bandido de Madrid.

Hasta entonces los bandoleros que se habían hecho famosos
procedían de las regiones periféricas de España: catalanes como
Roque Ginart y don Juan de Serrallonga, vascos como el fraile
renegado fray Antonio de Legama, andaluces como Diego Corrientes, Juan Caballero, *el Tempranillo*, gallegos, muchos, y hasta un
criollo hispanoamericano, español de las provincias de Ultramar,
Pablo Arosa. Lo que no había habido era un bandolero madrileño.

Luis Candelas nació en el barrio del Avapiés, como entonces se
llamaba el que hoy denominamos Lavapiés, en la calle del Calvario,
que todavía hoy existe, barrio de majas y chisperos y centro del
casticismo desde el siglo XVIII hasta más que mediado el XIX. Nació
en el año de 1806, y cuando la comadre o comadrona que asistió
el parto examinó al niño para ver si estaba bien formado, descubrió
que en la lengua, por debajo de la punta, tenía una cruz de San
Andrés, o sea un aspa, señal que en aquel tiempo se interpretaba
como que el niño llegaría a ser un santo o un malvado. Como pudo
verse después, llegó a ser lo segundo.

El padre era carpintero ebanista, y lo ganaba tan bien que a
poco de nacer el niño se trasladó la familia a vivir en casa propia,
amplia, donde podían tener además de la vivienda el taller de eba-
nistería, en la Cuesta de los Yeseros, junto a la Travesía de las

Vistillas, lugar muy propio para tal negocio pues la aristocracia y la burguesía acudían a la vecina iglesia de San Francisco el Grande y, aprovechando el paseo, podían ver los hermosos muebles de caoba, traída de Cuba, que el señor Esteban Candelas fabricaba.

El niño fue educado e instruido lo mejor que en aquel tiempo se podía. Aprendió a leer y escribir, algo de latín, hermosísima caligrafía, dibujo, y un arte que en aquellos años estaba de moda entre los hombres, el bordado. Además, cuando tuvo diez años, ya bajaba al taller para aprender algo del oficio artesano de su padre, aunque no demasiado, pues el padre no quería hacer de él un ebanista, sino un abogado o un médico; para eso había dinero en la casa, no sólo las ganancias del taller, sino la dote que la esposa de Esteban había llevado al matrimonio, que era bastante sustanciosa.

Poco tardó Luis en dar las primeras señales de su predestinación a la delincuencia. A los trece años, ya un muchacho espigado, se unió a un grupo de chicos de su edad que participaban en las famosas «pedreas» que por entonces se acostumbraban. Ésta era una costumbre bárbara, quizás heredada de la Edad Media, en que los niños debían curtirse en el aprendizaje de la guerra. Ello es que en Madrid existían tradicionalmente «bandos», compuestos de quince o veinte muchachos en cada barrio, y estos «bandos» se desafiaban para luchar a pedradas en los lugares de las afueras. Eran verdaderas batallas, de las que la mitad volvían descalabrados, pero contentos de sus hazañas. Estas pedreas solían ser cada tres o cuatro semanas, cuando ya las descalabraduras habían curado y se había olvidado el dolor de ellas.

Sin embargo, Luis Candelas no se dio por satisfecho con estas pedreas, en las que lo bueno o lo malo, la victoria haciendo huir al bando enemigo, o la derrota siendo perseguido por éste, eran cosa colectiva. Luis Candelas aspiraba a hazañas individuales, y así, apenas cumplidos los catorce años, al enfrentarse el bando de las Vistillas con el del Portillo de Embajadores, su tradicional rival, en el llano de la Ronda de Toledo, donde hoy está la fábrica del gas, antes de que se lanzase por uno u otro bando la primera piedra, se adelantó Luis Candelas y, dirigiéndose al jefe de los del Portillo, le desafió a una pelea singular, a navaja. Este otro jefecillo, también de catorce años, se llamaba Francisco Villena, hijo de un sastre de la calle Huerta del Bayo, por lo que al muchacho le llamaban paco *el Sastre*, apodo con el que ha pasado a la historia de la delincuencia madrileña, pues fue también peligroso ladrón y criminal años después.

Tras aquella pelea ambos se hicieron amigos y formaron una banda juntos, en la que incluyeron a Mariano Balseiro, de familia rica pero de inclinación a la aventura y al robo, los hermanos Cusó,

Ramón y Antonio, y Leandro Postigo. Esta banda juvenil comenzó a cometer robos organizados, planeados, de tal modo que nunca fueron sorprendidos por entonces. Duró esta etapa hasta que Luis tuvo dieciocho años, o sea hasta 1824, en que su padre, viendo que no podía abrigar esperanzas de que estudiase para abogado, pero teniendo ya el muchacho una buena instrucción para un empleo, le hizo examinarse para funcionario de Contribuciones, y habiendo aprobado fácilmente el examen, fue destinado al Resguardo en Madrid, donde en poco tiempo ascendió a jefe de una sección, en la que tenía a sus órdenes a siete hombres del cuerpo de Vigilantes del Resguardo, encargados de investigar y perseguir en la capital el alijo y venta de sedas y tabaco de contrabando.

Luis Candelas, a pesar de que su padre se relacionaba con las clases más pudientes y vivía en la vecindad de San Francisco el Grande y el Palacio Real, se inclinaba más hacia los sectores sociales antiabsolutistas, y en esta época se convirtió en un liberal activo, tanto que utilizando a sus empleados del Resguardo, montó por su cuenta un servicio de investigación para tener a los liberales informados de los pasos de los más señalados dirigentes del partido absolutista. Era la época de la clandestinidad de los liberales, después de la ejecución del general Riego.

Por esta misma época, Luis se echa una novia, peinadora de oficio, que vivía en San Ginés. Sin embargo, el noviazgo con esta chica, que se llamaba Consuelo, duró poco. Luis no iba para la vida de matrimonio sino para aventurero, y además andaba metido en una triple vida: la de empleado del Resguardo, la de activista liberal y la de ladrón, que seguía ejerciendo cada vez con más audacia y mayor fortuna.

En 1826, cuando acaba de cumplir veinte años, alguien le denuncia como liberal, y es destinado a La Coruña. Pasa unos meses allí y le destinan a Alicante, y meses después a Santander.

Es en Santander donde se va a iniciar su perdición, y ello por una mujer, como suele ocurrir y como dice la copla:

> *Una mujer fue la causa*
> *de mi perdición primera.*

En Santander se ha enamorado de una dama de la alta sociedad, casada, con la que llega a tener relaciones. Cierto día ella rompe con él enviándole una carta con una criada, y Luis, que quiere al menos una explicación del porqué de la ruptura, la espera a la salida de la misa de doce en la catedral. Discuten, ella le insulta, y Luis, furioso, la abofetea en presencia del público que en las gradas del templo se ha detenido ante tan insólita ocurrencia.

Luis huye, y sabiendo que será encarcelado por el escándalo, y acosado por el marido ofendido, abandona Santander, embarcando en un carguero que se dirige a Portugal.

En Lisboa comete algunos robos, pero el país no le agrada y pronto pasa clandestinamente la frontera por Salamanca, y se vuelve a Madrid.

En 1827, con veintiún años, habiendo engañado a su padre haciéndole creer que huyó de Santander por sus ideas políticas y que en Lisboa ha vivido de la ayuda de los exiliados liberales, consigue llevar una vida cómoda, a expensas de su padre.

Comete algunos robos en unión de sus amigos Paco *el Sastre*, Balseiro y los hermanos Cusó, curiosamente todos ellos de familias acomodadas, pues si Mariano Balseiro ya hemos dicho que era de gente rica, el padre de Paco *el Sastre* no lo pasaba mal, y los Cusó eran hijos de un fabricante de instrumentos de música que suministraba a las bandas militares.

La madre de Luis Candelas, que a pesar de todo, con el instinto que poseen las madres, adivinaba que su hijo andaba en malos pasos, intentó apartarle de tales compañías, y al efecto consiguió casarle con una muchacha llamada Micaela Sánchez, hija de unos ricos labradores zamoranos que se encontraban temporalmente en Madrid, tramitando un pleito de intereses.

La madre de Luis, reventando de felicidad, organizó la boda por todo lo alto. Altar adornado con flores y misa con música en la iglesia de San Cayetano, y comilona con cien invitados, y baile. En el barrio no se había visto una boda de tanto rumbo.

Terminada la boda, los recién casados se marchan a Zamora, a la finca de los padres de Micaela. Allí permanece Luis unos meses de luna de miel, pero echa de menos su Madrid y, pretextando unos asuntos, regresa a la Villa y Corte. Anda otra vez con sus amigos, y el 18 de setiembre es detenido por primera vez. Le llevan a la cárcel de Saladero, que estaba en la plaza de Santa Bárbara. Era una cárcel vieja, instalada en los locales que en el siglo XVII habían sido saladero de carnes, y que en el XVIII se convirtieron en prisión.

Al entrar Luis Candelas se le hizo la ficha carcelaria, en la que consta que tenía «Estatura regular, pelo negro, cejas al pelo, nariz regular, boca grande y mandíbula prominente». Se le clasificó, por sus actividades delictivas comprobadas, como «tomador del dos y espadista». Tomador del dos significaba ladrón experto en robar carteras y relojes de bolsillo, sin que se apercibiera el dueño de que le estaban robando. Esta habilidad, para la que por otra parte había que tener disposiciones naturales, se aprendía o se perfeccionaba en la taberna de un ladrón retirado, apodado el *Traganiños*, que tenía junto al negocio del vino una escuela de perfeccionamiento oculta en la bodega del establecimiento. Había allí

un maniquí o muñeco de tamaño natural de hombre y otro de
mujer, vestidos con ropas normales, tanto interiores como exteriores. Estos maniquíes tenían cosidas en diversos lugares, hombros,
caderas, mangas, cuello, vientre y espalda, unas sonajas o cascabeles, de tal modo que con un ligero movimiento se ponían a sonar.
El aprendiz de «tomador del dos» tenía que sacar del bolsillo más
recóndito del muñeco masculino la cartera o la saponeta de oro,
sin que sonasen los cascabeles, lo que requería una suavidad y lim-
pieza extraordinarias. Y lo mismo quitarle al muñeco femenino el
«ridículo» o bolsillo reticular, de red o malla de oro o de plata en
que las señoras guardaban, junto a la minúscula polvera y el fras-
quito de sales, las joyas de más valor, para ponérselas solamente
cuando llegasen a la fiesta o al baile. Este «ridículo» o «redículo»,
como también se le llamaba, solían meterlo en el manguito, y aun
a veces en un pliegue o bolsillo oculto bajo el enorme lazo del
cinturón, sobre la cadera.

El «tomador del dos» que conseguía extraer aquellos objetos
sin que sonasen los cascabeles ya estaba seguro de poder robar
impunemente, sin que las víctimas pudieran percatarse de la suavidad de sus manipulaciones.

«Espadista» se llamaba el ladrón que, manejando la «espada»,
esto es la ganzúa o llave maestra, podía abrir las casas para entrar
a robar cuando los dueños se encontraban ausentes.

El «tomador del dos» y el «espadista» pocas veces se reunían
en una misma persona, pero Luis Candelas consiguió ser un maestro en ambas artes punibles. Se le juzgó, y habiéndosele probado
numerosos robos, aunque ninguno de importancia, se le condenó a
cuatro años, pero a los pocos días de la sentencia consiguió escapar
del Saladero, antes de que le trasladasen a otra prisión más segura. Ésta del Saladero tenía fama de que era fácil huir de ella. Así
lo decía una copla:

> Yo no sé qué tiene
> este Saladero
> que se van los ratas
> por los agujeros.

y pasados unos años, Felipe Pérez y González, autor de la letra de
la zarzuela *La Gran Vía*, a la que pusieron música Chueca y Qui-
nito Valverde, la arregló así:

> Yo no sé qué tiene
> esta ratonera,
> que escapan los ratas
> de cualquier manera.

Ya este quebrantamiento de prisión convertía a Luis Candelas en un fugitivo, perseguido y acosado por la Justicia.

Desde su fuga, los dos años siguientes, 1828 y 1829, transcurren en diversos lugares, fuera de Madrid, y cuando entra en la Villa se esconde en los barrios más bajos. Asalta repetidamente las recuas de transporte que conducen a Madrid mercancías para el comercio procedentes de Valencia y de Andalucía. En aquella época, en que no había ferrocarril, el transporte de objetos voluminosos se hacía en carros llamados galeras, pero las mercancías poco voluminosas y de más precio se llevaban en fardos envueltos en lienzo encerado (para protegerlas de la lluvia si caía), a lomos de mulas, formando largas recuas conducidas por arrieros.

Luis Candelas, con la partida integrada por sus amigos, lleva a cabo numerosos asaltos a estas recuas, dejando a los arrieros atados a los árboles del camino, y se lleva las caballerías y el cargamento, para venderlo a intermediarios que después lo distribuían en Portugal, Aragón o Castilla la Vieja, o lo introducirían clandestinamente en Madrid.

Ya empieza a sonar el nombre de Luis Candelas en la Villa y Corte como el de un peligroso bandolero o salteador de caminos. Las empresas de transporte, entre ellas la de Pedro Lacambra, el dueño de las mejores recuas de mulos que viajan desde Andalucía a Madrid por Córdoba, Sierra Morena y Ciudad Real, se alarman, y el comercio de Madrid también. Se presenta al Gobierno una petición de que se intensifique la busca y captura de los bandoleros, y el Gobierno vuelve a poner en vigencia la Real Orden de 30 de marzo de 1818, que al cabo de diez u once años había caído en desuso, por la que «se designe el premio de una onza de oro por cada ladrón que se aprehenda», «como igualmente las recompensas que se dieren a los confidentes por los comandantes de las partidas de Escopeteros». Con esta Real Orden nuevamente en vigor, las autoridades madrileñas destacan numerosas patrullas de Escopeteros Reales, tropa de Caballería especializada en pesquisas rurales, y que puede considerarse un antecedente de la Guardia Civil.

Una de estas patrullas se encuentra con la partida de Luis Candelas, sorprendiendo a los bandoleros cuando descansaban a la orilla de un arroyo en las proximidades de Tarancón. Sus compañeros huyen, pero Luis Candelas cae al tropezarle el caballo, y es aprehendido.

Con corteses palabras pide al comandante que le permita ir en su caballo porque se ha lastido una pierna y no puede caminar. Pero el comandante, desconfiando de que intente huir, le proporciona una mula vieja de una finca de Tarancón y, montado en ella y rodeado de jinetes armados, es conducido a Madrid.

La Real Audiencia le juzga pasados apenas unos días. A los delitos que ahora se le imputan y que aparecen probados, asaltos a galeras, recuas y diligencias, asaltos armados a fincas, robos en la ciudad, se le une el delito de quebrantamiento de prisión, por haberse escapado del Saladero. Se le condena a trabajos forzados en el presidio del Peñón de Alhucemas, por veinte años.

La conducción de presos en que se le incluye sale de Madrid a finales del mes de noviembre del año 1829. Los presidiarios van maneados con esposas, y todos ellos unidos entre sí por una larga cadena que los afianza en hilera. Así recorren a pie el camino hasta Alicante, donde han de embarcar para Marruecos.

Al llegar a Alicante los alojan, por falta de prisión, en unas cuadras de la Casa de Postas. Pero, por la noche, Luis Candelas con el pincho de la hebilla del cinturón se ha hecho una ganzúa y, como hábil espadista, se abre el candado de las esposas, y prende fuego a la paja de las cuadras. Los guardianes tienen que sacar a los presos para que no se achicharren vivos, y aprovechando la oscuridad y el tumulto Luis Candelas consigue huir y se pierde en la noche hacia Valencia, llevándose consigo el dinero de la Caja de la Posta y la pistola del jefe de la conducción.

Por el camino se encuentra con un viejecillo que lleva un burro tan viejo como él, cargado con dos serones, uno de dátiles y otro de higos secos. Empiezan a hablar y Luis Candelas le pregunta cómo va viviendo.

—Ya lo ve usted, amigo; viviendo malamente porque para la venta ambulante, que es mi negocio, este borriquillo no da mucho de sí; está viejo y anda despacio, y así poca clientela podemos visitar en el día. El pobre animal ya está muy trabajado, y lo que está deseando es que le alivien sus fatigas, y que lo saquen de este mundo.

Entonces Luis Candelas, sacando la pistola que llevaba escondida en la faja, le descerrajó un tiro a bocajarro al burro, junto a la oreja, que le hizo caer muerto como herido del rayo.

—¿Qué ha hecho usted, por Dios? Ésta es mi ruina. Este animal era lo único que tenía en el mundo. ¿Cómo podré vender ahora si no tengo bestia que lo cargue? —Y el viejo se echó a llorar con desconsuelo al lado del borriquillo muerto.

—No se preocupe usted, hombre, ni se aflija. Al burro lo hemos mandado a descansar de sus fatigas, como usted dijo. Y aquí tiene usted dinero para comprarse no un burro, sino cien burros mejores que ése.

Y diciendo esto le entregó al viejo una moneda de oro de las grandes, llamadas «peluconas», y cuatro duros de plata relucientes.

Se separó Luis Candelas del viejo, y llegando a un pueblo compró un caballo, que pagó con una moneda de oro también. No había hecho más que abandonar el pueblo, cuando, saliendo de una vereda al camino por donde él iba, le rodearon seis individuos con ánimo de robarle.

No se intimidó Luis Candelas, sino que, cuando se acercó a él el jefe de la cuadrilla para cogerle la bolsa del dinero, Luis le puso el cañón de la pistola en la frente y dijo:

—Si hacéis un solo movimiento sospechoso le vuelo la cabeza a vuestro jefe. Echad vuestras armas al suelo.

Obedecieron los bandidos y les mandó que se alejaran unos pasos para evitar que pudieran coger nuevamente las armas que habían arrojado.

Entonces Luis Candelas les habló y les dijo quién era, y cómo había escapado de la cuerda de presidiarios en que le llevaban a Alhucemas. Los bandidos, que ya habían tenido alguna noticia del suceso y que conocían el nombre de Luis Candelas, le ofrecieron que se convirtiera en su capitán, y el propio jefe de la cuadrilla aceptó pasar a ser el segundo de tan valiente bandolero.

Sin embargo, Luis Candelas había hecho ya el propósito de no ser ya más salteador de caminos, sino que pensaba dedicarse a robar solamente en la Corte, donde se encontraba más seguro. Así que se despidió de los bandidos en las proximidades de Almansa y siguió hacia Madrid.

Al llegar a la capital se encontró con la noticia de que su madre acababa de morir pocos días antes. La pobre mujer, pensando en que su hijo podía volver al buen camino si disponía de medios para ello, le había dejado en herencia la importante cantidad de 62.000 reales. Si tenemos en cuenta que en aquellos años el jornal de un obrero no pasaba de seis reales, se entenderá que los 62.000 de la herencia significaban una fortuna.

Se apresuró Luis Candelas a comprarse una casa en la calle Tudescos, y provisto de buenas ropas se instaló en ella como un joven caballero bajo el nombre falso de don Luis Álvarez Cobos, aunque entre sus relaciones fuera del barrio también usaba el de don Luis Lucio Cajigal.

Todavía le sobró algún dinero para poner una taberna en un local pequeño alquilado, en la calle Leones, junto a la de Jacometrezzo (una de las callejuelas que se derribaron para construir la Gran Vía a fines del siglo XIX). Esta taberna le permitiría cambiar su indumentaria de caballero por los más distintos disfraces, y además reunir en ella a sus compañeros de cuadrilla sin llamar la atención, como ocurriría si iban a su casa.

Inmediatamente empezó Luis Candelas a frecuentar los lugares donde se reunía la gente más elegante de Madrid, y en donde podía averiguar datos que le permitieran cometer robos de poco riesgo

y mucha ganancia. Así empezó a vérsele por el Café de la Fontana
de Oro y por el Café de Lorenzini, que estaban en la Puerta del
Sol. El de la Fontana de Oro era el punto de reunión de los primeros escritores románticos y de los últimos partidarios de don
Rafael Riego. Entre estos políticos se contaba el joven y elocuente
liberal Salustiano Olózaga. A éste no intentó jamás robarle, porque
Luis Candelas era de ideas liberales, como ya lo había demostrado
anteriormente.

Sí en cambio utilizó su relación amistosa adquirida en el café
de Lorenzini con el Oidor de la Real Audiencia, don Pedro Alcántara Villalcico, a quien, con suma habilidad, le robó el reloj de
plata. Inmediatamente se fue Candelas a casa del Oidor, y ense-
ñándoselo a la esposa de Villalcico le dijo:

—Señora, mi amigo don Pedro me ha rogado que viniera a
traerle a usted su reloj de plata porque se le ha estropeado, y que
se sirva usted darme el de oro, porque necesita saber la hora pun-
tual para varios asunto urgente que tiene hoy.

La señora, en efecto, le entregó el reloj de oro, valiosísimo, que
en una conversación anterior había averiguado que poseía el Oidor.
Una vez tuvo en su poder el reloj, le dijo a la señora:

—Si le parece a usted, no tengo inconveniente en llevar el reloj
de plata a que lo arregle mi relojero, que es muy de confianza.

La señora le devolvió el reloj de plata, y Luis Candelas se llevó
las dos joyas, con gran desesperación del Oidor cuando llegó a su
casa y supo lo ocurrido.

La relación entre Luis Candelas y Salustiano Olózaga fue bastante amistosa. Tanto que ambos salían a pasear con dos muchachas, María Alicia, que fue amante de Olózaga y después de Luis
Candelas, y Lolita Quiroga, que viendo que Olózaga iba a distraerse
pero no a casarse con ella, sufrió tal desengaño que se metió a
monja. Ésta fue, años más tarde, la célebre sor Patrocinio, «la monja de las llagas».

En noviembre de 1835, Luis Candelas va a Valencia acompa-
ñando a María Alicia para un asunto familiar de ella. Hacen el
viaje en una diligencia. Mientras María Alicia arregla sus asuntos
familiares, Luis Candelas visita una joyería especializada en el
ramo de las perlas, y pide que le enseñen las mejores que tengan.
Aprovechando un ligero descuido del joyero coge la perla más
valiosa de todas y, valiéndose de un pegote de brea que lleva escon-
dido, adhiere la perla a la parte inferior de la mesa mostrador.
Cuando se marcha, el joyero advierte la falta y le hace volver. Luis
Candelas finge indignarse porque se dude de él y exige al joyero
que saque el muestrario y recuente las perlas delante de él. Con
gran habilidad, despega la perla y vuelve a ponerla en el muestrario, de tal modo que el joyero, al contarlas, encuentra que están

todas, y pide mil disculpas a Luis Candelas. Ya relajada la conversación, Luis Candelas vuelve a escamotear la perla, que se lleva definitivamente, mientras el joyero le despide con mil cortesías en la puerta del establecimiento, esperando que vuelva a la tarde acompañado de su mujer para que ella sea quien elija la que van a comprar.

En diciembre de 1835, funda Luis Candelas una sociedad. Se entiende que era una «sociedad» para cometer robos. Estas «sociedades» fueron frecuentes, y en ellas ponía dinero gente acomodada y de pocos escrúpulos, que invertían para obtener unos buenos dividendos. La sociedad de Luis Candelas encontró pronto financieros para costear caballos, armas y una red de información. En esta red había numerosos jóvenes de familias ricas, que, acosados por los prestamistas a quienes pedían dinero para costear sus vicios, tenían necesidad de más dinero para pagar las deudas, o para rescatar joyas familiares depositadas en manos de usureros. Jóvenes crapulosos, jugadores, desesperados, que para recuperar un collar de su madre, sustraído en su casa para pagar una francachela o una partida de naipes, estaban dispuestos a facilitar cualquier información sobre entradas y salidas de palacio de sus amistades, y acaso de su propia familia.

Luis Candelas, nombrado por los propios ladrones y por los inversores jefe absoluto de la banda, organizó en el año 1836 algunos robos que fueron célebres en toda España. Uno de ellos, en la calle Preciados, número 57, en la casa del sacerdote don Juan Bautista Tárrega, quien tenía guardados 40.000 duros de la Iglesia por el pago de una finca.

Otro suceso que conmovió a la opinión pública fue un secuestro, efectuado en las afueras de Madrid, al sorprender los bandidos un coche de caballos en el que viajaba un acaudalado propietario. Mantuvieron a la esposa y la hija debajo del puente del Arroyo del Torero, en la carretera de Getafe, próximo al Puente de Toledo, mientras que el rico hacendado, en su propio coche, hubo de ir a su casa, entregar a Luis Candelas una fuerte suma y regresar, siempre amenazado por una pistola que Luis Candelas llevaba oculta bajo la capa, y apoyado el cañón en el costado de su acompañante. Una vez en el Arroyo del Torero, montaron en el coche los bandidos, y en vez de dirigirse hacia Madrid se alejaron hasta más allá de Getafe, dejando en el camino al hacendado con su esposa y su hija, mientras que los bandidos se llevaban el lujoso coche y sus caballos, que más tarde venderían en Portugal.

Otro robo que conmovió a Madrid por sus circunstancias sacrílegas fue el que Luis Candelas perpetró en la calle Postas en una tienda de efectos religiosos, frente a la Posada del Peine. Era éste el comercio más surtido de Madrid en artículos de elevado precio, principalmente tiras bordadas de oro para ornamentos sagrados, seda y terciopelo para vestiduras de imágenes, cordonería de oro y de plata, encajes...

Los bandidos vistieron de obispo a un bobo al que aleccionaron para que no hablase y Luis Candelas, haciéndose pasar por el secretario de Su Ilustrísima, y otros dos vestidos también de sacerdotes, entraron en la tienda, dejando a la puerta el coche de caballos que llevaba pintado en la portezuela el escudo episcopal. Al señor obispo, que venía muy cansado del viaje, le sentaron en un sillón en un rincón en penumbra para que descabezase un sueñecito, mietras el secretario y uno de los sacerdotes hacían las compras. Cargaron en el coche piezas de seda para casullas, piezas de terciopelo de Lyon, pasamanería de oro y de plata, todo ello en grandes cantidades, que representaban una cuantiosa cifra en duros. Cuando terminaron de cargar el coche partieron al galope de los caballos, dejando en la tienda al obispo, que dormía beatíficamente, y que cuando el comerciante le despertó no supo explicar nada sino que le habían vestido así para divertirse con el disfraz.

Sucesivamente, y siempre obteniendo copiosos dividendos para los accionistas de la sociedad y para los miembros activos de ella, cometieron un robo en la espartería más importante de Madrid, en la calle Segovia, número 10, que importó ocho mil duros en dinero. Y como un alarde de habilidad y de cinismo, el más famoso de todos sus robos, el de casa del Oidor don Pedro Alcántara Villalcico, a quien antes Luis Candelas había robado los relojes de plata y de oro, y que en esta segunda operación perdió todos los caudales de la venta de una finca de su mujer, y toda la plata, ropas y objetos de valor que había en la casa. Veamos cómo fue este robo.

Sabedor Luis Candelas de que el señor Alcántara Villalcico era aficionado a los pájaros de canto, se disfrazó de pajarero, con ropas de pobre, y con una peluca de greñas canosas, y llevando un burro cargado con dos jaulones de pájaros llegó a la puerta de la casa del Oidor, pregonando su mercancía. Al asomarse el señor Villalcico para curiosear, empujado por su afición, Luis Candelas le dijo que traía un canario de excepcional canto, pero para oírlo había que separarle de los otros que traía en los jaulones. El Oidor se interesó, y entonces Luis Candelas sacó el canario del jaulón, metiéndolo en una jaulita pequeña, y acompañado del Oidor entró en la casa. Inmediatamente, encañonando al Oidor y a su esposa con una pistola, los amarró y los tumbó boca abajo en el suelo amordazados. En seguida llegaron tres bandidos más que empezaron rápidamente a hacer hatillos con toda la plata de vajilla y cubiertos, cuadros, joyas, porcelanas, todas las ropas de vestir, que en aquel entonces, por la profusión de sedas naturales en las señoras y de cuellos y puños de terciopelo en los caballeros, valían una fortuna; las ropas de cama, mantelerías y, en fin, lo más valioso del rico ajuar de una familia bien acomodada. Descerrajando los armarios y bufetes encontraron varios talegos de monedas de oro, que eran el precio de una finca de la señora, que se acababa de vender en tierras de Salamanca.

Cuando lo tuvieron todo empaquetado, uno de los bandidos salió y volvió trayendo un carro de mulas que detuvo ante la puerta y entre los tres sacaron los fardos, los cargaron en el carro y se marcharon tranquilamente, dejando al matrimonio y la criada amordazados y atados en el suelo.

Pocos días después, Luis Candelas repite el golpe en la calle del Carmen, número 32, en casa de la modista de la reina, llamada doña Vicenta Mormín, quien tenía en su domicilio 35.000 reales en dinero, y más de 15.000 duros en sedas, plumas, encajes y vestidos ya confeccionados para la reina y personas principales de la Corte.

Estos dos golpes, uno contra un personaje de la Justicia y otro contra una persona allegada a la Real Casa, desataron una violentísima reacción policial. Madrid se encontró materialmente tomada por la policía y por tropas que registraban casas sospechosas y detenían a cuantos individuos pudieran parecer bandidos. Ante esta situación, Luis Candelas declaró la sociedad «en sueño», esto es, suspendidas sus actividades.

Cuando una de estas sociedades del crimen era declarada «en sueño», sus componentes activos seguían cobrando su sueldo aunque no trabajaban, pero con la condición de que no podían robar, para no llamar la atención, y no podían reunirse ni verse bajo ningún pretexto, y si faltando a esta ley se reunían o se visitaban eran declarados sospechosos de traición y ejecutados.

Luis Candelas, que por este tiempo tenía una amante llamada Clara, decidió llevársela fuera de Madrid y pasar una temporada ocultos lo más lejos posible, para lo que pensaron en la localidad de Gijón, donde Luis Candelas pensaba que sería imposible que le localizase la Justicia.

Emprendieron el viaje por separado para reunirse en Guadarrama. Pero allí el alcalde, al verlos juntos, cree que Clara es menor de edad y que Luis la ha seducido o raptado, y lo encierra. Afortunadamente, pasadas unas horas, Clara convenció al alcalde, y Luis Candelas fue puesto en libertad, continuando ambos el viaje a Valladolid.

Al llegar a esta ciudad, lo detienen. Hay dos versiones, la de don Antonio García del Canto, en su *Candelas y los bandidos de Madrid*, editado en 1866, quien dice que fue una mujer, enamorada de Luis Candelas y celosa de Clara, quien, al ver a ésta en Valladolid, supuso que Luis Candelas no andaba lejos y los denunció a la policía. La otra versión es la de José María Tavera en su obra

El libro de los bandoleros (Editorial Maucci, Barcelona, 1958), según la cual un soldado llamado Félix Martín reconoció a Luis Candelas y lo detuvo. Esto ocurría el 18 de julio de 1837.

Conducido a Madrid, ya no fue al Saladero sino a otra prisión más seria, la Cárcel de Corte, que estaba en el antiguo Palacio de Santa Cruz (hoy edificio destinado a albergar el Ministerio de Asuntos Exteriores). En esta época había dos cárceles para delincuentes peligrosos: la de Corte y otra que estaba en Atocha.

El sumario se va alargando desde el 29 de julio, en que se inicia, hasta finales de octubre. Se le acusa de veinticuatro delitos, entre los que se cuentan: asaltos a mano armada en caminos, como el robo de las Galeras y Diligencia a las propias puertas de Madrid en el lugar de San José de las Matas Altas, en donde ahora está la calle Delicias, esquina a Santa María de la Cabeza, asalto que estremeció a la Villa y Corte. El robo con escalo a la Lonja de Ginovés, que importó 13.000 reales. El asalto a la silla de postas en que viajaba nada menos que el embajador de Francia, monsieur Colencourt, y que costó al Gobierno español un incidente diplomático, y muchos más, junto con los que ya hemos enumerado en este relato.

Para colmo, el Gobierno es ahora de carácter antiliberal. Luis Candelas tiene noticias de que el Gobierno quiere dar al país la sensación de tranquilidad y de autoridad, y que por consiguiente la represión del bandolerismo será muy dura. Pocas esperanzas le quedan a Luis Candelas, quien sabe ya que será condenado a la horca.

En esta situación, el día 1 de noviembre, aprovechando que es fiesta, Día de Todos los Santos, Luis Candelas va a intentar la fuga de la Cárcel de Corte. No es ésta como el Saladero, por cuyos agujeros se escapaban los «ratas». Ahora hay que organizar una fuga más sofisticada. Sus compinches le han hecho llegar desde fuera de la prisión un paquete en el que se contiene una gorra de teniente coronel de Milicianos Nacionales, una capa, una pistola y un talego de monedas de oro. Con todo ello y siguiendo un plan muy elaborado, tiene casi segura la libertad.

Pero aquella noche llevan a su misma sala de la prisión a un jefe liberal que es a la vez su amigo: Salustiano Olózaga. Son días de conjuras políticas, de pronunciamientos, y también a los liberales se les viene la tormenta encima. Todavía no se han extinguido los ecos de los disparos del fusilamiento de Torrijos y sus compañeros, y ya casi se están cargando los fusiles que han de partir el corazón de don Diego León.

Cuando Luis Candelas abraza a Salustiano Olózaga, y sabe que éste teme que le fusilen, Luis Candelas tiene un arranque generoso:

—Salustiano, yo tengo arreglada la fuga, pero usted vale más que yo. Fúguese usted, y a mí que Dios me ampare.

Aquella noche, y siguiendo el plan que Luis Candelas había elaborado, el político liberal don Salustiano Olózaga, embozado en la capa y con la gorra de teniente coronel de Milicias encasquetada, salió por el corredor que desembocaba en el cuerpo de guardia, al zaguán de salida de la cárcel. Al llegar allí los guardias que no estaban de servicio jugaban a las cartas, mientras un centinela guardaba el portón.

Al aparecer Olózaga, abriéndose la capa mostró en una mano la pistola y en la otra el talego de oro, y. gritó estas palabras.

—Onzas o muerte reparto.

Y diciendo esto sacudió el talego, que derramó por el suelo todas sus monedas, que brillaron a la luz de las velas y sonaron con alegre retintín contra las losas. Los guardianes no lo dudaron, se arrojaron al suelo a recoger las monedas de oro, mientras Salustiago Olózaga pasaba tranquilamente el portón y salía a la plaza, donde le aguardaba un coche con el que se perdió en la oscuridad.

Ésta había sido la última oportunidad de Luis Candelas para salvarse. El día 3 de noviembre de 1937 se veía la causa en la Sala del Crimen de la Real Audiencia, y el tribunal sólo necesitó cuatro horas para dejar el juicio visto para sentencia.

Al día siguiente volvieron a llevarle a la Sala del Crimen de la Real Audiencia, y el secretario, en presencia del Tribunal, le leyó la sentencia:

—Condenado a la pena de muerte. ¿Tiene usted algo que decir?

Luis Candelas, con voz clara y firme, contestó:

—Aunque tarde, me parece muy acertada.

Vuelto a la prisión, inmediatamente se dispuso ponerle en capilla, en la celda número 1 del Departamento de Castilla, en los sótanos del edificio. Acompañado de dos guardianes y de dos hermanos de la Paz y Caridad, encargados de alentar a los reos en sus últimos momentos, bajó las escaleras, y en ellas vio que también bajaban a otro preso. Preguntó Luis Candelas a uno de los hermanos:

—¿Quién es ese pobre hombre que han bajado conmigo?

—Es otro condenado a muerte que ocupará en capilla la celda número 2.

—¿Podría usted decirme cómo se llama?

—Sí. Es un famoso torero. Se llama Manuel Lucas Blanco.

—¿Y por qué le han condenado a muerte?

—Porque ha matado a un miliciano nacional apodado *el Costillares.*

Comentó Luis Candelas con convicción:

—Si ese miliciano nacional se ha atrevido a usar como apodo el del famoso torero *Costillares*, se tiene bien merecido que Lucas Blanco le haya matado. Pobre Lucas.

Durante la noche los hermanos de Paz y Caridad insistieron repetidamente para que Luis Candelas solicitase el indulto, y por fin por la mañana consiguieron que escribiese una carta a la reina, cuyo texto es como sigue:

«Señora: Luis Candelas, condenado por ladrón á la pena capital por la audiencia territorial, á V. M., desde la capilla, acude reverentemente. Señora, no intentará contristar á V. M. con la historia de sus errores ni la descripción de su angustioso estado. Próximo á morir, solo implora la clemencia de V. M. á nombre de su augusta hija, á quien ha prestado servicios y por quien sacrificaria gustoso una vida que la inflexibilidad de la ley cree debida á la vindicta pública y á la espiación de sus errores. El que espone, es, señora, acaso el primero, en su clase, que no acude á V. M. con las manos ensangrentadas: su fatalidad le condujo á robar, pero no ha muerto, herido ni maltratado á nadie: el hijo no ha quedado huérfano ni viuda la esposa por su culpa. ¿Y es posible, señora, que haya de sufrir la misma pena que los que perpetran estos crímenes? Ha combatido, señora, por la causa de vuestra hija. ¿Y no le merecerá una mirada de consuelo? ¡Ah! señora, esa grandiosa prerogativa de ser árbitra en este momento de su vida, empleadla con el que ruega, próximo á morir. Si los servicios que prestaria si V. M. se dignase perdonarle, son de algún peso, creed, señora, que no los escaseará. Si esta esposición llega á vuestras manos, ¿será posible que no alcance gracia de quien tantas ha dispensado? A V. M., señora, con el ansia del que sabe á la hora que ha de morir, ruega encarecidamente que le indulte de la última pena, para pedir á Dios vea V. M. tranquilamente asentada á su augusta hija sobre el trono de sus mayores. Capilla de la cárcel de Córte á 4 de Noviembre de 1837 á las doce de la mañana.»

La reina-gobernadora, María Cristina, que ejercía el Poder Real, hubiera querido indultar a Luis Candelas, pero el gobierno se opuso, dados los antecedentes liberales del reo, y el haber éste facilitado la huida de Olózaga, a más de la afrenta que para la Justicia había supuesto el doble robo perpetrado por Luis Candelas en la casa de un magistrado, nada menos que un Oidor de la Real Audiencia. Así que no se otorgó el indulto, y siguieron su cúrso los preparativos para la ejecución.

Como en el año 1832 S. M. el Rey y los Señores del Consejo se habían servido dictar un Decreto por el que se abolió para siempre la ejecución en el suplicio de la horca, la sentencia dictada contra Luis Candelas especificaba que fuera ejecutado en «garrote vil».

Poco después escribió también Luis Candelas una carta dirigida a su esposa, en la que le expresaba su sentimiento por la conducta que había tenido, le pedía perdón y daba saludables consejos a su hijo, para que cuando fuera mayor no se viese en el miserable trance en que él se estaba viendo.

Permaneció todo el resto del día 5 en capilla, esperando que llegase el indulto, pero no llegó. A las siete de la mañana del día 6 de noviembre de 1837 le vistieron una «hopa» o túnica amarilla, y le montaron en un burro para llevarle al patíbulo «por las calles ordinarias», según rezaba la sentencia.

Salió, pues, de la Cárcel de Corte, que, como hemos dicho, estaba en la plaza de la Provincia, en el edificio que había sido Palacio de Santa Cruz y hoy es Ministerio de Asuntos Exteriores, y por la calle de la Lechuga se dirigió la comitiva a la calle de Toledo, para bajar por ella a la plaza de la Cebada. Delante iba el pregonero, que de trecho en trecho se detenía y, tras imponer silencio con un toque largo de su cornetilla, leía en voz alta el pregón, anunciando la sentencia de muerte, y conminando al vecindario a que nadie se atreviera ni osase alzar voz en favor del reo. Luis Candelas, caballero en su burro, llevando un crucifijo en las manos, iba escoltado por cuatro alguaciles, pero para mayor seguridad le acompañaba una compañía de soldados. También iban los hermanos de Paz y Caridad con un pendón negro.

Al llegar a la fuentecilla que había frente al Colegio de los Estudios de San Isidro, Luis Candelas pidió a uno de los hermanos que le diese un poco de agua, y le acercaron un vaso, que bebió ávidamente.

Un inmenso gentío se había congregado para presenciar el paso del reo y el dramático espectáculo de su muerte. Las ejecuciones en el Madrid del siglo XIX constituían un espectáculo popular, tanto más concurrido cuanto mayor fuera la celebridad del condenado. Un periodista y escritor de la época expresaba su protesta contra esta aberración de convertir en jolgorio la muerte de un ser humano con estas palabras:

«Nadie podrá formarse una idea de la inmensa muchedumbre que se agitaba, estrujaba y revolvía desde la puerta de la cárcel hasta el lugar donde estaba puesto el cadalso. Las calles, balcones, ventanas, buhardillas y hasta tejados de las casas no podían contener a tantas gentes, ansiosas de presenciar aquel horrible y sangriento espectáculo, que en lugar de imponer y contristar el ánimo, parecía, al oír los gritos, las blasfemias, las carcajadas y chanzonetas picantes de la muchedumbre, que iban a presenciar una fiesta.

»Este anhelo de presenciar el suplicio de los hombres condenados a muerte es general en el pueblo de Madrid y en casi todos los pueblos de España. Si asistiesen con silencioso recogimiento a tan fúnebre espectáculo y sirviese de ejemplo a los malvados para contenerlos en el camino del mal, no sólo no lo vituperaríamos, sino que merecería nuestro aplauso. Pero cuando estamos convencidos que en el mismo lugar del suplicio se cometen robos por toda clase de malhechores (aprovechando la aglomeración), cuando vemos que el jornalero abandona su trabajo, la madre a su hijo de pecho, y el tendero la tienda para ir a tener el gusto de ver morir a un hombre; cuando vemos que para más amenizar el espectáculo van cargados de cestas de comida y botas de vino, insultando de este modo a la moral, a la religión y a la civilización, no podemos menos de llamar la atención del gobierno para que trate de evitar en lo posible escándalo tan inaudito.»

Subió Luis Candelas al tablado, que, como decimos, estaba situado en el centro de la plaza de la Cebada, y se quitó una sortija que llevaba y un pañuelo de seda que tenía al cuello y le dio ambas cosas a uno de los hermanos de Paz y Caridad, para que las hiciera llegar a su esposa.

Desde lo alto del tablado se dirigió al público y, según la costumbre de la época, pronunció un discurso en el que, después de recomendar a los presentes que llevasen una vida honrada para no verse en el mismo trance en que él se veía, concluyó dirigiendo a su alrededor una mirada sobre las cabezas de la multitud. Y viendo las caras de unos con alegría, de otros con odio, y el jolgorio de las empanadas y las botas de vino, sonrió y lanzó esta frase, que a unos les sonó a política y a otros a cachondeo:

—Sé feliz, patria mía.

Y en seguida se sentó en la silla; el verdugo le ciñó al cuello el terrible corbatín, le apretó el tornillo y Luis Candelas, el bandido madrileño, abandonó este mundo, rodeado de la misma popularidad que le había acompañado durante toda su vida.

Así acabó el más famoso personaje del bandolerismo de la Villa y Corte, quien, una vez terminada su historia, comenzó a ser, ya para siempre, un mito, una leyenda.

DIEGO DE LEÓN «LA PRIMERA LANZA DEL REINO»

Desde los tiempos gloriosos del Imperio español, cuando un Hernán Cortés o un Pizarro, a la cabeza de unas docenas de hombres, conseguían apoderarse de inmensos territorios, al bote de la lanza y al filo de la espada, no había vuelto a repetirse el milagro de un soldado tan extraordinario como don Diego de León.

Nacido en 1807, no pudo alcanzar la Guerra de la Independencia, pero sí la primera Guerra Carlista, la llamada «de los Siete Años», en la que alcanzó todos los ascensos de la carrera militar por méritos de guerra.

Diego de León era un joven de alta estatura, de figura atractiva y de gran belleza varonil, a lo que unía un vigor físico y un valor fuera de toda medida humana. Ingresó a los catorce años como cadete en el Arma de Caballería, y a los diecisiete fue promovido a subteniente. A partir de ese momento su camino hacia la fama y la gloria es arrollador y luminoso, jalonado de increíbles proezas.

Apenas iniciada la Guerra Carlista, siendo aún teniente, tiene que tomar el mando de un escuadrón de húsares que se había quedado sin capitán. Sólo con 64 jinetes, Diego de León se enfrenta a nueve escuadrones carlistas que le aguardan en columna cerrada, y consigue desbaratarlos, causándoles bajas que alcanzan a casi la mitad de los efectivos y poniendo al resto en desordenada fuga.

Ascendido a comandante, y encontrándose en plaza de coronel, con cinco batallones de infantería y tres escuadrones de caballería, sin tener artillería, se enfrenta a siete batallones carlistas que disponían de cinco cañones. Bajo el fuego artillero, Diego de León cruza el río Belascoain con la caballería y ataca a la infantería enemiga, establece una cabeza de puente al otro lado y consigue pasar la mitad de su infantería, cogiendo al enemigo entre dos fuegos, mientras él carga con un escuadrón a la lanza contra la artillería, de la que consigue apoderarse. Esta hazaña le valió el ascenso efectivo a coronel.

En la batalla de Villarrobledo, al frente de una brigada de Caballería, con tres mil jinetes, derrotó y dispersó a once mil infantes y mil jinetes, lo más selecto del ejército carlista.

Ascendido a brigadier y en seguida a mariscal de campo, su última gran acción fue la segunda toma de Belascoain, una de las batallas más encarnizadas de la guerra, en que Diego de León, al mando de siete batallones y cuatro escuadrones, atacó las posiciones enemigas y las asaltó, metiéndose en ellas a caballo ¡por una tronera de cañón!

Esta victoria le valió el ascenso a teniente general y el título de conde de Belascoain.

España entera le aclamó con el sobrenombre de «la mejor lanza del Reino», y se dijo en coplas y romances que la última lanzada de la guerra carlista la había dado el conde de Belascoain.

Ha sido el único español que por méritos de guerra ha llegado al grado de teniente general a los treinta y tres años de edad.

Por estos años había ocupado el poder don Baldomero Espartero. Veamos quién era este personaje: nacido en 1793, alcanzó a participar en la Guerra de la Independencia y, después, en las guerras de Ultramar, hasta que se perdió el Perú y con él toda Sudamérica tras la batalla de Ayacucho. Vuelto a España ya con el grado de coronel, participó en la Guerra Carlista, donde alcanzó las grandes victorias de Morella, Luchana, Vitoria y Pamplona, y tras conquistar estas ciudades en las que el carlismo tenía sus principales fuerzas, consiguió el tratado de paz, sellado con un abrazo, ante los dos ejércitos formados entre los dos generales en jefe, el propio Espartero y el carlista Maroto, en lo que se llamó el «Abrazo de Vergara», con lo que terminó la guerra. Espartero obtuvo los títulos de conde de Luchana, duque de Morella, duque de la Victoria y príncipe de Vergara, siendo el último español que ha tenido un título de príncipe sin pertenecer a la familia real.

Pero Espartero tenía más ambición, y entró en la política, con el propósito de arrebatar la regencia a la reina-gobernadora doña María Cristina, que gobernaba en nombre de su hija Isabel II, que era una niña pequeña.

Tras una dura lucha en las Cortes, Espartero, que supo manejar los hilos con más habilidad, consiguió derrotar a su rival, Argüelles, por 179 votos contra 103, y seguidamente se hizo nombrar Regente del Reino, investido con todos los poderes, prácticamente como un rey absoluto.

Y aquí empieza la leyenda, del brazo de la Historia. ¿Estaba enamorado don Diego de León de la reina María Cristina, viuda de Fernando VII? Este enigma nunca podrá resolverse. Diego de León se había casado, hacía ya varios años, cuando aún vivía Fernando VII, y al quedar viuda María Cristina, él, un hombre casado y con hijos, no podía poner los ojos en ella, que poco después se casó en secreto con Fernando Muñoz, joven guardia de Corps, quien después sería duque de Riánsares.

Tras la muerte de Fernando VII se sucedieron los motines, algaradas y movimientos antimonárquicos. La sublevación de los sargentos en la Granja obligó a la reina-regente a restablecer la Constitución de 1812, y al año siguiente se promulgó una nueva Constitución, la de 1837. En 1840 se produce la llamada Revolución de Setiembre, en la que intervinieron los esparteristas y los progresistas, aliados, y Espartero se niega a reprimir el motín con las armas, reuniéndose las Cortes, en las que Espartero derrota a Argüelles, y se hace con el poder. María Cristina, desposeída de la Regencia, hubo de expatriarse, embarcando para Marsella el 17 de setiembre, quedando en Madrid su hija Isabel II, que tenía tan sólo nueve años.

Tal vez la humillación infligida a María Cristina, y las lágrimas con que emprendió la marcha al destierro, fueron el estímulo sentimental que impulsó a don Diego de León a enfrentarse a Espartero, con quien siempre había tenido excelentes relaciones y a quien debía su ascenso a teniente general y su título de conde de Belascoain. Solamente una pasión puede explicar la conducta de Diego de León, para quien no existían móviles políticos, pues no militaba en ningún partido ni tendencia.

Ello es que, inmediatamente, Diego de León dimite de su cargo de capitán general de Castilla la Nueva, pide una licencia temporal y se marcha a París. Allí se entrevista con la reina María Cristina, y pone su espada a los pies de ella, ofreciéndose a reponerla en la Regencia.

Después de esto se pone en contacto con algunos exiliados, pensando que puede atraerse el apoyo de importantes grupos políticos que secunden su iniciativa para provocar en España un levantamiento popular. Pero comprueba con desilusión que no puede contar con el apoyo de ningún partido. Los exiliados son más bien emigrados descontentos por agravios individuales, pero sin representatividad popular. En realidad España, en esos primeros momentos de la Regencia militar, está con Espartero. Los absolutistas se encuentran seguros, con la esperanza de que, mientras el Regente respete a Isabel II, pueden aguardar tranquilos su mo-

224 JOSÉ MARÍA DE MENA

mento. Los progresistas se han aliado con los esparteristas en la Revolución setembrina. Los militares, en su mayoría, deben prebendas a Espartero y se encuentran bien instalados. Y Argüelles, el único rival político de Espartero en quien pudiera apoyarse, acaba de aceptar nada menos que el cargo de tutor de la reina niña Isabel II y de su hermana la infanta María Luisa Fernanda, secundado por don Martín de los Heros, a quien se ha dado el nombramiento de intendente de la casa real.

Convencido Diego de León de que no puede esperar ayuda política de nadie para realizar un levantamiento general con apoyo popular, decide regresar a España, ver si encuentra algún otro militar dispuesto a un pronunciamiento, y, si no, está dispuesto a hacer, ¡él solo!, a vida o muerte, la reposición de la Regencia, devolviendo el poder a su inalcanzable amada María Cristina.

Pasa la frontera y se pone en contacto con los únicos militares que están descontentos con Espartero: el general O'Donnell, que se consideraba postergado en las provincias Vascongadas; el brigadier Borso di Carminati, desdeñado por Espartero, que no quería gente de origen italiano; el coronel Montes de Oca, relegado a Zaragoza; los generales Concha, Pezuela y Córdova, situados en mandos subalternos en Madrid; el general Lersundi, adjunto en Vitoria; y los coroneles Fulgosio, Quiroga y los oficiales Borja y Gobernado, en Madrid.

Con estos menguados elementos, cinco generales, de ellos dos fuera de Madrid, y uno solo con mando de tropas, un brigadier y tres coroneles, va don Diego de León a intentar el imposible de un golpe de Estado, para lo que tiene que apoderarse del palacio real, hacerse cargo de la tutela de la reina niña, destituir al poderosísimo Regente Espartero y conseguir que el Ejército entero reconozca por única Regente a María Cristina, a quien hace unos meses ha depuesto y enviado al exilio un movimiento revolucionario en el que ha participado el propio Ejército entero.

La empresa que se propone Diego de León es una quijotada, inspirada por el amor a una Dulcinea tan irreal como la del Toboso, y que no puede salir bien.

Conseguidas estas mínimas colaboraciones, señala don Diego de León un plan de ataque al palacio real, para el que cuenta con un contingente de tropas de la guarnición de Madrid que el general Concha situará el día 7 de octubre en la plaza de la Armería.

La víspera, Diego de León escribe una carta al Regente Espartero, príncipe de Vergara y duque de Alcudia (carta que se encuentra en la actualidad unida a los legajos del proceso en el Archivo Histórico Militar), que dice así:

Señor don Baldomero Espartero. Muy señor mío: Habiéndome mandado Su Majestad la Reyna Gobernadora del Reyno D.ª María Cristina de Borbón, que restablezca su Autoridad usurpada y hollada, a consecuencia de sucesos que por consideración hacia Vd. me abstendré de calificar, y como el honor y el deber no me permiten permanecer sordo a la voz de la Augusta Princesa, en cuyo nombre y bajo cuyo gobierno, ayudándosse por la Nación, hemos dado fin a la terrible lucha de los Siete Años; para que no desconozca V. E. el móvil que me llama a desenvainar una espada que siempre empleé en servicio de mi Reyna y de mi Patria, y no al de banderías, ni privadas ambiciones, le notifico que en obedecimiento de las órdenes de S.M. y para bien del Reyno, he debido comunicar a todos los Jefes de los Cuerpos de Ejército que S.M. estando resuelta a recuperar el ejercicio de su Autoridad, me previene llame al Ejército Español bajo su bandera, la bandera de la lealtad castellana, y lo aperciba a cumplir las órdenes que en su Real nombre estoy encargado de hacerles saber.

En consecuencia, las leales provincias vascongadas y el reyno de Navarra, con todas las tropas que las guarnecen, a cuya cabeza se encuentra el General D. Leopoldo O'Donnell, se han declarado en favor del restablecimiento de la legítima Autoridad de la Reyna, y como los Jefes de Cuerpo que ocupan las demás provincias del Reyno han oído igualmente la voz del deber y del honor y se hallan dispuestas a seguir la bandera de la lealtad, el movimiento del Norte va a ser secundado por el del Mediodía y del Este, y el Gobierno salido de la revolución de Septiembre palpará bien pronto el desengaño de haber desconocido los sentimientos de la fidelidad a sus Reyes, y a las leyes patrias que animan al Ejército y al pueblo español.

Como esta conminación va necesariamente a ponerse en pugna con el Poder que de hecho está Vd. ejerciendo, espero que la suerte de las armas decida una contienda que la justicia de la Providencia tiene decretada. Habla en mí el recuerdo de que hemos sido amigos y compañeros, y desearía evitar a Vd. el conflicto en que va a verse a la Historia su ejemplo de triste severidad y al país el nuevo derramamiento de sangre española. Consulte Vd. su corazón y oiga su conciencia antes de empeñar una lucha en la que el derecho no está de parte de la causa a cuya cabeza se halla Vd. colocado. Deje ese puesto que la rebelión le ofreció y que una equivocada noción de lo que falsamente creyó que exigía el interés público, pudo solo hacerle aceptar y yo contaré todavía como un día feliz aquel en que recibiendo en nombre de S.M. la dejación de la autoridad revolucionaria que Vd. ejerce, pueda yo hacer presente a la Reyna que en algo ha contribuido Vd. a reparar el mal que había causado.

Reciba Vd. con ésta la ilusoria prueba de la bondad que más ha sido la expresión de un deseo de encontrar todavía en Vd. los sentimientos de un buen Español, que son los que animan constantemente a su atento y s. s. q.s.m.b. Diego León. Al Excmo. Sr. D. Baldomero Espartero, Duque de la Victoria.

El día 7 de octubre, Diego de León se viste su uniforme de gran gala de teniente general de Caballería, adornando su pecho con las condecoraciones que había ganado en la Guerra Carlista, campeando sobre todas la Laureada de San Fernando, y se dirige hacia el palacio real a caballo, acompañado de los generales Pezuela y Córdoba con sus ayudantes. En la plaza de la Armería deben estar el general Concha y los efectivos de una brigada integrada por tres regimientos de infantería, caballería y artillería.

Sin embargo, cuando llegan los sublevados solamente hay un regimiento de infantería, y no completo. Para ser más exactos, un solo batallón.

Los sublevados vacilan un momento, pero Diego de León se apea del caballo y se dirige resueltamente hacia la puerta del palacio, donde los alabarderos mandados por el coronel don Domingo Dulce y Garay, montan la guardia. Dulce conmina a Diego de León a que se retire, pero el héroe de Belascoain resueltamente sigue avanzando y a su vez conmina a Dulce para que se rinda y entregue el palacio.

A esto siguió un momento de expectación y silencio, que rompió el coronel Dulce ordenando a la Guardia preparar las armas Volvióse Diego de León hacia la puerta y ordenó a las tropas que atacasen para tomar por asalto el palacio, y se trabó un tiroteo en el propio apeadero y zaguán del palacio, y en las escaleras que conducían al piso principal, donde estaban Isabel II y su hermana María Luisa Fernanda, abrazadas a su aya la marquesa de la Mina.

Nadie sabe quién dio de repente la voz de «Retirada, retirada, sálvese el que pueda», pero los soldados del general Concha, inopinadamente, tiraron los fusiles y emprendieron la huida. Diego de León intentó contenerlos, pero en vano, y entonces uno de los ayudantes le cogió por el brazo y le dijo: «Mi general, hemos fracasado. Vámonos. No se haga usted matar.» Y le sacó a la fuerza de allí, dándole un caballo para que se pusiera a salvo. Los dos salieron a galope mientras desde las ventanas les disparaban los alabarderos con un nutrido fuego de fusilería.

Según el minucioso relato de los hechos, publicado por don Joaquín Albarracín y Arias de Saavedra en su folleto titulado *El proceso de don Diego de León, conde de Belascoain,* una vez que los soldados (probablemente animados por los sargentos, que tras el motín de la Granja eran enemigos de María Cristina) se negaron a disparar y abandonaron a sus mandos, los jefes del pronunciamiento hubieron de abandonar el palacio real y se dispersaron, ocultándose unos en Madrid y otros en el campo. Don Diego de León se dirige hacia Colmenar Viejo, pero al atravesar un riachuelo el caballo se troncha una pata, quedando inutilizado.

Tropas del regimiento de la Princesa, que habían salido en persecución de don Diego de León, le encuentran, y el comandante Laiña, que había sido su ayudante en la Guerra Carlista, y sigue profesándole gran cariño y respeto, le propone la huida a Francia, diciéndole: «Ya tiene usted, mi general, escolta para Francia.» Pero Diego de León, aun sabiendo a lo que se arriesgaba si le prendía, prefirió afrontar los acontecimientos y contestó con voz enérgica: «A Madrid.»

A su llegada a Madrid fue conducido al cuartel del regimiento de la Princesa, pero allí había ya una orden del Regente para que se le llevara al cuartel de Santo Tomás de la Milicia Nacional, ya que Espartero no se fiaba demasiado del Ejército y prefería encargar a los milicianos la custodia de tan importante prisionero, convencido de que ni la aureola de gloria que rodeaba a Diego de León ni sus palabras podrían influir en el ánimo del personal de la Milicia.

Por otra parte, y estando ya en el ánimo de Espartero hacer fusilar a Diego de León, único militar que con su prestigio podía hacerle sombra, tenía ya pensado que la custodia del prisionero fuera asumida no como cosa militar, sino como cosa del pueblo, dado el carácter popular de la Milicia.

Al día siguiente, el capitán general y el ministro de la Guerra, ateniéndose a rigurosas instrucciones del Regente, nombraban a los miembros que habían de formar el Consejo de Guerra. En estas instrucciones se ve claramente, no ya parcialidad, sino una declarada animosidad de Espartero contra Diego de León, pues el capitán general transmite por escrito al brigadier fiscal, don Nicolás Minuisier, que «S. A. el Regente quiere que no se pongan embarazos con consultas a que las leyes y ordenanzas dan completa solución». Además se ordena por escrito al brigadier fiscal que cada tres horas dé cuenta del curso de la actuaciones y de sus incidencias.

El Consejo de Guerra, es decir los vocales con voto para sentencia, estaba formado por los mariscales de campo (generales de división) don Pedro Méndez-Vigo, don Ezequiel Isidro y García de la Plazuela, don Pedro Gutiérrez, don José Cortines de Espinosa, don José Grases Jaqui, el brigadier don Ignacio López-Pintos Llanos; y como presidente el teniente general don Dionisio Capa.

Como auditor de guerra figuraba don Pablo Avecilla González, quien no pertenecía a la carrera militar, sino que por sus servicios políticos había obtenido «los honores de auditor de guerra», y era hechura del Regente Espartero.

El fiscal era, como ya se ha dicho, el brigadier don Nicolás Minuisier, también dócil a la voluntad del Regente.

Por último, y designado por el acusado don Diego de León, actuó como defensor el mariscal don Federico Roncali y Cexulty, conde de Alcoy, amigo y compañero de armas de don Diego de León.

El ministro de la Guerra era don Evaristo San Miguel, que años atrás había sido uno de los sublevados en Las Cabezas de San Juan, donde estaba como ayudante del general Riego. Curiosamente, este militar, aficionado a la música, compuso el Himno de Riego. Al estallar la Guerra Carlista se había puesto en el bando isabelino como todos los liberales, por lo que obtuvo algo más tarde el título de duque de San Miguel.

La composición de este Consejo de Guerra tenía un vicio de origen, pues no se ajustaba la proporción de vocales del Ejército y de la Milicia Nacional a lo que prescribía la ley de 1817, y fue elevada una impugnación al Regente, pero fue rechazada por éste, con lo que se mantuvo el tribunal tal como había sido designado.

La vista de la causa fue señalada para el día 13 de octubre a la una del mediodía, habiéndose celebrado antes una misa del Espíritu Santo. El local elegido fue el colegio imperial, antigua casa profesa de la Compañía de Jesús, edificio que al ser expulsados los jesuitas había pasado a ser propiedad del ramo de guerra.

Aunque la mayoría del pueblo de Madrid profesaba ideas liberales, y estaba en contra de María Cristina, la popularidad de Diego de León, héroe nacional, era tan grande que se temieron manifestaciones de simpatía hacia su persona, e incluso un amotinamiento para rescatarle, por lo que el Regente dispuso que todas las tropas de la guarnición y los batallones de la Milicia Nacional se desplegaran desde el cuartel de Santo Tomás, donde Diego de León estaba arrestado, hasta el colegio imperial, donde se le juzgaría. El vecindario de Madrid se echó entero a la calle para ver a aquel hombre a quien sus hazañas habían convertido en un mito.

A las doce menos cuarto salió Diego de León en un coche de caballos descubierto, acompañado de su defensor el general Roncali, y escoltado por dos escuadrones de Caballería.

Diego de León iba vestido con uniforme de gran gala, de Húsares, llevando sobre su pecho la Gran Cruz Laureada y las tres laureadas individuales que había ganado en sus legendarias acciones de guerra.

En su declaración, don Diego de León justifica su pronunciamiento, diciendo que lo que él ha querido es «restablecer la legítima autoridad de la Regencia de María Cristina, que había sido conculcada por la Revolución de Setiembre». ¿Cómo se me juzga a mí por un pronunciamiento contra la Regencia de Espartero, cuando él ha ascendido a la Regencia precisamente a través de un acto ilegal?

El defensor hace notar que el proceso adolece de un defecto de forma que lo invalida por completo: «No hay un parte por escrito que sirva de punto de partida para las diligencias. E increíblemente, tampoco existe un auto de procesamiento contra don Diego de León.» Y: «A la *confesión de cargos* o declaración que se le ha tomado al acusado en el cuartel de Santo Tomás, no se ha permitido la presencia del defensor.»

El juicio se hace aceleradamente, saltándose todos los trámites legales. Y llegada la votación, solamente tres vocales votan en favor de la pena de muerte: Méndez-Vigo, Isidro y Ramírez. Pero con la cualidad de que mientras Isidro y Ramírez piden la ejecución por fusilamiento como corresponde a un militar, Méndez-Vigo pide que se le ejecute «en garrote vil», lo que rechazan airadamente los demás.

Votan en contra de la pena de muerte Cortines, Grasses, y López-Pinto. Grasses, apasionadamente, exclama dirigiéndose a todo el tribunal: «Si León ha de morir por sublevarse, ¿qué hacemos nosotros que no nos ahorcamos con nuestras propias fajas?, si todos nos hemos sublevado alguna vez, o el Dos de Mayo, o en Las Cabezas, o en la Revolución de Setiembre.»

Quedaba la sentencia, pues, pendiente de un solo voto, pues habían empatado tres contra tres los vocales partidarios de la pena de muerte y los que se oponían a ella. Entonces, el presidente, don Dionisio Capa, hombre débil manejado por Espartero, decidió el empate votando a favor de la última pena. El juicio había durado poco más de tres horas.

El día 14 se reunió el Supremo para la aprobación de la sentencia. En este Alto Tribunal Militar todos los miembros eran adictos a Espartero, y entre ellos destacaba Maroto, el que traicionando a la causa carlista había firmado la paz con el «abrazo de Vergara», asegurándose sus prebendas, y que tenía animosidad personal contra Diego de León, quien le había derrotado en Sesma.

La sentencia fue confirmada y se señaló la ejecución para el día siguiente.

El 15 de octubre de 1841, y con iguales prevenciones que el día de la vista de la causa, don Diego de León fue sacado del cuartel

de Santo Tomás y llevado por la calle de La Lechuga y la de Toledo hasta las afueras de la Puerta de Toledo, donde se efectuó la
ejecución ante numerosísimo público. En el momento de salir del
cuartel, consiguió que le dejasen vestir el uniforme de gala, a lo
que no pudieron oponerse, ya que no había sido degradado y por
consiguiente conservaba su derecho a vestir de militar. Le acompañó hasta el último momento su defensor, el general Roncali,
junto con un confesor. Diego de León había redactado durante la
noche su testamento, en el que, entre otras cosas, prohibía for-
malmente a sus hijos el seguir la carrera de las armas, para que
no pudieran recibir un día, como él, la ingratitud de sus compañeros y de la patria a la que había servido hasta el último momento.

El odio del Regente —según escribió don Joaquín de Albarracín y Arias de Saavedra— fue tan grande que persiguió a Diego
de León hasta más allá de la muerte, pues cuando su pariente, el
marqués de Zambrano, pidió el cadáver para darle sepultura, se
le prohibió expresamente y por escrito que se hicieran funerales y
que se repartieran esquelas mortuorias, y el cadáver debería ser
llevado por las afueras, desde la Puerta de Toledo hasta el cementerio, sin entrarlo en Madrid; y si sobre la tumba se pretende poner epitafio, el texto se habrá de mandar previamente al capitán
general para su revisión, estando a todo «hasta que se le comuni-
quen las órdenes del Gobierno a quien debe consultar dicha autoridad».

Así terminó la gloriosa y ejemplar carrera de don Diego de
León, a quien la Historia conoció como «la mejor lanza del Reino»,
y a quien la leyenda quiere hoy, por primera vez, elevar en estas
páginas, junto a la categoría de mito heroico, a la categoría de
mito romántico, por aquel amor platónico hacia la reina María
Cristina. Amor que ella probablemente ni siquiera adivinó, y que
llevó al héroe hasta el sacrificio de su vida, como correspondía al
más famoso y admirado personaje del Romanticismo.

LA TRAGEDIA DEL IGNORADO
GUSTAVO ADOLFO BÉCQUER

Si visitamos el Museo de Arte Moderno y nos detenemos a contemplar el interesantísimo cuadro titulado *Reunión de literatos en el estudio del pintor*, obra cumbre del artista Antonio María Esquivel, nos produce una gran emoción el ver allí reunidos a los más caracterizados escritores del Romanticismo español. Desde el duque de Rivas, autor de *Don Álvaro o la fuerza del sino*, hasta Hartzembusch, que escribió *Los amantes de Teruel*, Martínez de la Rosa, a quien se debe *La conjuración de Venecia*, Marcos Zapata, autor de *La capilla de Lanuza*, y así cuantos transformaron la vida literaria y también en gran parte la vida política española en aquellos años de 1850.

No está entre ellos Gustavo Adolfo Bécquer. No llegó a tiempo, puesto que cuando se pinta el cuadro tiene solamente veinte años de edad, y está casi recién llegado a Madrid. En esos días, seguramente Bécquer contempló el cuadro, y pensó que también dentro de algunos años habría conquistado Madrid como lo conquistaron todos ellos, cada cual llegado de una provincia a la Corte en busca de la gloria.

Ambición y sueños infundados, porque Gustavo Adolfo Bécquer, pasando los años, no habría conquistado aquel Madrid, ni figuraría en ningún parnaso de la fama, aunque, eso sí, tuviera años después de su muerte una gloria a destiempo y amarga.

Gustavo Adolfo Bécquer nace en Sevilla en el año 1836, en la calle Conde de Barajas, que está en el barrio de San Lorenzo. Su padre, José Domínguez Bécquer, y su madre, Joaquina Bastida, mueren cuando Gustavo Adolfo tiene poco más de nueve años. Él y su hermano Valeriano son recogidos por unos parientes. Su tío le pone, con diez años, en el real colegio de San Telmo para estudiar la carrera de náutica. Pero la fatalidad ya empieza a cebarse en el pobre huérfano. El colegio es cerrado, porque España ha perdido sus colonias del Nuevo Mundo, desde México al Estrecho de Magallanes, y para lo poco que nos queda no hace falta una escuela de pilotos de la Carrera de Indias. El pobre niño se queda sin estudios. Sus parientes quieren acomodarle en el comercio que poseen. Pero Bécquer se resiste a despachar varas de lienzo detrás de un mostrador. Bécquer tiene la cabeza llena de ensueños e ilusiones. Lee versos, y escribe versos. Los lee en pequeñas reuniones de otros jóvenes como él. Aunque en realidad se llama Gustavo Domínguez Bastida, se ha puesto en primer lugar el apellido Bécquer, segundo de su padre, que tiene ciertas resonancias nórdicas. Un antepasado suyo vino a residir en España cuando aún no habíamos perdido Flandes.

En la casa de su tío la vida es modesta y se pasan privaciones. Gustavo Adolfo refiere que su hermano Valeriano, para dibujar por la noche, se salía al balcón a la luz de la luna, por falta de velas.

Entre los poetas sevillanos que se reúnen en la Venta de los Gatos a beber refrescos y leer poesías hay tres que se deciden a marcharse a Madrid, porque en una provincia no se puede hacer carrera ni conquistar la fama. Gustavo Adolfo es uno de ellos. De los otros dos, uno se asusta y renuncia a la aventura. El otro es de familia rica, y al llegar a la Villa y Corte tiene ya preparado un empleo oficial.

Empieza para Bécquer el calvario de la miseria. Su alojamiento «era un cuarto muy reducido que no tenía más luz que la recibida por una estrecha ventana que daba al oscuro patio. Un catre y un colchón, una mesa cubierta con un tapete deteriorado, una palangana de peltre sobre un pie de hierro, un jarro de agua al lado de un cubo, ambos de cinc, y dos sillas de anea componían, con el baúl que había traído, el ajuar de aquel modesto cuarto». Días de no comer en el más riguroso sentido de la palabra. Horas y horas recorriendo Madrid a la busca de algún periódico que le admitiera una poesía o un artículo, o algún editor que le encargase un libro.

Las más de las veces ni le recibían los directores de los periódicos, y alguno llegó a reírse de él en su propia cara: «Pero jovencito, ¿usted cree que en Madrid, con las cosas que están pasando, con la agitación social, los pronunciamientos y las conspiraciones, con la gente que va diariamente a la cárcel o que sale de ella, con los cambios de gobiernos que duran cuarenta y ocho horas, y con lo que se nos ha venido encima de golpe, las óperas de Verdi y de Wagner, con todo eso que está sacudiendo los cimientos de nuestra sociedad, va alguien a interesarse por esos versitos que usted escribe, de si las golondrinas volverán o no volverán al balcón de su novia?»

Gustavo Adolfo Bécquer se encuentra de repente con que ni siquiera es uno de los románticos. El romanticismo había nacido de la Revolución francesa, de los gritos de libertad y de amor en Goethe, de los alborotos de estudiantes rompiendo butacas en el teatro al estrenarse el *Hernani* de Victor Hugo. El romanticismo había sido el apasionamiento por la gloria en los mariscales de Napoleón, con sus uniformes rutilantes, sus pechos constelados de condecoraciones, las apoteosis de cómicas y fregonas convertidas en princesa a los acordes de la Marsellesa. El romanticismo había sido la pistola de Mariano José de Larra disparándose un tiro por el amor de Lolita Armijo.

Pero, ¿qué entusiasmos de libertad, ni qué bríos guerreros o revolucionarios, ni qué amores a la desesperada, pistola en mano, representan sus versos? Un arpa cubierta de polvo en un rincón de un salón sombrío, una mujer que envenena el alma con sus desdenes y sus traiciones, y otra mujer que envenena el cuerpo contagiándole una sífilis. Poco repertorio para aspirar un poeta a hacerse escuchar, a hacerse aplaudir, en el Madrid romántico de 1857.

Para venir a Madrid sin más bagaje que una pluma de escritor hay que tener otro temperamento y otra moral. Gabriel García Tassara manifiesta pronto que es un cínico, toma las mujeres con una mano y las suelta con otra. Así hace con Gertrudis Gómez de Avellaneda, a la que abandona con un hijo de ambos. Luce su cinismo en los salones, caza influencias. En poco tiempo medra en la política y es nombrado embajador.

O hay que ser como el duque de Rivas, rico por su casa y en posesión de un título nobiliario, para que te escuchen. O ser como Pastorfido y como Camprodón, un desalmado que se lucre con el sudor del prójimo firmando como propias las obras ajenas compradas por un mendrugo de pan. Sobre todo Camprodón, que llegó a pagar por una comedia el valor de una cena en una fonda de tercera. Claro que alguna vez le metieron gato por liebre. Cierto escritor le dio como original una comedia francesa que él había traducido en verso. Camprodón le pagó por ella cuatro pesetas, que era lo que ganaba de jornal «un honrado cajista», según se nos dice en *La verbena de la Paloma*. Y el fresco de Camprodón la publicó bien editada y se la dedicó «A la excma. sra. marquesa de N.». Cuando el traductor y poeta vio la edición hizo circular en el ambiente literario el siguiente epigrama:

Si la comedia es francesa
y los versos míos son
¿qué dedica Camprodón
a la señora marquesa?

O había que utilizar la pluma para el periodismo, que sí daba dinero, y mucho, como lo ganaba Abelardo Carlos. O en último extremo llegar a ese periodismo temible que abre todas las puertas, proporciona todos los éxitos y concita todos los odios, el periodismo del chantaje que cultivaba con éxito Pelayo del Castillo.

¡Pobre Gustavo Adolfo Bécquer! Las revistas y periódicos de entonces publicaban algún verso, pero sin pagar. Ahí es nada, el dar a un poeta desconocido la oportunidad de que le conozcan. ¿Y encima pretende usted dinero por ello?

Días de no comer, sin otro consuelo que la amistad del otro poeta tan hambriento como él, su paisano García Luna.

Por fin llega a Madrid su hermano Valeriano, el pintor. Le han encargado en el Ministerio de Fomento que haga dibujos de los trajes típicos de las regiones españolas, antes de que el ferrocarril con el trasvase de gentes de uno a otro lado acabe con el tipismo uniformando a todos, con el uniforme de la levita a los más ricos, la chaqueta a los medianos, y el blusón a los pobres. Así que Valeriano anda a la busca de trajes típicos por esos pueblos de Dios. De Lagartera al Bierzo, y de las Batuecas a la Alcarria. Y una parte de la beca o pensión que le pagan sirve para que Gustavo Adolfo pueda comer.

Un día, Gustavo Adolfo, quizá por influencias de Tassara, obtiene un empleo como escribiente en la oficina de Bienes Nacionales, con «tres mil reales de sueldo anual y categoría de escribiente fuera de plantilla». Poco le dura la alegría porque su jefe le sorprende dibujando en vez de trabajar, y pierde el empleo.

¿Y los amores? Gustavo Adolfo es un tímido, en parte por su pobreza, en parte por su enfermedad, pues desde los diecinueve años viene arrastrando un comienzo de tuberculosis, probablemente a causa de la desnutrición. Pero sobre todo por su propio carácter. Marcos Zapata, que tanto sabía de estas cosas del hambre, en cuanto no tenía donde comer se buscaba en los alrededores del mercado una cocinera a la que con cuatro piropos y cuatro carantoñas le sacaba los cuartos para remediarse, y hasta la llevaba a bailar a las Vistillas a cambio de suculentos chorizos y panes con queso, que la moza sisaba en la compra. Cada uno se las arreglaba para vivir, aunque sea un buen poeta, como lo era Marcos Zapata. Todo el mundo menos el pobre Gustavo Adolfo Bécquer.

Así que se enamora, pero platónicamente. Ni tiene ropas para presentarse bien arreglado, ni tiene cara para presentarse mal arreglado. La amada imposible se llama Julia Espín, hija del director del Conservatorio del Teatro Real. Gustavo Adolfo tiene la idea de que una joven que estudia música y canta debe ser una especie de ángel, llena de inteligencia, de espiritualidad, de dulzura. Julia Espín vive en la calle de la Independencia, que está entre la Plaza de Isabel II y la calle del Espejo, es decir muy cerca del Teatro Real. Por esa calle en cuesta vuelan y vuelan los suspiros de Gustavo Adolfo, que ni siquiera tuvo ocasión de hablar con ella en persona, aunque la viera en sueños cada noche y cada día y le dedicase algunas de sus más delicadas rimas.

Otra de sus amadas platónicas es Elisa Guillén, y todavía otra de la que no sabemos más que él la llama «la hermosa dama de Valladolid». Parece ser que con ninguna de las tres se comió una rosca.

En 1861, cuando tiene 25 años, Bécquer conoce a Casta Esteban, la hija del médico que le asistía en su tuberculosis. Casta Esteban es una mujer medianamente cultivada, tiene una cultura aprendida en lecturas en su casa, y escribe también algunas poesías. Se enamoran y se casan. Se juntan aquí el hambre y las ganas de comer, porque Casta Esteban no tiene un céntimo de dote, y además la educación que ha recibido no le sirve para administrar una casa. Pero tampoco para desempeñar un trabajo remunerado. Tuvieron varios hijos, y la miseria se hace más espantosa. Todos comían de lo que el pobre Valeriano ganaba por sus dibujos de los trajes típicos y alguna ilustración para periódicos.

Bécquer consigue que le publiquen algunas cosas. Su enfermedad le lleva a pasar una temporada de reposo en el monasterio de Veruela, donde escribe sus *Cartas desde mi celda*. Es muy difícil rastrear la producción literaria de Bécquer en estos años porque muchas cosas las publica sin firma o con seudónimo. Hace unas cuantas zarzuelas y comedias con el seudónimo de «Adolfo Rodríguez», que pasan sin pena ni gloria. El trabajo más continuado que hace es una colaboración en *El contemporáneo*, que dirige José Luis Albareda, en donde publica algunas de sus leyendas. Sus compañeros de redacción no se tratan con él. Son personajes como Gaspar Núñez de Arce, Emilio Castelar, Manuel Fernández González, políticos con cargo de senadores o directores generales. Fernández y González es novelista de fama, y también político. Por todas partes la política. Primero la política, el respaldo de un partido, después vendrán los encargos oficiales, las prebendas, el formar parte de jurados para concursos con buenas dietas..., pero sin estar metido en política, ¿quién le va a encargar nada que proporcione unos ingresos sustanciosos?

El Ateneo, el Teatro Español, la Biblioteca Nacional, los lugares donde se celebran actos solemnes a los que acuden ministros vestidos con levita, y señoras con sombreros de plumas...

Gustavo Adolfo se separa de su mujer. La pobre no ha podido aguantar más miseria, sus hijos se han contagiado del padre y están tísicos, y para colmo Valeriano Bécquer le echa en cara que todos ellos comen de su trabajo. Gustavo Adolfo escribe:

Mi vida es un erial
flor que toco se deshoja...

El ministro González Bravo, que es gaditano y poeta (autor de una deliciosa poesía titulada *A los toros del Puerto* y de varias comedias andalucistas, le proporciona un nuevo empleo, el de censor de novelas. El empleo dura poco, porque para su desgracia cae el gabinete de González Bravo cuando la Revolución de Setiembre de 1868. Le ha durado el empleo poco más de dos años.

Escribe en *El tiempo*, en *El museo universal*, en *La España literaria*, en *El imparcial*, en *El contemporáneo* y van saliendo sus leyendas, y unos artículos bastante documentados sobre los templos españoles. Vive tan a salto de mata, cobra tan poco y viste tan mal, que en un viaje a Toledo con su hermano para que éste haga unos dibujos, la Guardia Civil los detiene tomándolos por delincuentes fugitivos y los encierran en la cárcel de Toledo, de donde salen gracias a que alguno de los políticos de Madrid que los conocen informan al gobernador civil de quiénes son los dos desharrapados.

Eduardo Gaset funda *La ilustración de Madrid* para enfrentarla a *La ilustración española y americana* y encarga a Gustavo Adolfo que la dirija. Parece que por primera vez en su vida va a sonreír para él un mínimo de estabilidad económica y un éxito literario.

Pero ya es tarde. Cuando llega a su casa se entera de que su hermano Valeriano ha tenido un vómito de sangre. Gustavo sabe lo que eso significa, porque él mismo lleva varios años luchando con la tuberculosis. Ahora los dos están ya condenados.

La revista que dirige le permite ahora relacionarse con algunos escritores y artistas. Eusebio Blasco, el pintor Casado del Alisal, Rodríguez Correa, el pintor Vicente Palmaroli, y algunos más. Los amigos de sus últimos meses de vida.

En setiembre de 1870, Valeriano, que regresaba de hacer unos dibujos en la redacción de *La ilustración,* sufre un nuevo vómito de sangre, y muere en pocas horas.

Juan López Núñez cuenta en su obra *Románticos y bohemios* que Gustavo Adolfo Bécquer bajaba por la calle de la Montera cuando se encontró con su amigo Castro y Serrano. Antes de que éste le preguntase por su hermano se le adelantó diciendo:

—«Ha muerto. El pobre Valeriano ya no existe.»

—Y ¿cómo ha sido eso?

—¡Qué sé yo, ha muerto... porque sí! Ahora todos me dicen que la muerte de Valeriano estaba prevista, que la llevaba escrita en el rostro, que hasta cierto punto es un suceso natural. ¡Natural la muerte! ¡Natural el escape de la vida cuando se tienen treinta años; cuando se han padecido todos los tormentos de la niñez, de la educación, de la necesidad!

Al llegar aquí rodaban las lágrimas por sus mejillas.

Gustavo Adolfo escribió una sentida biografía de su hermano, en la que enumeraba sus trabajos artísticos, destacando los de «tipos y costumbres españolas» que había hecho por encargo del Ministerio de Fomento, siendo a la sazón ministro don Antonio Alcalá Galiano.

Tras la muerte de Valeriano, cayó Gustavo en un profundo abatimiento, y su salud empeoró a ojos vistas. Aunque llevaban varios años separados fue a cuidarle Casta Esteban, instalándose en su casa, un modesto piso en el 23 de la calle Claudio Coello, en una de las zonas más modestas de lo construido por el banquero Salamanca para viviendas de empleados. Sin embargo, ella no pudo estar más que un mes y se marchó.

Tres meses después que su hermano, el 22 de diciembre de 1870, murió Gustavo Adolfo. Por la tarde había estado a verle el escritor Eusebio Blasco, quien al salir de la visita escribió estas dramáticas palabras:

«Cuando fui a visitarle en su soledad, en aquella modesta vivienda, salí de ella pensando que aquel hombre debía morirse pronto para encontrar el único descanso a su espíritu y a su cuerpo.»

Aunque en Madrid se publicaban por aquel entonces varias docenas de periódicos diarios de las más diversas tendencias, solo uno, *La correspondencia de España,* publicó la noticia de su muerte, y aun ello equivocando el nombre, pues puso que había fallecido «Don Gustavo Becker, distinguido y estimable escritor».

A la mañana siguiente se corrió la voz por las redacciones de periódicos y por los cenáculos literarios, y unos por lástima y otros por curiosidad acudieron bastantes escritores y artistas al entierro. Antes de sacar el cadáver, Palmaroli le hizo un retrato a lápiz que, grabado en madera por Severini, se dio la semana siguiente en *La ilustración de Madrid* como despedida al que había sido su director.

Pasados unos pocos días, en el estudio del pintor Casado del Alisal se celebró una reunión a la que asistieron Rodríguez Correa, Augusto Ferrán, Rico, Fernández Flores, Bernard, y otros, y de allí salió la idea de publicar en dos tomos, por suscripción, las *Rimas*, las *Leyendas*, y las *Cartas desde mi celda*, que vieron la luz en 1871, precedidos de un prólogo que escribió Rodríguez Correa, y del dibujo del cadáver de Bécquer que había hecho Palmaroli en su lecho mortuorio.

Empezaba la gloria de Bécquer, y empezaba a ser utilizado, manipulado el nombre de Bécquer para que algunos escribieran sobre él artículos laudatorios con el único objeto de beneficiarse de una noticia de actualidad. Y, por supuesto, empezaba el negocio para que los editores ganasen el dinero que nunca había ganado Bécquer.

Había caído el telón, pero sólo del primer acto. Faltaba el segundo, la tragedia debía seguir. La tragedia de Casta Esteban, víctima de un matrimonio absurdo con un hombre desgraciado, indeciso, enfermo, alucinado.

Los beneficios de los dos tomos de las obras de Bécquer fueron escasos, unos pocos miles de reales que apenas sirvieron para que. Casta Esteban pudiera alimentarse y alimentar a sus hijos durante unos meses. Así que tuvo que vender los derechos de las futuras ediciones. La venta de derechos de autor ha sido en España una de las páginas más tristes y vergonzosas de la literatura. La miseria o la ignorancia han obligado unas veces a los autores y otras a los herederos por cantidades irrisorias a vender los derechos de autor de obras que después han producido millones. José Zorrilla vendió por el equivalente al jornal de un mes los derechos de su *Don Juan Tenorio* que convirtieron en multimillonario al empresario que se benefició de miles y miles de representaciones escénicas y de cientos de ediciones impresas.

Agotados meses más tarde sus recursos, empezó Casta Esteban a vivir de la caridad. Primero suplicando una ayuda económica a los amigos de Bécquer, después acudiendo a las redacciones de periódicos, luego a las entidades benéficas, y finalmente se hundió en la mendicidad callejera, llevando de la mano a sus hijos de siete y seis años.

Don Emilio Castelar, quizá para quitársela de encima, le facilitó billete gratuito de ferrocarril para París, donde la infeliz creía que podría encontrar empleo dando clases de español. Fracasada en su empeño, hubo de repatriarse gracias a la caridad de algunos emigrados españoles que le pagaron el billete de regreso.

Casta Esteban murió en el Hospital General de Madrid, adonde había sido conducida por los guardias que la encontraron mendigando en la calle, enferma y depauperada por el hambre. Tenía cuarenta años de edad en 1884. Bécquer había muerto catorce años antes, en 1870, a los 34 años de edad.

Casi cincuenta años más tarde, en 1917, los hermanos Serafín y Joaquín Álvarez Quintero se propusieron rescatar los restos de los hermanos Bécquer para trasladarlos a Sevilla y levantar un monumento en su honor. Para ello escribieron una comedia titulada *La rima eterna*, que fue representada por doña María Guerrero y don Fernando Díaz de Mendoza con extraordinario éxito en Madrid. Con el importe se pudo, no sólo efectuar el traslado de los restos, sino construir el monumento, obra del escultor Coullaut Valera, que hoy puede verse en el Parque de María Luisa.

Por cierto que cuando se extrajeron los restos, los huesos de ambos hermanos, de su tumba en la sacramental madrileña, se pusieron en dos pequeñas cajas de madera. Presidía el acto el académico y director de la Biblioteca Nacional, Rodríguez Marín. Antes de cerrar las cajas, inesperadamente, una mujer se destacó de entre el público que presenciaba la exhumación y puso sobre los restos de Gustavo Adolfo un ramo de claveles.

Todo el mundo quedó en suspenso. Y Rodríguez Marín, tras meditar un momento, cogió la mitad de los claveles y los puso sobre los restos de Valeriano, el hermano sacrificado, el trabajador, el que había mantenido a Gustavo Adolfo, soportando sus rarezas y que hasta había dejado su vida por sostener, sin medios, a la familia del poeta.

Así, Rodríguez Marín puso los claveles sobre los restos de Valeriano, y cerró la caja.

Y ésta fue, pequeña, dulce, íntima, la pequeña gloria del modesto pintor Valeriano Bécquer.

EN LA CALLE DEL TURCO LE MATARON A PRIM

Todavía hace pocos años, en los jardines del Retiro, y en las plazas Mayor y de Oriente, podíamos ver a la hora de atardecer a niños y niñas jugando al corro, o al «pasimisí», juegos hoy totalmente olvidados. Y les oíamos cantar romancillos inspirados en una mitología basada en la Historia y en la leyenda. Romancillos en los que se cantaba como

qué dolor, qué dolor, qué pena
Mambrú se fue a la guerra

o como aquella reina adolescente llamada Mercedrtas se había marchitado como una flor, en los salones del palacio real, mitad asfixiada de amores, mitad de nostalgias de su lejana Sevilla. Cantaban las niñas, cantaban, que

Merceditas ya se ha muerto
muerta está que yo la vi,
cuatro duques la llevaban
por las calles de Madrid.

Pero entre aquellos romances, quizás el que más fuerza dramática tenía era el que nos narraba que

En la calle del Turco
le mataron a Prim
montadito en su coche
con la Guardia Civil.

Después vino el cine, la televisión, y los héroes de la mitología y el folclore infantil se achicaron, y en lugar de guerreros y princesas, pasaron a convertirse en tres cerditos, en un pato *Donald,* o en una ratita que barría su casita. Cada época tiene los héroes que merece.

Pero veamos qué hay de verdad en la copla infantil de que a Prim le mataron en la calle del Turco montadito cn su coche.

El general don Juan Prim y Prats había nacido en 1814 en la ciudad catalana de Reus. Con una vocación militar heredada de su padre, que había sido un heroico teniente coronel en la Guerra de la Independencia, Juan Prim sentó plaza como cadete en el cuerpo de Migueletes (llamado así en memoria de un guerrero valenciano del siglo XVI llamado Miquelet). Por sus primeras acciones es ascendido a teniente, y poco después a capitán, ganando su primera Laureada de San Fernando. Era en los tiempos de la primera Guerra Carlista y, poco después, al frente de un batallón conquista Solsona, asciende a comandante, le hieren varias veces, asciende a teniente coronel, y gana otra Laureada y el ascenso a coronel a los veintiséis años de edad.

Durante las feroces luchas civiles en Cataluña entre moderados y progresistas, Prim tomó partido en favor de una vía política que consideraba necesario proteger la industria catalana frente a la competencia de los tejidos de algodón ingleses, a los que el Gobierno había abierto las fronteras, causando la ruina de la industria catalana.

Bajo el mandato del Regente Espartero, Prim se vio obligado a exiliarse, y a su vuelta, acaudillando tropas improvisadas, se puso en favor de la Junta Suprema que se había levantado contra Espartero.

Triunfante en toda España la sublevación contra Espartero, Prim fue ascendido a brigadier y nombrado gobernador militar de Madrid. Pero Cataluña no aceptaba haber echado a Espartero para que le sustituyera Narváez con una política semejante, así que Barcelona volvió a levantarse. El Gobierno envió a Prim como gobernador militar de la Ciudad Condal, donde empleando unas veces la fuerza y otras la diplomacia consiguió pacificar los ánimos, aunque ello mermó su prestigio anterior de progresista exaltado. Las fuerzas liberales, y por supuesto las más radicales, le acusaron de haber olvidado sus ímpetus juveniles y haberse aburguesado, mientras que el Gobierno de Madrid, desconfiando de él a pesar de todo, le nombró comandante general de Ceuta, con rango de general de división.

Poco después, habiendo adelantado el Gobierno la mayoría de edad de Isabel II, y vuelta a España María Cristina, que había sido expulsada de la Regencia y exiliada a París, el nuevo Gobierdo, presidido por González Brabo, caído en desgracia y sustituido por el Gobierno del general Narváez, inició una represión, en la que Prim, acusado falsamente de haber organizado una conspiración, fue condenado a seis años de presidio que habría de cumplir en la más lejana de nuestras colonias, en las islas Marianas, al este de las Filipinas, en el océano Pacífico.

Sin embargo, en aquella época de constantes revoluciones, golpes de Estado y pronunciamientos militares, los gobiernos duraban poco, y antes de que Prim fuera embarcado para Ultramar, un nuevo cambio de Gobierno dio amnistía a los progresistas condenados, entre ellos Prim, quien, recuperando grado y honores, fue destinado como capitán general a Puerto Rico. Estaba entonces hirviendo la colonia de las Antillas en rebeliones promovidas por Norteamérica, y cada día los negros de las plantaciones se alzaban en armas, degollaban a los propietarios, violaban a las mujeres blancas y se echaban a la sierra para formar guerrillas. Prim no sólo acabó con la sublevación de Puerto Rico sino que incluso ayudó a los colonos franceses de la isla de Martinica, que estaban a punto de perecer a manos de sus negros sublevados.

Un nuevo viraje de la política del Gobierno destituyó a Prim, que hubo de regresar a Madrid, encontrándose con que Bravo Murillo y los elementos más reaccionarios estaban otra vez aplicando la represión contra todo el que hubiera tenido ideas progresistas. Decidió entonces Prim dedicarse a la política, dentro del bando liberal, con el intento de hacer frente a los reaccionarios que intentaban devolver España al sistema absolutista de Fernando VII. Se presentó Prim a las elecciones, pero con el intento de eliminarle del Parlamento el Gobierno le nombró de nuevo capitán general de Puerto Rico, y una vez pasadas las elecciones, antes de que se marchara a las Antillas, le revocaron el nombramiento, con lo que se quedó sin capitanía general y sin acta de diputado. Sin embargo, aún le sacó su partido como diputado para cubrir una vacante producida tras las elecciones. Y en el Parlamento se puso decididamente en contra del partido gubernamental.

Su vida parlamentaria es muy importante, pues llegó a acosar al Gobierno, que se vio obligado a disolver las Cortes en dos legislaturas consecutivas.

Durante uno de los períodos de inactividad parlamentaria, Prim solicita licencia temporal y se marcha a París una temporada.

Pero don Juan Prim, si no estaba batallando en el Parlamento, como hombre liberal y progresista, necesitaba estar batallando en los campos de guerra.

Aburrido de la inactividad, y cuando estaba residiendo en París, al saber que había estallado la guerra entre Rusia y Turquía se apresuró a solicitar del Gobierno español que se le nombrara jefe de la comisión española que asistiría como observadora a la campaña de Crimea. El Gobierno se apresuró a ceder a su petición, porque, aun residiendo en París, Prim seguía siendo un personaje a quien más convenía tener contento.

Sin embargo, una vez en Crimea, no se contentó Prim con el papel pasivo de observador, sino que se convirtió en asesor militar del Ejército turco, y sus planes obtuvieron tanto éxito que los turcos ganaron la batalla de Totorkán, lo que le valió a Prim la máxima condecoración de Turquía al mérito militar, la Banda de Mejdjidie y el propio Sultán le entregó una espada de honor.

Terminada la guerra de Crimea, regresó a España. Ya para entonces se le había concedido el título de conde de Reus, con el vizcondado previo del Bruch, y su popularidad había ido creciendo en los ambientes políticos tanto como en la calle.

Pero en 1859 el levantamiento en armas de las cabilas de Anyera hizo que España declarase la guerra a Marruecos. No se dio el mando del Ejército a Prim, pero éste, que deseaba batirse, aceptó mandar solamente la división de reserva, que estaba integrada por los voluntarios de Cataluña, y cuando el cuerpo principal de operaciones flaqueó, Prim entró en combate con su gente.

Por los corresponsales de aquella campaña sabemos que Prim combatió, no como un general, sino como si fuera un simple oficial, siempre en vanguardia, sable en mano, arrastrando con su voz y con su ejemplo a las tropas, que le seguían como hipnotizadas. En la batalla de los Castillejos alcanzó las más altas cimas del heroísmo. Habiendo caído el alférez que portaba la bandera, Prim se agachó a recogerla y, al frente de sus tropas, enarbolando la enseña acometió a los enemigos, peleando por conquistar un cerro en el que, a favor de la altura, los moros tenían todas las ventajas.

Dice un testigo presencial que la sangre que chorreaba por la ladera hacía resbalar a los soldados.

Cuando terminó la batalla, viendo el número de bajas que había tenido su gente, manifestó preocupación Prim de si le quedarían efectivos para otro combate, y preguntó al jefe de uno de los batallones catalanes que cuántos efectivos tenía disponibles. La respuesta del soldado catalán alcanza en su sencillez la más excelsa belleza literaria, a la vez que el más elevado acento heroico.

—*Encara quedem per a una altra vegada.*

—*Y per a una altra?*

—*Per a una altra no.*

Que traducido al castellano, aunque indudablemente pierde fuerza y belleza, viene a resultar así:

—Todavía quedamos para otra vez.

—¿Y para otra más?

—Para otra más no.

A su regreso tras las victorias de los Castillejos y de Wad Rass, la reina Isabel II otorgó a Prim el título de marqués de los Castillejos con grandeza de España.

La campaña contra los moros había sido en 1860. El 61 traería a Prim nueva ocasión de servir a España, al mando de un ejército, pero evitando gracias a su prudencia, entereza de carácter y habilidad política un derramamiento estéril de sangre.

En México se habían producido graves desórdenes, el partido conservador que gobernaba había sido sustituido por un partido radicalizado, que presidía Benito Juárez, y en la ciudad de Cuernavaca fueron asesinados numerosos españoles que vivían allí como agricultores. España reclamó al Gobierno mexicano, pero éste no dio respuesta satisfactoria. Por otra parte se sucedieron otros incidentes contra propiedades francesas e inglesas, y estos gobiernos decidieron intervenir.

Naturalmente que las cosas no eran tan sencillas, pues Inglaterra tenía aspiraciones a conseguir la concesión para ciertas explotaciones mineras y la construcción de ferrocarriles, mientras que Francia aspiraba a sustituir el régimen republicano de México por una monarquía afín a Francia.

La noticia de que Francia e Inglaterra enviaban tropas a México obligó a España a hacer lo mismo, y se dio orden a la capitanía general de Cuba, que mandaba el general Serrano, para enviar tropas de desembarco a México, como así lo hizo, pero sin órdenes de combatir. Al mismo tiempo se daba a Prim el mando de aquel ejército, y poderes como plenipotenciario español para arreglar las cosas con México, ya fuera por la fuerza, ya por negociaciones pacíficas.

Prim se convierte así en un hombre de Estado. Negocia con los ingleses y los franceses, rechaza el embarcar a España en una guerra que habría de ser terrible y desastrosa, pues el interior de México, sin vías de comunicación, no permitiría el avance de la artillería ni el envío de suministros, ni la evacuación de bajas. Además sería una guerra estéril, pues desde el primer momento comprendió que lo que pretendían los franceses y los ingleses era repartirse ellos solos los beneficios.

Todavía más, Prim, como hombre que llevaba muchos años en la política y conocía las fuerzas liberales y progresistas de toda

Europa, sabía que el intento francés de implantar una monarquía en México estaba condenado al fracaso.

Tras estudiar detenidamente las cosas, Prim decidió que lo mejor era retirar su ejército y no aventurarlo a una catástrofe. Máxime cuando ya había empezado a picar en las tropas expedicionarias de los tres países europeos la enfermedad del «vómito negro», que podía convertirse en una epidemia devastadora, para la que en aquel entonces no había medicinas.

Así pues, Prim, demostrando ser a la vez un gran político y un gran patriota, retiró su ejército a Cuba, y regresó a España, donde recibió el agradecimiento de la reina y del Gobierno que presidía el general O'Donnell. Pero, más aún, el agradecimiento de la opinión pública, que vio de modo palpable cómo Prim había evitado a muchos hogares el luto, que hubiera sido tanto más amargo por tratarse de una guerra en la que nada nos iba ni venía.

Desde 1861 a 1868 Madrid se convierte en un pozo de intrigas. Los progresistas y liberales intentan por todos los medios transformar la vida política del país, todavía sin el propósito decidido de derrocar a la reina Isabel II. El Gobierno, en cambio, se manifiesta cada vez más conservador y más duro en las represiones. Y Prim se ve obligado nuevamente a exiliarse a París. Desde allí prepara, no ya un simple pronunciamiento militar, sino una revolución en el más amplio sentido de la palabra. Dieciocho generales se le suman, y se forma un comité revolucionario, cuyas cabezas son Prim, Serrano y el almirante Topete. También figuran políticos como Olózaga, Sagasta, Ruiz Zorrilla y el periodista jerezano José Paul y Angulo.

La revolución se lleva a cabo en el mes de setiembre de 1868. Triunfa en toda la línea, y cuando se planteó expulsar a Isabel II del trono, y alguien sugirió la idea de sustituirla por otro miembro de la familia real, Prim se manifestó rotundo en el rechazo diciendo: «Ni Isabel II ni ninguno de su familia. España es incompatible con los Borbones.» Y en su discurso parlamentario denominado «de los jamases» habría de repetir por tres veces: «Jamás, jamás, jamás.»

Tras el triunfo de la revolución, se formó un directorio integrado por los generales Prim y Serrano, y el almirante Topete, que intentó nomalizar la situación de España dentro de un orden constitucional.

Era necesario encontrar un rey para España, y Prim se mostró decididamente partidario de traer a Amadeo de Saboya, hijo del rey Víctor Manuel de Italia. Exponía como principales razones que los Saboya eran descendientes de una dinastía antigua y respetada en toda Europa; que la semejanza racial, idiomática y eco-

nómica de Italia y España facilitaría la adaptación de Amadeo a
nuestro país y la aceptación por parte de los españoles a un monarca de origen italiano. Y, por otra parte, Amadeo era hijo del
monarca que se había enfrentado al Papa y al Imperio austríaco,
lo que le daba una aureola progresista.

Sin embargo, Amadeo no aceptó el cargo y hubo que pensar en
otros candidatos, entre ellos don Antonio de Montpensier, don
Fernando de Coburgo y Leopoldo de Hohenlohe Siegmaringen.

Cada uno de estos candidatos estaba respaldado por una corriente de opinión y por un poderoso bloque económico, lo que ahora
se llama «poderes fácticos». Pero a su vez cada candidato era fe-
rozmente combatido por los bloques rivales. Así, la Iglesia y las
derechas más extremas se habían opuesto a Amadeo de Saboya
porque representaba la idea progresista y la lucha anticlerical. Fernando de Coburgo, hijo del rey de Portugal, era rechazado también en razón a que estaba casado con una bailarina, y la aristocracia intransigente rechazaba que una ex bailarina pudiera sentarse en el trono de España. Leopoldo de Hohenlohe era un alemán, y Francia se oponía, y con ella todas las fuerzas económicas
españolas vinculadas a Francia, porque temían que un alemán en
el trono de España significase aprisionar a Francia entre dos
países de tendencia prusiana.

Quedaba el duque de Montpensier, a quien se oponía personalmente Prim, y que además, aunque la Iglesia le hubiera preferido,
no podía ser consagrado rey, porque había matado en duelo a su
primo en Carabanchel, y por ello estaba excomulgado.

Por su parte, Paul y Angulo, de hermano fraternal de Prim se
había convertido en su feroz enemigo. Paul y Angulo, además de
sus viejas convicciones revolucionarias, exacerbadas por las corrientes internacionalistas, y por el anarquismo, tenía ahora otro
motivo de resentimiento: había sufrido un horrible accidente y su
rostro, que antes era de una verdadera belleza varonil había quedado surcado por horribles cicatrices, hasta el extremo de parecer un monstruo, lo que había desarrollado en él un auténtico
complejo de odio hacia el género humano. Paul y Angulo dirigía
ahora un periódico titulado *El Combate*, que, según lo califica José
Poch Noguer, biógrafo de Prim, «dejaba en mantillas al *Amigo
del Pueblo* con que Marat desencadenó el gran baño de sangre en
la Revolución francesa».

En las páginas de *El Combate*, cuyos ejemplares circulaban por
los barrios proletarios de Madrid y de otras ciudades, se exaltaba
toda de violencia, se animaba al pueblo a incendiar fábricas y dego-
llar patronos, a destruir las iglesias y a implantar la anarquía total.

Y así llegamos a la víspera de la tragedia.

Tras una prolongada lucha entre tantas banderías, y a las que se había unido la candidatura de Alfonso, hijo de Isabel II, como una cuarta vía, insistió Prim en rechazar a un Borbón, y se dirigió nuevamente a la Casa de Saboya, insistiendo en ofrecer el trono de España a Amadeo. Y éste, no sin vacilaciones, aceptó al fin.

Aprobado el nombramiento por las Cortes, se decidió Prim a salir para Cartagena a recibir a Amadeo I, que llegaría en barco a España.

Paul y Angulo acababa de escribir una febril diatriba contra Prim, acusándole de haber robado a España la Revolución, sustituyéndola por la Restauración de la Monarquía. Terminaba con estas siniestras palabras: «A Prim hay que matarle como a un perro en mitad de la calle.»

Inmediatamente, Paul y Angulo desapareció, y por más que la policía y «la partida de la Porra», especie de grupo auxiliar de la policía que dirigía Felipe Ducazcal, se echaron a su búsqueda por todas partes, no consiguieron encontrarle.

En el Parlamento, el general Prim presentó, el día 27 de diciembre de 1869, la última propuesta relacionada con la llegada del nuevo monarca. Era el presupuesto con que contaría la Real Casa para su llamada «lista civil», que fue aprobado aun con el voto en contra del partido federal, los republicanos y, en general, la izquierda más radicalizada.

Terminada la sesión, invitó Prim al líder de los republicanos a que le acompañase al día siguiente a Cartagena para recibir al nuevo rey. El republicano se negó y de algún modo dejó entrever el propósito de su partido de declarar abiertamente la guerra contra la monarquía, a lo que Prim replicó:

—Pues tengan ustedes cuidado, porque pienso tener mano dura.

A lo que el republicano contestó:

—Mi general, a cada uno le llega su San Martín.

Se despidió Prim con más o menos cordialidad de unos y otros ministros y diputados, no queriendo prolongar la tertulia en el pasillo del Congreso, porque quería irse a dormir para madrugar al día siguiente, a fin de emprender el viaje. A la puerta del Congreso le esperaba el coche oficial, una berlina tirada por dos caballos y que, por ser invierno, llevaba las ventanillas con los cristales cerrados. El coche era del tipo «berlina» de cuatro ruedas, de color verde oscuro con las ruedas rojas, perteneciente al parque de la Presidencia del Gobierno. (Hasta hace poco tiempo ha estado en el Museo del Ejército, y ahora puede verse en el Museo de Carruajes.) En la delantera iba el coronel Moya y en el asiento trasero el general Prim con su ayudante Naudín.

Partió el carruaje de la puerta del Congreso, por la calle Marqués de Cubas, a buscar la de Barquillo, para bajar después por la calle del Turco (hoy llamada calle de Prim), a buscar la parte trasera del Palacio de Buenavista, donde Prim tenía su residencia presidencial.

Este Palacio de Buenavista tiene su historia, pues en el siglo XVIII perteneció a la Casa de Alba, y al morir la duquesa en 1801 el Ayuntamiento de Madrid lo compró para regalárselo a Godoy, príncipe de la Paz, quien residió en él desde 1802 hasta 1808. Más tarde, el palacio sirvió de residencia al mariscal francés Murat, gran duque de Berg. En los años mediales del siglo XIX albergó la Presidencia del Gobierno, y en el siglo XX ha sido Ministerio de la Guerra, Ministerio del Ejército, Ministerio de Defensa y actualmente Estado Mayor Central del Ejército.

Cuando el coche en que iba Prim entró en la calle Marqués de Cubas, un hombre que estaba aguardando en la esquina de la plaza de las Cortes encendió un fósforo para prender al cigarrillo y, como para apagarlo, sacudió el fósforo varias veces en el aire. Desde otra esquina más lejana, otro hombre realizó la misma maniobra.

Al llegar la berlina a la esquina de la calle Barquillo para entrar en la del Turco, encontró un coche de caballos atravesado delante del número 5. La berlina hubo de detenerse delante de la casa número 1 de la misma calle del Turco, esperando que la dejasen pasar. Entonces, del otro carruaje se apearon tres hombres armados, dos de ellos con trabucos y uno con una pistola, y se dirigieron hacia el coche de Prim. El que llevaba la pistola gritó dirigiéndose a los otros dos: «¡Fuego!» Moya, que estaba mirando por la ventanilla para pedir paso, vio que se le venían encima con los trabucos alzados, y le dijo a Prim, sobresaltado:

—Mi general, que nos disparan.

Se oyeron entonces dos disparos y por la ventanilla trasera entró una nube de metralla vomitada por los trabucos.

Naudín se desplomó en el suelo del coche, y Prim se llevó una mano al pecho mientras con la otra se aferraba al pestillo de la portezuela.

El cochero fustigó a los caballos para volver atrás, pero ya el coche que se había atravesado enderezaba por la calle del Turco y se perdía a todo galope.

Prim exclamó, dirigiéndose a Moya:

—¡Aprisa, que se nos muere Naudín!

El coche, a todo galope de los caballos, llegó pronto al Palacio de Buenavista. Al detenerse, el cochero y Moya quisieron ayudar a Prim, pero éste rechazó tal ayuda y dijo:

—Ocuparse del pobre Naudín. Y que alguien busque a un médico.

Erguido, como siempre, subió la escalera, dejando un reguero de sangre que le manaba del hombro derecho y del costado. Al alboroto de las voces, su esposa había salido al corredor, y Prim, intentando tranquilizarla, dijo, como quitándole importancia, con una sonrisa forzada:

—Mira cómo han puesto a tu marido.

Tuvieron que quitarle la levita porque él no se la podía quitar. Tenía el brazo derecho inerte. Pronto llegó el doctor Losada, una eminencia de la cirugía, catedrático de la Facultad de San Carlos. Hizo preparar el *trousseau*, como se llamaba el material de curas, una jofaina con agua caliente, paños limpios, hilas y vendas, y con su bisturí y sus pinzas empezó a operar. Llegó a extraer del hombro y el costado de Prim hasta siete balas o postas de metralla de trabuco. Aunque acababa de inventarse la anestesia, Losada no se atrevió a aplicarla, porque Prim había perdido mucha sangre, estaba débil y podía aparecer el temible «síncope blanco» de las operaciones quirúrgicas, en que el enfermo anestesiado no volvía a despertar. Así que le extrajo las balas «a lo vivo», sin que Prim manifestase su dolor con un solo quejido.

Cuando terminó la operación preguntó Losada:

—¿Se encuentra mejor, mi general?

A lo que respondió Prim:

—Veo la muerte.

No existía entonces la posibilidad de hacer transfusiones de sangre, y Prim estaba prácticamente desangrado, en estado de anemia aguda, y por tanto en las peores condiciones para defenderse de una infección.

Al día siguiente, el general se encontraba en completo estado de postración y no abrió los ojos.

Por la noche empezó a subirle la fiebre.

Aún el otro día lo pasó delirando, y de cuando en cuando repetía:

—Dios mío, y en qué momento tan inoportuno.

En su delirio estaba pendiente de la llegada del rey. Ahora ya no iba él a estar allí para mantener con su respaldo la nueva dinastía. Un rey que llegaba con la oposición de las fuerzas de la Iglesia, del círculo palaciego y aristocrático adicto a Isabel II y de un proletariado levantisco, aleccionado por muchos años de doctrinas anarquistas.

Al tercer día del atentado, Prim quedó limpio de fiebre.

—Le encuentro mejor —dijo el doctor Losada—. Ya no tiene usted calentura.

—Es la mejoría de la muerte —respondió Prim.

A las siete y media de la tarde le preguntó a Moya, que no se había separado de junto a su lecho:

—¿No hay noticias del rey? Vaya usted a ver si ha llegado algún parte.

Moya salió un momento de la alcoba y volvió inmediatamente

con un telegrama en la mano.

—Su Majestad don Amadeo ha llegado a Cartagena hace dos horas.

Prim dio un profundo suspiro y dijo con voz resignada:

—El rey llega, y yo me voy.

Momentos después había expirado el hombre más importante y poderoso de España.

¿Quién mató al general Prim?

La pregunta quedó por mucho tiempo en el aire. Sin embargo, Moya, que estuvo al lado de la cabecera del general durante los tres días de su larga agonía, creyó que Prim habría reconocido entre los tres asesinos a uno de ellos, el que mandaba el grupo y que dio la orden de hacer fuego. Era el diputado y periodista José Paul y Angulo, el que después de haber sido amigo fraternal de Prim se había convertido en su enemigo más encarnizado, y que desde el periódico El Combate había pedido, o más bien anunciado, su muerte.

Pero, ¿quién financió el pago de los asesinos, el alquiler del coche, la complicidad de los que a lo largo del camino, valiéndose de fósforos encendidos, fueron señalando el paso de la berlina en la que el general se acercaba a la muerte? ¿Y los gastos, probablemente cuantiosos, de sacar a Paul y Angulo fuera de España una vez cometido el atentado?

Hay dos hipótesis igualmente aceptables: Hubo una conspiración de varias fuerzas políticas, un pacto de los «poderes fácticos», en el que entrarían juntos elementos aristocráticos y elementos anarquistas. La camarilla palaciega, de aristócratas isabelinos que rechazaban el cambio de dinastía, y que a todo trance querían a un Borbón en el trono, ya fuera el duque de Montpensier, ya fuera el hijo de Isabel II, al que en sus cenáculos llamaban ya Alfonso XII. Y los anarquistas y radicales de la extrema izquierda, que habían bebido en El Catecismo revolucionario y en Los principios de la Revolución las doctrinas de Bakunin y soñaban con la utopía de la nación sin Estado.

¿Cómo es posible que se pudiera producir una alianza aparentemente tan antinatural? Pues porque ambos grupos tenían en común una misma aspiración. Impedir la llegada al trono de Amadeo de Saboya. Los unos para reponer a los Borbones, y los otros para no reponer a nadie, sino para instaurar la República. Esperaban que la muerte de Prim significaría un parón en la llegada de Amadeo, que, sin el apoyo del hombre fuerte, daría marcha atrás y renunciaría a la corona que Prim le había ofrecido.

La otra hipótesis es que hubo, no una conspiración, sino dos conspiraciones por separado: una aristocrática y otra anarquista.

En este caso, uno de los dos grupos cometió el atentado, aunque el otro quizá lo tenía preparado para aquella misma noche o para la mañana siguiente.

Abonan estas dos hipótesis algunos hechos que se desvelaron al instruir el sumario judicial, y al hacer investigaciones diversos servicios de Información. Así, se demostró que el coronel Solís, persona de confianza del duque de Montpensier y cabeza del grupo político que proponía al duque como pretendiente candidato al trono, había estado en París días antes del atentado, reclutando exiliados políticos de extrema izquierda, entre los que repartió dinero para una misteriosa «operación» que habrían de realizar en Madrid.

Pero también se evidenció que el comandante José María Pastor, jefe de seguridad del general Serrano, había contratado en Madrid a varios carlistas, los cuales recibieron dinero y armas, y se entrenaron en su manejo en los terrenos de la Casa de Campo.

¿Extraño el que la derecha monárquica contratase anarquistas y los liberales contratasen carlistas para un atentado? No, no es extraño, sino lógico, ya que de este modo cada bando se aseguraba de que si los asesinos eran identificados, se achacase la autoría del crimen al grupo ideológico al que los sicarios pertenecían, y no al de quienes en la sombra los habían contratado.

No puede asegurarse que el duque de Montpensier en persona participase en la conjura, como tampoco que el general Serrano, compañero de Prim en el Gobierno, hubiese dado órdenes a su jefe de seguridad para el atentado.

De cualquier modo, durante el sumario aparecieron muchos nombres conocidos y, lo que es más terrible, en pocos días aparecieron muertos, asesinados, algunos de los testigos que hubieran podido aportar datos precisos.

Pero Amadeo no renunció al trono. Desde Cartagena emprendió el viaje a Madrid, y llegó a tiempo de asistir a las exequias de quien le había hecho rey de España. Bajo ese signo fúnebre inició su reinado. Un reinado que había de durar solamente un año, y tras el que España se convulsionaría en las agitaciones de la revolución cantonal y de la primera República.

Prim había sido progresista y liberal, pero no tanto como para satisfacer a los antisociales y ácratas. Había sido constante defensor de las instituciones y monárquico hasta preferir una nueva dinastía antes que una república. Pero no tan monárquico e institucional como para satisfacer los egoísmos de las camarillas palaciegas.

Así ambos bandos se coligaron para matarle. Fue un hombre honrado, víctima de las dos Españas, pues no quiso ninguna de las dos, sino una sola España.

LA VERDADERA HISTORIA DE
LOS LEONES DEL CONGRESO

Madrid cuenta en su patrimonio monumental con una variada y numerosa fauna escultórica, que en mármol y en bronce decora los más diversos parajes de la Villa y Corte. Águilas de blasón, perros heráldicos que simbolizan la fidelidad, caballos empinados a la gesta o al lucimiento protocolario, como el del Relevo de la Antorcha en la Ciudad Universitaria, o los que cabalgan Felipe III en la plaza Mayor, Felipe IV en la de Oriente y Alfonso XII ante el estanque del Retiro. O bestias literarias como el Rocinante y el Rucio sacados de las páginas de Cervantes para dirigirse en pos del ideal por la urbana planicie de la plaza de España.

Pero ninguno de estos animales alcanza el carácter representativo de los viejos leones del Congreso, tan madrileños que casi podríamos censarlos en el padrón de vecinos de las oficinas municipales.

¿Cuándo y cómo y por qué aparecieron esos leones que parecen querer jugar a los bolos con el globo del mundo? Lo contaremos en breves páginas para que lo sepa quien esto leyere.

Aunque en España existieron Cortes desde la Edad Media, no tuvieron el carácter de órgano legislativo permanente, y por ello nunca necesitaron de un edificio propio. Las Cortes se reunían una vez cada varios años, cuando existía una grave necesidad de realizar reformas o aportar esfuerzos, en dineros o en hombres, para guerras u otras eventualidades. Los reyes reunían a los representantes que en ese momento designaban las ciudades, y la reunión de las Cortes se efectuaba indistintamente en uno u otro punto del reino. Así, encontramos Cortes en Toro, en La Coruña, en Valladolid, etc.

La reunión de las Cortes en Cádiz, convocada por la Regencia durante la cautividad de Fernando VII en Francia, sirvió para transformar redicalmente aquella situación. A partir de la Constitución de 1812 ya iban a existir unas Cortes permanentes, encargadas de legislar.

Pero terminada la Guerra de la Independencia, y cuando los españoles pensaba que Fernando VII *el Deseado* mantendría el nuevo sistema político, ocurrió precisamente lo contrario. Fernando dejó nula y sin efecto la Constitución y todo lo que se había legislado en Cádiz, y salvo un brevísimo período constitucional de 1820 a 1823, el resto de su reinado transcurrió sin Cortes, y por consiguiente no hubo necesidad de habilitar un edificio para ellas. Solamente al morir este rey en 1833 se restableció el sistema democrático, se eligieron nuevos diputados y se sintió la necesidad de un edificio donde ubicar el Parlamento.

Como no había tiempo para hacerlo de nueva planta, se habilitó el edificio del Palacio de Santa Cruz, que había sido construido en el siglo XVII por el arquitecto Juan Gómez Mora, el que hizo la plaza Mayor, aunque algunos lo atribuyen a Juan Bautista Crescendi. El Palacio de Santa Cruz, a finales del siglo XVIII, había sido adaptado por Juan de Villanueva para tribunal y Cárcel de Corte. Se desalojó a los presos, se enjalbegó y se decoró apresuradamente y, desde 1834 hasta 1877, sirvió como sede a las sesiones de aquel Parlamento, en que destacaron oradores como Argüelles y Olózaga.

Pronto se advirtió que no era el local más idóneo para un Parlamento, por lo que el Gobierno propuso, y las propias Cortes votaron, la construcción de un edificio de nueva planta, eligiéndose como lugar la Carrera de San Jerónimo, junto al Convento del Espíritu Santo. Se encomendó la construcción al célebre arquitecto Pascual y Colomer, que inició las obras en 1843 y las terminó en 1850, siendo inaugurado el día 31 de octubre por la reina doña Isabel II, a quien tanto debe la modernización de Madrid.

Narciso Pascual había trazado una fachada neoclásica, fría, en que seis columnas estriadas sostienen un entablamento, formado por arquitrabe, friso y cornisa, sobre el que descansa un frontón triangular, cuyo tímpano ostenta un enorme relieve en el que se representa a España en figura de matrona, abrazando la Constitución y acompañada de otras figuras que representan la Justicia, las Bellas Artes, la Industria, el Comercio, etc.

Quedaba el conjunto, como decimos, frío y aun tristón, y para darle un poco de gracia se comisionó al diputado Aguilar y Correa, marqués de la Vega de Armijo, para que estudiase la realización de un añadido decorativo, que se encargó al escultor Ponciano Ponzano y Gascón. Era éste un artista que se encontraba en la plenitud de su vigor, pues acababa de cumplir los treinta y siete años.

Ponzano se dedicó a estudiar con ahínco algunos precedentes de edificios a los que se les hubiera añadido algún motivo decorativo exterior, y fijándose en la portada de la Audiencia de Zaragoza, antiguo palacio de los Luna, que también tiene un frontón triangular, aunque menor que el del Congreso, y a la que se le habían añadido, después de su construcción, dos figuras de gigantes, uno a cada lado de la puerta, pensó en imitarla aunque sustituyendo los dos gigantes por dos leones.

Vega Armijo dio inmediatamente cuenta de su comisión al Congreso, y éste sometió el asunto a informe del presidente de la Real Academia de Bellas Artes de San Fernando, el célebre escritor don Juan Nicasio Gallego, que acababa de ser nombrado, y que sometió el asunto a la Sección de Escultura de la Real Academia.

Aprobado el proyecto de poner los dos leones a los dos lados de la puerta del palacio, Ponzano los modeló y sacó en yeso, que patinó en color de bronce. Se avanzaron dos basamentos desde las dos columnas de los lados para que los leones estuvieran por delante de la columnata, y quedaron colocados en su sitio en 1851.

Sin embargo, poco después empezaron a deteriorarse los leones, tanto por el sol y la lluvia como por el mal trato de los «gamberros» que siempre han existido, que arañaban la pintura y arrancaban trozos del yeso. Apenas había transcurrido medio año cuando ya en los primeros meses de 1852 hubo que pensar en sustituir las dos estatuas por otras de mayor consistencia, que se encargaron al propio Ponzano. Pero éste no había quedado satisfecho con lo que se le pagó por aquella obra, que fueron 24.000 reales, y fue dando largas a la presentación del presupuesto. Por ello, cuando por fin se le presionó para que lo presentase, lo hizo de modo que no le adjudicaran el trabajo. Para esa fecha Ponzano ya se había convertido en el primer escultor de Madrid, y había sido elegido Académico Numerario de la de Bellas Artes de San Fernando, el 1 de enero de 1857, con la Medalla marcada con el número 18.

Desechado, pues, el presupuesto de Ponzano, se le encargó a José Bellver que labrase dos nuevos leones, en piedra, en lo que tardó un año, pero que no satisficieron a la comisión de las Cortes, así que no se llegaron a instalar, sino que se vendieron a un particular, el marqués de San Juan, quien los llevó para adornar el jardín de Monforte, en Valencia.

Acababa de ser nombrado director general de artillería el general Alensón, y la comisión parlamentaria se dirigió a él para preguntarle si sería posible fundir en bronce los leones, utilizando como modelo los mismos de yeso que aún estaban ante el edificio de las Cortes. Alensón, que había sido en varias ocasiones jefe de unidades de artillería y jefe militar del Distrito de Sevilla, y que conocía la Fábrica de Artillería sevillana, contestó que podía estudiarse la cuestión. Y aprovechando el viaje de S. M. la reina Isabel II a Sevilla, al que el general se adelantó para hacer los primeros preparativos, mantuvo una entrevista con el coronel Domínguez, director de la Fundición de Bronce, quien afirmó que la Fábrica sevillana era competente y disponía de los medios para semejante empresa.

Datos tomados de *Los Leones del Congreso* por el coronel Enrique de la Vega Viguera, estudio exhaustivo sobre su fundición en Sevilla.

Todavía pasaron dos años más, en que, habiendo cesado en su cargo el general Alensón, quedó en suspenso el proyecto, tanto que hubo pensamientos de hacer fundir los leones en Madrid, lo que se desechó por no haber instalaciones adecuadas, y como alternativa enviarlos a París por sugerencia —no diremos por intriga— del escultor don Sabino Medina, que había enviado algunas de sus obras, entre ellas la estatua monumental de Bartolomé Esteban Murillo, erigida en Sevilla, a la fundición de la firma «Eck & Durand» de la capital francesa.

Pero la propuesta fue rechazada personalmente por la reina Isabel II, que tan pronto como lo supo dijo que España se sentiría avergonzada si una obra para el Parlamento español había que realizarla en el extranjero. Isabel II, que había visitado en setiembre de 1862 la Fábrica de Artillería de Sevilla, insistió en que se volviera al primitivo proyecto de Alensón, y el director general de artillería, que había sucedido a aquél, el también general del Cuerpo don Fernando Fernández de Córdoba, marqués de Mendigorría, con fecha 29 de marzo de 1864 se comprometió solemnemente a la fundición de los leones, solicitando que ambas estatuas fueran trasladadas a Sevilla.

Faltaba determinar el bronce con que habían de fundirse las estatuas, pero el nuevo director de la Fábrica de Artillería, el coronel don Francisco Alvear, que tenía a su cargo la Fundición de Bronce, recordó que cuando terminó la Guerra de Marruecos de 1860 con la victoria de España el general jefe del Ejército Expedicionario, que era don Leopoldo O'Donnell, había enviado a Sevilla, como trofeos, la llave de una de las puertas de Tetuán y varios cañones de bronce que se habían tomado al enemigo en la batalla de Wad-Rass. Ya en aquel momento el Ayuntamiento de Sevilla había pedido al Gobierno, por acuerdo municipal de 9 de febrero de 1860, «que con los cañones tomados al enemigo se erigiera un monumento público, para recordar a las generaciones futuras las glorias de nuestro Ejército». Era, pues, el momento de utilizar aquellos cañones para un monumento de carácter nacional.

La fundición de los leones fue una empresa de excepcionales dificultades. Excepcionales porque, como escribió el coronel Alvear en una carta que ha sido publicada recientemente por el también coronel de artillería don Enrique de la Vega Viguera, ilustre escritor historiador del Arma, «nunca se había construido una cosa igual ni semejante» en una fundición de cañones.

Conviene tener presente que los cañones necesitan un bronce muy fuerte, capaz de aguantar enormes presiones al deflagrar la pólvora; las campanas no han de sufrir esas presiones, pero sí una constante vibración que tiende a rajarlas; y las estatuas y objetos de arte no necesitan esa solidez, pero sí han de tener una textura más fina, y se deben dejar trabajar por el buril, para perfeccionar aquellos relieves que se hayan embotado durante el proceso de fundición. Son, pues, tres tipos de bronce muy distintos, y cada uno es mantenido en secreto por los fundidores, pues el de cañones se oculta para que no lo sepan las naciones enemigas, y el de las campanas y el de las estatuas se encargan de ocultarlo los propios artistas para que no puedan imitarlo sus rivales y émulos.

El coronel Alvear tuvo que empezar por descubrir la fórmula del bronce que había de fundir para hacer las estatuas. Tras numerosas pruebas de laboratorio realizadas por los oficiales de artillería y los técnicos de la Fábrica, llegó a las determinaciones siguientes:

Bronces de cañones: 88 partes de cobre y 12 de estaño.
Bronces de campanas: 80 partes de cobre y 20 de estaño.
Bronces de estatuas: 70 de cobre, 25 de estaño y 5 de cinc.

Ultimados los preparativos y reforzado el personal de Sevilla con algunos fundidores y moldeadores que se pidieron a la Fundición de Artillería de Trubia, y con la colaboración del escultor Ponzano, que organizó el ensamblaje de las piezas en que se había dividido cada molde, se procedió a fundir el primer león, lo que se hizo a principios de marzo de 1865, y, habiéndolo dejado enfriarse durante varias semanas, se extrajo del molde el día 24 de marzo, manifestando haber salido íntegra la fundición, sin burbujas ni rajas y con una textura homogénea. La fundición del segundo león se efectuó en junio, y se extrajo del molde el día 28, habiendo quedado también con excelente calidad.

Durante el mes de julio se procedió a la pulimentación, avivado de relieves, y a darles una pátina para destacar los salientes y las sombras. Por fin el día 28 de julio se expusieron ambos leones ante los periodistas y personalidades técnicas, que manifestaron su entusiasmo por el éxito obtenido tanto en el aspecto industrial como en el artístico, venciendo los obstáculos que presentaba semejante empresa, con unas figuras que pesaban cada una más de dos toneladas.

Transportados a Madrid en octubre de 1865, contra lo que podía esperarse, no se emplazaron inmediatamente ante el Congreso. Las banderías políticas hicieron de estos leones un arma para sus disensiones y peleas. Si para unos aquellos leones eran retratos del león español, símbolos de patriotismo y recuerdo de una guerra victoriosa, para otros eran el testimonio de un odioso imperialismo. La polémica duró nada menos que siete años, y los leones estuvieron a punto de seguir el mismo camino que sus hermanos de piedra, aquellos que había labrado el escultor Bellver y que habían ido a parar a un jardín de Valencia.

Sin embargo, las afortunadas gestiones de don Federico Madrazo, que entretanto había sido nombrado director de la Real Academia de San Fernando, y del político y también académico marqués de Cubas, consiguieron que, por fin, en el año de 1872 quedaran los leones puestos sobre sus plintos a ambos lados de la escalinata exterior del Congreso, como defendiendo sus puertas.

Desde entonces han asistido a cuantos acontecimientos políticos han conformado nuestra sociedad; han escuchado discursos como aquellos memorables y encendidos de don Emilio Castelar, quien con su palabra consiguió abolir la esclavitud y dar a España una legislación más humanitaria. Han soportado estoicos el desfile de vanidades y nulidades que en cada legislatura componen la gran parte de los políticos. Han asistido a sesiones luctuosas, dramáticas, fecundas, agitadas, y hasta cómicas. Porque, en fin, el Parlamento está hecho de todas esas cosas, ya que es una representación de la vida del país. Y el país es la suma de todas esas facetas, en la vida pública y en las innumerables vidas privadas que lo componen.

Leones amigos, ¡Salve!

TOREROS Y TRAGEDIAS TAURINAS
EN LAS PLAZAS DE MADRID

En el año 1573 Su Santidad el Papa Gregorio XIII, que ha pasado a la Historia como el reformador del Calendario, y que nos ha legado el que lleva su nombre, el «Calendario Gregoriano», hoy en uso universal, recibió una curiosa petición del rey de España, don Felipe II.

Acababan de reunirse las Cortes en Madrid, y los procuradores que «llevaban la voz por Sevilla» plantearon la grave cuestión de que un Papa anterior había prohibido las corridas de toros españolas y fulminado excomuniones y censuras contra los clérigos que de algún modo las autorizasen. El Papa en cuestión había sido Pío V, y su prohibición se basaba en los antiguos Padres de la Iglesia que prohibieron las luchas de gladiadores en el Circo romano.

A la petición formulada por el Caballero Veinticuatro de Sevilla, don Gonzalo de Céspedes, gran jinete y rejoneador, se sumaron con entusiasmo la mayoría de los procuradores de todas las provincias españolas, y ello agradó a Felipe II, que en su propia familia tenía una bizarra historia de hazañas taurinas, pues su padre, el emperador Carlos I de España y V de Alemania, había sido muchas veces caballero en plaza, matando toros con la lanza y el rejón; su hermano don Juan de Austria y su primo el rey don Pedro de Portugal, y su sobrino el rey don Sebastián, también habían peleado a caballo y a pie con los toros en las fiestas de Corte, y entre los ministros y Grandes del propio Felipe II la mayoría practicaban la destreza en las lides taurinas, los Guzmán, los Ponce de León, los Téllez Girón, los Haro...

Gregorio XIII, después de meditar y consultar a sus teólogos, sopesando en la balanza de su poder espiritual, de un lado la doctrina, de otro la costumbre, «el derecho consuetudinario» de la inmemorial fiesta española, dio un laudo solemne: «Las corridas de toros pueden celebrarse, pero porque el domingo es Día del Señor y debe reservarse a la oración, el correr los toros deberá hacerse los lunes». Es de suponer que don Felipe II daría un suspiro de alivio al pensar que sus caballeros, tan aficionados al arte del toreo, el rejoneo y el garrochón podrían practicarlos sin peligro para sus almas, cumpliendo el domingo con Dios y el lunes con los feroces toros del Jarama.

Por la condesa D'Alnoy y otros autores de la época de los Austrias sabemos la importancia que tenían las fiestas de toros, y el riesgo a que se exponían los jóvenes aristócratas, y la frecuencia de heridas y muertes entre ellos, y entre los mozos que les ayudaban como peones. La condesa, que vino a España a traer novia francesa para Carlos II, nos da en su libro *Viaje a España* una curiosísima información sobre los festejos taurinos.

Sin embargo, para conocer el busilis de la fiesta, nada mejor que un librito impreso en Madrid por Diego Díez de la Carrera el año 1652 titulado *Advertencias o Preceptos del torear con rejón, lanza, espada y láculos; la obligación en que se ponen y cómo se ha de salir della en las ocasiones que se pueden ofrecer*, escrito por don Pedro Jacinto de Cárdenas i Angulo, Caballero de la Orden de Alcántara. De éste y de otros libros similares escritos por don Luis de Trejo: *Advertencias y obligaciones para torear con el rejón*, Gaspar de Bonifa: *Reglas del torear*, Bernardo de Vargas Machuca: *Teoría y ejercicio de la Gineta*, se deduce no sólo toda la teoría del toreo a caballo, sino su importancia social y aun moral. Obsérvese que se emplea en ellos frecuentemente el vocablo «Obligaciones». Un florilegio de todos esos libros, reunido por un anónimo compilador, y dado al público hace algunos años por el erudito profesor don Joaquín González Moreno, archivero de la Casa de Medinaceli, nos informa de lo que significaba el torear a caballo:

—El que en la plaza no ha de aparecer galán, no entre en ella, aunque piense matar con cada garrochón un toro; porque el intento de esta acción voluntaria es satisfacer los ojos de todos y particularmente a algunos.

—En el primer caballo se permite más adorno, aunque entre menos desembarazado, porque mira al lucimiento.

—La espada corta da mayor cuchillada.

—El garrochón largo cabecea y desayuda para la puntería. No excederá de dos varas con el hierro. La grosura se ha de consultar con el pulso y darle cuanto él permita sin peligrar en perderle.

—Los hierros huecos y sin espiga son mejores porque no pueden torcer ni quebrar. Las espuelas cortas no alcanzan a herir, con el realce de los jaeces; han de ser medianas.

—Será buena sazón el demorarse o atrasarse cincuenta pasos detrás de las guardias que despejan la plaza, porque se entra más señoreando y más visto por lo despejada que está, y tiene lugar de hacer reverencia a los reyes y cortesía a las damas antes de que suelten el toro.

—El asunto de torear es burlar al toro, y siempre que no se consiga será borrón que mancha a quien torea. Menos en los socorros donde no se lleva más mira que aguarecer al que peligra, sin cuidar del caballo.

—Se ha de buscar el asta derecha del toro, con que precisamente será cara a cara, tanto grado que no hay forma de atravesar el caballo esta postura, ni menos presentarle a anchas vueltas; y si quiere el ser forzoso entrar por el cuerno izquierdo, siempre que no vaya cara a cara.

—Si el caballo se trueca echando las caderas al lado derecho, aunque la suerte se elija cara a cara, siempre quedará atravesado.

Entre los enemigos del toreo figuraba el padre Mariana, historiador y escritor; pero aun éste reconoció en su libro *Contra los juegos públicos* que el toreo a caballo era poco peligroso: «Principalmente los que torean a caballo no corren ningún peligro, o a lo menos muy pequeño. Sólo los toreadores de a pie tienen peligro.»

Esto era relativamente cierto y relativamente falso. El padre Pedro de Guzmán, en su obra *Bienes del honesto trabajo y daño de la ociosidad*, publicado en 1614, dice: «Cuando el toro va a los alcances del caballo no tiene tanto peligro como cuando el caballero entra a hacer una suerte metiendo el caballo entre los cuernos del toro. Las lanzadas, de ordinario son desgraciadas y aun peligrosas.»

Se hacían las suertes a caballo con rejoncillos y con garrochón o rejón de muerte, igual que hoy, pero además con la lanza, lo que era semejante a la actual pica, aunque para matar al toro. El caballero iba acompañado de sus criados o lacayos, a los que vestía lujosamente con vistosas libreas. Uno de los autores citados recomienda el mayor lucimiento en las libreas, aunque sean pocas, que muchos peones pero mal costeados: «El intento de esta acción mira al lucimiento. En el gusto de la librea que no tiene límite se pondrá mayor cuidado que en el número de lacayos, debiendo éste proporcionarse a la posibilidad sin esfuerzo de cada uno.»

No se crea que la palabra «librea» tenga aquí el significado de uniforme de los criados. Conviene tener presente que en la palabra «criados» se significaba «personas que se criaban en la casa, o que dependían della». Tan criado era un mozo de cuadra, o un cocinero, como un joven pariente que aprendía junto al señor el arte militar. Los hidalgos y hasta aristócratas ponían sus hijos en casa de algún grande para que, con sus enseñanzas y su ejemplo, hiciera de ellos futuros gobernantes. Así, cuando decimos «librea» más bien nos referimos a «disfraz», pues en las fiestas de toros cada caballero en plaza procuraba mostrar originalidad y sorprender al público, sobre todo al público femenino, con su ingenio, con lo que el grupo o «cuadrilla» de su gente de a pie podían ir vestidos de muy diversos y vistosos modos, «a la cazadora», «a la italiana», «a la turca», o simplemente con trajes de corte, adornados con rica pasamanería de plata y de oro.

Los lugares en donde se celebraran estas fiestas eran de tres categorías sociales: para la Corte, para los aficionados aristócratas y gente de posibles, y para el pueblo llano. Así leemos en papeles antiguos que se celebraban corridas en la explanada del Campo del Rey, situada junto al Alcázar, y que corresponde a lo que hoy llamamos plaza de la Armería. También para fiestas reales se hacía una plaza con palcos o tabladillos en los jardines del Retiro.

No organizadas por la Corte, sino por el Ayuntamiento de la Villa, eran las corridas que se celebraban en la plaza Mayor con ocasiones de fiestas importantes. Los vecinos de la plaza alquilaban los balcones a precios muy elevados, aunque el señor corregidor intentaba poner una tasa de a doce ducados los balcones principales, ocho ducados los pisos segundos, seis los terceros y cuatro los cuartos, tasa que nunca se cumplía. El aposentador real, que lo fue don Marcos de Encinillas, y también el pintor don Diego Velázquez, ganaban pingües beneficios con las comisiones que les daban por este menester los arrendadores de balcones para el rey, la familia real, los invitados extranjeros y los allegados y gorrones que siempre rodeaban al monarca.

Para festejos estrictamente populares había dos plazas: la de Antón Martín y la de la Cebada, que se cerraban con carros y satisfacían mucho al vecindario. También había corridas fuera de los muros de la Villa, en el llamado Soto de Luzón.

Por último citaremos, ni del rey ni de la Villa, ni del vecindario sino de un particular, una plaza, con gradas de madera, en el lugar donde hoy está la plaza de Neptuno, al sitio del Prado, que fue construida por el duque de Lerma, para su solaz y el de sus amigos, a la que también a veces asistió el rey.

Pero, como ya hemos dicho, no eran propiamente plazas, y el aspecto de un coso taurino improvisado, con carros y tablones, en plena ciudad, daba muy pobre imagen a los ojos de nuestros visitantes, aparte de que, al no reunir las necesarias condiciones de seguridad, ocurrían frecuentes hundimientos de gradas y palquillos, con las consiguientes desgracias.

Por todo esto, al llegar al trono el rey Fernando VI, hombre de ideas progresistas y deseoso de embellecer Madrid y de hacerlo más cómodo al vecindario, se propuso construir una plaza de toros edificada expresamente para tal fin, y para ello encargó al arquitecto Ventura Rodríguez que le preparase una traza y planos, los cuales, siendo de su gusto, fueron puestos en ejecución en los terrenos del antiguo Quemadero de los Caños de Alcalá, que, como este nombre indica, estaban en la calle de Alcalá, cerca de la Puerta de Alcalá.

La construcción de esta plaza fue uno de los signos más visibles del cambio político de España, y tiene una extraordinaria carga ideológica. En primer lugar, las corridas de toros van a dejar de ser un festejo de aficionados aristocráticos, que van a lucirse. Ahora se trata de un espectáculo en local cerrado, a tanto la entrada en la taquilla, y por ende va a profesionalizarse. Pero además el lugar elegido no puede ser más simbólico: el antiguo Quemadero de la Santa Inquisición, en donde muchos madrileños habían sido sacrificados en la hoguera por el fanatismo inquisitorial. La plaza, para cumplir su propósito popular y democrático, fue dotada de asiento para 12.000 personas. (Estaba ubicada en donde ahora el Palacio de los Deportes.)

Y todavía hay algo más en esta democratización de la fiesta nacional. El toreo va a dejar de ser a caballo. Va a darse mayor importancia a la labor de los hombres de a pie, y va esto a permitir la aparición de «ídolos» de las multitudes, no pertenecientes a las altas familias de la nobleza. Todo esto es lo que se trae en el magín el segundo de los Borbones, don Fernando VI. Para estimular la curiosidad y la afición, y animar a los madrileños a gastar su dinero en ver la corrida, los toros se exponían en unas corralizas en el Abroñigal; aquellos toros enormes y bravísimos que se traían de la dehesa de la Muñoza.

El día 30 de mayo, festividad de San Fernando y onomástica del rey, se inauguró la Plaza de Toros de la Puerta de Alcalá. El cartel inaugural lo formaban tres profesionales: Juan Esteller *el Valenciano*, Antón Martínez y Manuel Leguregui *el Pamplonés*. De estos tres se dice que *el Valenciano* fue quien inventó el matar los toros con un estoque, no a cuchilladas como se hacía antes, sino clavándolo en el hoyo de las agujas. Esta suerte es la que realmente cambia la historia del toreo, aun cuando luego otro matador famoso, Pedro Romero, inventaría el matar «recibiendo», lo que perfecciona y redondea la suerte suprema.

Poco después, y en la misma plaza, José Rodríguez *Costillares* da a conocer el toreo de capa, pues antes de él la capa era tan sólo un recurso defensivo, pero no un arte. También *Costillares* creó la indumentaria taurina, con el calzón corto, medias, chaquetilla ajustada y faja de seda, todo ello para dar más esbeltez a la figura del torero, pero a la vez para darle más seguridad disminuyendo el riesgo de ser enganchado por el toro, lo que ocurría más fácilmente cuando se llevaba la anterior ropa de casaca, más ancha y suelta, y por tanto más vulnerable.

Aunque en el breve espacio de este capítulo no podemos hacer la historia completa de la Plaza de Toros de la Puerta de Alcalá, sí diremos que en ella ocurrieron numerosos sucesos trascendentales para la historia del toreo.

Así, en el año 1776 actuó la primera mujer torera de que se tiene noticia, llamada Nicolasa Escamilla *la Pajeruela*, de la que conservamos como testimonio gráfico nada menos que un aguafuerte en que la retrató don Francisco de Goya.

También retrató Goya a Martín Barciztegui *Martincho*, el que realizaba las más sorprendentes, audaces y hasta espeluznantes suertes, tales como la de colocarse sobre una mesa, con ambos pies encadenados con grilletes, aguardar la embestida del toro y entonces saltar con los pies juntos por encima de él. También hizo la suerte de banderillear sentado en una silla y con los pies trabados con grilletes. Pero lo más escalofriante que realizó fue citar a matar, sentado en una silla, con los pies también trabados por grilletes, y utilizando en vez de la muleta un sombrero y en lugar de estoque un puñal.

Estas hazañas nos parecerían de todo punto increíbles si no estuvieran reseñadas por autores de todo crédito, y sobre todo si no las hubiera inmortalizado en cuadros y dibujos don Francisco de Goya.

Martincho fue amigo personal de Goya, viajaron juntos y vivieron en una misma casa durante algún tiempo, y gracias a esta proximidad podemos disfrutar hoy varias pinturas y grabados representando las proezas de tan fabuloso torero.

La primera tragedia de que tenemos noticia, ocurrida en esta plaza, no podemos determinar cuándo sucedió, ya que los numerosos romances que salieron, cambiando su texto por causa de la tradición oral, han tergiversado de tal modo el asunto que no es posible hoy por hoy ponerlo en claro.

Sabemos que un torero de la época goyesca, apodado *Pepete* (que erróneamente confunden algunos con José Rodríguez y Rodríguez *Pepete*, un siglo posterior), murió al repetir la suerte del «salto de la garrocha». Esta suerte consistía en citar al toro, teniendo en la mano una garrocha o pértiga suficientemente larga.

Al embestir el toro, había que clavar la garrocha en el suelo y saltar limpiamente por encima del animal, cayendo al otro lado. Parece que los toros aprendían a la primera vez la trayectoria del torero, por lo que no se debía repetir jamás la suerte con el mismo toro.

Los romances de ciego dicen que la reina no vio a *Pepete* cuando saltó, y le pidió que repitiera el salto, lo que le ocasionó la muerte. Suponemos que la reina a que se refiere sería doña Bárbara de Braganza, que por ser portuguesa y descendiente de familia muy taurina, tendría afición a la fiesta. Veamos lo que dice el romance:

> *Qué día tan desgraciado*
> *el veinticinco de abril*
> *que el toro mató a* Pepete
> *en la plaza de Madrid.*
> *Al salto de la garrocha*
> *el toro bravo pasó,*
> *la reina estaba de espaldas*
> *y la suerte no la vio.*
> *La gente gritaba a voces*
> *diciendo «Viva* Pepete»
> *y la reina le pedía*
> *que repita la suerte.*
> *Y* Pepete *le responde*
> *con vergüenza y humildad*
> *—Yo no repito la suerte*
> *que el toro me va a matar—.*
> *Hizo una raya en el suelo*
> *y en el centro se metió;*
> *vino la malvada fiera*
> *de las astas le colgó.*
> *Tres vueltas le dio a la plaza*
> *aquella malvada fiera,*
> *y al pobrecillo* Pepete
> *le llevaba por bandera.*

Este romance debió tener tal interés popular que de él se escribieron numerosas variantes, durante muchos años. Cuando en 1862 murió también en Madrid otro *Pepete* se unieron ambos sucesos en la imaginación popular, y todavía la muerte·del tercero de los de este apodo, José Gallego Mateo *Pepete*, muerto en la plaza de Murcia, reavivó aquel viejo romance, aplicándosele a este último, rival famoso de *Lagartijo*.

De los toreros que actuaron en el siglo XVIII en aquella plaza pocos alcanzaron tanta fama y tanta simpatía en la plaza de Madrid como Joseph Delgado *Hillo*, llamado comúnmente *Pepe Hillo*. Éste había nacido en Sevilla y fue el primero de los grandes toreros andaluces, pues antes que él las figuras fueron *el Valenciano*, *el Pamplonés*, y *Martinchu*, que era de Guipúzcoa. *Hillo* había nacido el mismo año que se inauguró la plaza de Madrid, y actuó en ella más de veinte temporadas. Por desgracia fue el primer gran torero que murió en ella, el día 11 de mayo de 1801, en las corridas de la feria de San Isidro. La cogida fue terrible y dicen que de la impresión murieron varios espectadores. El toro se llamaba *Barbudo*, de Peñaranda de Bracamonte.

> *Y al tiempo de ir a matarlo,*
> *tanto se arrestó, que a fuerza*
> *de meterle bien la espada*
> *como acostumbraba, queda*
> *la espada a el toro metida;*
> *y el toro con gran fiereza*
> *lo ha agarrado de tal suerte*
> *que por un vacío le entra*
> *el cuerno, y por el pescuezo*
> *de Hillo lo saca, el cual queda*
> *por el tiempo de dos credos*
> *colgado de su cabeza,*
> *y después lo despidió*
> *cadáver. ¡Oh qué tristeza!*

También en esta plaza murió poco tiempo después otro de los grandes maestros del toreo, Francisco Montes *Paquiro*. El toro se llamaba *Tumbón* y era de la ganadería de Torre y Rauri, y el suceso ocurrió en la corrida del 21 de julio de 1850. No murió en la misma plaza, sino después, a consecuencia de la herida infligida en el muslo y en la pantorrilla izquierda.

Y llegamos a un momento grandioso de la fiesta. Cuando alternan *Curro Cúchares*, *el Tato* y Juan León.

Lo dice la copla por «caracoles».

> *La calle de Alcalá*
> *cómo reluce*
> *cuando suben y bajan*
> *los andaluces.*
> *Vámonos, vámonos*

al «Café de la Unión»
donde alternan Curro Cúchares
el Tato y Juan León.

A pesar de lo que dice la copla, *Curro Cúchares* no era andaluz,
sino madrileño, pues había nacido en Madrid el 19 de mayo de
1818 y su partida de bautismo figuraba en el archivo de la parroquia de San Sebastián. Se llamaba Francisco Arjona Herrera, y
era hijo del banderillero Manuel Arjona *Costuras,* y de María Herrera, que era sobrina de otro torero famoso, «el señor *Curro
Guillén».* *Curro Cúchares* fue uno de los mejores lidiadores de todos los tiempos. No hubo toro que le pudiera coger, y murió, todavía en activo, casi a los sesenta años de edad, y no de una cogida,
sino del «vómito negro» en un viaje para torear en La Habana.

El Tato, Antonio Sánchez, sí era andaluz, sevillano, y mantuvo
una gran rivalidad con *Cúchares* y con Antonio Carmona *el Gordito.*
El Tato se casó con la hija de *Cúchares.* La copla por «caracoles»
que se cantó en los cafés y tascas flamencas de Madrid no era
nada hiperbólica. Don Natalio Rivas, en su obra *Toreros del romanticismo,* dice que cuando se juntaban aquellos toreros, y pa-
seaban por la calle de Alcalá vestidos con el traje corto, marsellés
bordado, y sombrero de ala ancha, el público se detenía a aplau-
dirles porque con su sola presencia estaban dando un hermoso
espectáculo.

En la plaza de Madrid no había muerto en el ruedo ningún
torero desde *Pepe Hillo* en 1801, pues si alguno, como *Paquiro,* resultó herido de muerte, no murió en aquella fecha sino pasados
días o semanas. Por esta razón causó un terrible impacto la cogida
mortal de *Pepete* en 1862.

José Rodríguez y Rodríguez *Pepete* alternaba con Cayetano
Sanz el día 20 de abril, y por ayudar a un compañero en apuros
fue cogido por el toro que salía suelto de una vara. La cornada le
partió el corazón, y murió en el mismo redondel. Fue tal la emoción que experimentó Madrid ante el percance, que en el Parlamento se pidió la abolición de las corridas.

Por sorprendente que parezca, la vieja plaza de la Puerta de
Alcalá, que desde mediados del siglo XVIII había durado en servicio hasta casi finales del XIX y que había asistido, y ayudado, a
la consolidación del arte del toreo, tuvo un final lamentable. No
se organizó para su clausura, como habría sido lógico, una gran
corrida con un gran cartel y toros de una gran ganadería. Esto era
lo menos que se le debía a la histórica plaza. Sin embargo, su despedida fue triste, grotesca y totalmente antitaurina.

Se cerró con una novillada cuyo cartel estaba totalmente formado por mujeres toreras, y que se celebró el día 16 de agosto de 1874. Intervinieron la veterana Martina García, natural de Ciempozuelos, que había nacido en 25 de julio des 1814, y que por consiguiente en esta novillada tenía ya sesenta años cumplidos. Con ella iban Juana López, Javiera Vidaurre, Celedonia Marina, y además una picadora que se llamaba Teresa Prieto.

La novillada discurrió en medio de un escándalo, risas, protestas, chacota, las toreras rodando por el suelo en medio del regocijo y la indignación de unos y otros espectadores.

A la mañana siguiente empezó el derribo de la plaza, de la que no se ha conservado, que sepamos, ni siquiera una lápida recordando su emplazamiento, y alusiva a sus muchas glorias taurinas. Como decía el otro, aquí en España, el que se muere, se muere de veras.

Y poco después se inauguró la nueva plaza construida en la carretera de Aragón. Exactamente tres semanas más tarde, pues su primerra corrida fue el día 4 de setiembre de 1874. Mal año aquel para los toros, pues la inauguración pasó casi inadvertida con los sucesos políticos, y discurrió sin ningún relieve.

Pero en la cuarta o quinta corrida sí que hubo suceso de importancia, porque murió toreando en ella Manuel Canet *Llusio*.

Como era costumbre, los ciegos y copleros sacaron romances a su muerte, pues los ciegos, que aún no tenían una organización (la ONCE fue creada por el régimen de Franco en 1937, liberando a los invidentes de la mendicidad callejera), se ganaban la vida cantando a la guitarra coplas de sucesos truculentos y pidiendo limosna a sus oyentes en las esquinas.

De estos romances de ciego salió uno a la muerte de Manuel Canet, que se cantó por plazas y mercados, por estaciones, puertas de hospitales y, en fin, por los lugares habituales donde el ciego podía encontrar su público y obtener unas monedas. Decía así:

> *Mala estrella te acompaña*
> *plaza nueva de Madrid,*
> *que tu arena recién limpia*
> *pronto se vino a teñir,*
> *a teñir de sangre fresca*
> *de valeroso carmín*
> *que vertió Manuel el Llusio*
> *en aquel día infeliz.*

El día infeliz fue el 23 de mayo de 1875, en la primera corrida de Beneficencia que se celebró en Madrid, y precisamente aquella

era la primera corrida a la que asistía, y por supuesto presidía, el
nuevo rey de España don Alfonso XII.

Pasaron otros veinte años sin que ocurriera una desgracia semejante. Ya los aficionados madrileños estaban acostumbrados a
corridas sin «hule» o con «hule» (el hule era el revestimiento im-
permeable que se ponía en la mesa de operaciones en la enfermería de la plaza), pero sin muertes de toreros.

Así, la cogida y muerte de *el Espartero* en 1894 fue también
una auténtica conmoción en la vida madrileña.

Manuel García *el Espartero* había nacido en Sevilla veintinueve
años antes. Fue un torero de escasas facultades pero de grandísi-
mo arte. Luchó para abrirse camino, no por hambre como otros,
sino por el amor propio y el amor al arte. Dice un romance de la
época:

> *Manuel García*
> el Espartero,
> *el que fue rey*
> *de los toreros.*
> *Cuando tu fama*
> *le fue reconocida*
> *se pasaba la vía*
> *haciendo caridá.*

Parece que es rigurosamente cierto lo que dice la copla y que
una gran parte del dinero que ganó con los toros fue a parar a los
pobres, sobre todo a personas de las llamadas «vergonzantes», de
las que sufren la miseria y no se atreven a manifestarla.

También se dijo que, además de estar casado *in face Eclessiae*,
tenía otra mujer en el envés del altar, y se apuntó el nombre de
la viuda de Concha y Sierra como el gran amor de su vida.

La musa popular inventó un suceso aciago y supersticioso:

> *El gran Manuel Espartero*
> *con su cuadrilla salió*
> *y en la calle de Alcalá*
> *un entierro se encontró.*
> *Al ver aquel triste cuadro*
> *el color se le mudó*
> *parece que le anunciaba*
> *su desgracia el corazón.*
> *De verde y oro vestía*
> *aquel día el Espartero.*

El toro que mató al *Espartero* se llamaba *Perdigón* y era de la ganadería de Miura, de aquellos toros de Miura que dieron origen a un enojoso y largo pleito entre el gremio de los ganaderos y el de los toreros. Otro romance refiere:

> *Un cornúpeto asesino*
> *de la casta de Miura*
> *al rey del Arte Taurino*
> *lo mandó a la sepultura.*

El Espartero murió como los toreros más grandes, por derecho: al entrar a matar, él metió el estoque en el cuerpo del toro, y el toro metió su cuerno en el cuerpo del torero.

El Espartero murió en el mismo ruedo, de una cornada en el corazón. Tuvo la mejor crónica necrológica que puede pedirse, pues Fernando Villalón, el mejor poeta de temas taurinos y autor de la epopeya *La Toriada*, le dedicó un bellísimo romance al que pertenecen estos versos:

> *Negras gualdrapas llevaban*
> *los ocho caballos negros;*
> *negros son los atalajes*
> *y negros son sus plumeros...*
> *De negro los mayorales*
> *y en la fusta un lazo negro...*
> *Mocitas las de la Alfalfa,*
> *mocitos los pintureros,*
> *negros pañuelos de talle*
> *y una cinta en el sombrero.*
> *Dos viudas con claveles*
> *negros, en el pelo negro...*
> *Negra faja y corbatín*
> *negro con un lazo negro*
> *sobre el oro de la manga*
> *la chupa de los toreros...*
> *Ocho caballos llevaba*
> *el coche del* Espartero.

Algún tiempo después se susurró que al hijo ignorado de *el Espartero*, sus parientes querían meterle a fraile para evitar la vergüenza de su origen ilegítimo. Y hasta salieron unas coplas de sevillanas que decían:

Al hijo del Espartero
lo quieren meter a fraile
pero la cuadrilla dice
torero como su padre.

No hay nada cierto sobre aquella romántica historia. Ni siquiera se sabe si el fruto de aquellos amores era un hijo o una hija. En cualquier caso, si viviera, tendría ahora cien años de edad.

Pasaron cinco lustros sin que ocurriera una muerte en la plaza de Madrid, hasta que el día 24 de abril de 1917 Florentino Ballesteros fue cogido por un toro llamado *Cocinero* en la corrida inaugural de la temporada. Alternaba Florentino Ballesteros con Joselito *el Gallo* y con el *Papa Negro*, el padre de los Bienvenida.

Florentino Ballesteros tenía veinticinco años y era natural de Zaragoza. Como casi todos los toreros aragoneses tenía unas facultades poderosas, y un valor notorio, aunque su toreo no fuese muy artístico. Se le estimaba mucho en el ambiente taurino por su seriedad y por su compañerismo.

No murió en la plaza, pero curiosamente tampoco en el hospital, sino que, gravísimamente herido, insistió en que le llevasen a la fonda donde se hospedaba, esperando que al día siguiente podrían trasladarle a Zaragoza, pero esa misma madrugada falleció.

Otro torero que murió en el ruedo de la plaza de la carretera de Aragón fue Manuel Granero. Y su muerte dio a Madrid un día de luto por lo mucho que se le admiraba y se le quería.

Hijo de una familia acomodada valenciana, Manuel Granero se dedicó al arte del toreo por pura vocación, sin empujarle como a tantos la miseria ni la ambición de mejorar fortuna. En menos de un año de novillero tomó la alternativa, y en solamente otros dos años se puso en la primera fila del escalafón de matadores de toros. Además de gran muletero y excelente estoqueador, Granero fue muy hábil y alegre con las banderillas, lo que le dio gran popularidad en la plaza madrileña, que estima mucho esta suerte cuando es ejecutada por los matadores.

Pero además de su buen oficio de torero, Manolito Granero tenía otros motivos para despertar la admiración: su conducta personal era de excepcional moralidad. Se sabía que era muy religioso y extremadamente caritativo. Comulgaba a diario, y tras su muerte aparecieron tales signos de santidad que habían permanecido ocultos que incluso se habló de su posible beatificación.

Manuel Granero toreó en Madrid el día 7 de mayo de 1922,

tocándole lidiar el segundo toro de la tarde, llamado *Poca-Pena*. Lanceó y banderilleó con lucimiento, y en el momento de entrar a matar fue enganchado, cayendo al suelo bajo el estribo de la barrera donde el toro le corneó destrozándole la cabeza. La muerte fue instantánea, y transtornó al público de tal modo que los espectadores huían de la plaza despavoridos.

El último torero que murió en esta plaza de la carretera de Aragón fue Francisco Vega de los Reyes, famosísimo por su apodo taurino de *Gitanillo de Triana*. Sevillano, del barrio de Triana, era hijo de un herrero gitano, y se dio a conocer como novillero de hechuras pintureras y valor inaudito. *Gitanillo de Triana* había tomado la alternativa el 31 de mayo de 1930. Poco duró su vida, pues un año después, el 14 de agosto de 1931, le mató un toro, cumpliéndose los vaticinios de quienes, al verle torear tan en el terreno del toro, pronosticaban que *Gitanillo de Triana* viviría poco tiempo.

En el año 1934 se inauguró otra nueva plaza de toros en Madrid, pues la de carretera de Aragón se había quedado pequeña y vieja. La nueva se hizo en los terrenos de Las Ventas, con capacidad para 23.000 espectadores. El cartel de su inauguración fue de los mejores que se han podido juntar, pues figuraban en él nada menos que Juan Belmonte, Marcial Lalanda y *Cagancho*.

No ha sido esta plaza castigada por tragedias taurinas, ya que en los cincuenta años que lleva en actividad solamente han muerto en ella Pascual Márquez, que fue herido por el toro *Farolero* de la ganadería de Concha y Sierra, y que murió siete días después, el 24 de mayo de 1941, y recientemente Antonio González *el Campeño*, que fue novillero y después pasó a subalterno, y murió a consecuencia de la cogida que sufrió el día 25 de mayo de 1988.

Éstas han sido las principales plazas de toros de Madrid. Aunque, naturalmente, no podemos olvidar que los aficionados madrileños han disfrutado además de otras de menor rango pero más castizas, como las de Vista Alegre, Carabanchel y Tetuán de las Victorias, que en muchas ocasiones incluso superaron a las principales en carteles y en éxitos.

ROMERÍAS, VERBENAS Y FIESTAS MADRILEÑAS

El pueblo de Madrid tuvo siempre un gran sentido de la alegría, que supo plasmar en numerosos festejos, religiosos y profanos, y muchas veces una y otra cosa juntas, con los que organizó un calendario lúcido a lo largo de todo el año. Veamos cuáles fueron los principales regocijos populares de antaño:

Mes de enero

Tras la Nochevieja, en que los honrados vecinos festejaban la salida y entrada de año con suculentas comidas familiares, abundantes libaciones de vino y aguardiente de Chinchón y tras atiborrarse de dulces caseros, se iban a la misa de medianoche en algunos de los muchos conventos que tenían esos oficios nocturnos. Esto fue hasta los años de 1860, en que un relojero llamado don Ramón Losada, natural de León, y que había pasado su vida entera en Londres, regaló al Gobierno un magnífico reloj, para el Ministerio de la Gobernación, que acababa de instalarse en el edificio que antes fue casa de Correos de Madrid, en la plaza de la Puerta del Sol. Desde ese año los madrileños acudieron a la Puerta del Sol a ver bajar la gran bola de cobre dorado, en el momento de dar las doce campanadas del final del año.

Muy a finales del siglo, empezó la moda de beber «champán» esa noche, y a principios del siglo XX la sidra «achampanada».

Entre Año Nuevo y el día de Reyes era costumbre en el siglo XIX y hasta algo entrado el XX, «echarse los estrechos». La gente compraba en puestecillos de venta ambulante los «pliegos de motes para damas y galanes», y éstos eran unos versos, a veces amorosos, a veces humorísticos, que servían para jugar en torno a la mesa camilla, uniendo los nombres de dos personas de las que participaban en la reunión. O a veces el nombre de uno que estaba presente y el de una persona muy alejada. De esto resultaban disparates como el de emparejar a una mocita con don Quijote de la Mancha, o con uno de los leones del Congreso. Estos juegos de mesa entretenían las tardes de invierno en torno al brasero, juntándose familiares y amigos, y a veces de tales juegos salían noviazgos verdaderos y no fingidos.

El día de Reyes comenzaban los festejos callejeros del año. La gente iba a la plaza de Oriente para ver la llegada y la salida de las personalidades que acudían a la misa y a la recepción que se ofrecía en el palacio real. En la plaza de Oriente tocaba la banda de Alabarderos la marcha real cuando los reyes se asomaban al balcón para saludar al público, y después se seguía un concierto popular de la misma banda hasta mediodía. Una de las curiosidades de la gente era la de fijarse en la ropa del duque de Híjar al entrar y al salir del palacio, pues en su calidad de descendiente del conde de Ribadeo tenía derecho, por privilegio ancestral, a recibir el mismo traje que el rey había llevado a misa aquella mañana.

No se usaba comer las roscas o roscones de Reyes que hoy se usan, sino unas tortas de dulce de almendras y piñones, probable herencia de los moriscos, que en Madrid tuvieron casi el monopolio de la dulcería hasta el siglo XVII. También se comían por Reyes las rosquillas de Fuenlabrada y las rosquillas «tontas».

En seguida llegaba la fiesta de san Antón, el día 17 de enero. Como decía el refrán:

> De los santos de enero
> san Sebastián es el primero.
> —Deténte, varón,
> que primero es san Antón.

La romería de san Antón fusionaba la vida urbana con la vida campesina del contorno rural madrileño. La gente urbana, señoras con sombreros, caballeros con levita, menestrales y artesanos con sus diversos indumentos, que cada uno llevaba orgullosamente, así como los bigotes que en el siglo XIX identificaban a cada profesión, anchos, estrechos, con guías hacia arriba, con guías hacia abajo, de los carpinteros, los carniceros y matarifes, los médicos y escribanos, los comerciantes, los militares, etc., excepto los curas, que no llevaban bigote, ni los cómicos, que para poder maquillarse y ponerse o quitarse sus caracterizaciones andaban siempre «a cureña rasa».

Toda esta variopinta humanidad paseaba el día de san Antón por la calle de Hortaleza, desde los Escolapios a la Magdalena, mientras que el campo se metía por Santa Bárbara hasta la Red de San Luis, con su cortejo de vacas, cabras y cochinos para que los bendijera el cura en la puerta de los Escolapios. Sin embargo, ésta no fue la auténtica romería de san Antón, pues la primitiva se hacía en el cerrillo de San Blas, que estaba donde ahora se encuentra la fuente con la estatua del Ángel Caído en el final del paseo de coches del Retiro. En la ermita de San Blas se concentraban centenares de cabezas de ganado de todas clases, y se elegía cada año el «rey de los cochinos», festejo bárbaro y pagano que terminaba en escenas vergonzosas y en riñas sangrientas, por lo que el Ayuntamiento y la Iglesia de consumo hubieron de suprimirlo. Todo el mundo repetía la letrilla:

> San Antón, santo francés,
> santo que no bebe vino.
> Y lo que tiene a los pies
> san Antón, es un cochino.

aunque quitándole la coma, resultaba una irreverencia para el bendito santo de la romería.

Mes de febrero

El día 3 de febrero se celebraba la romería del «Cristo y los tres santos», que era en la ermita de San Blas, ya citada, en el cerrillo del Altozano, que estaba entre las tapias de Atocha y el cementerio de San Jerónimo. Al lado de la ermita estaba el manantial de Santa Polonia, de agua considerada milagrosa. Había misa, a la que acudían los maceros del Ayuntamiento porque el santo Ángel que se veneraba también allí era su patrono. La gente bebía el agua del manantial, porque el agua tenía fama de salutífera, pero por si acaso completaban sus virtudes medicinales acudiendo a la bota de vino, y sentados en el campo devoraban los torreznos, tortillas y tasajos, si el tiempo invernizo lo permitía. Cuando se derribó la ermita se acabó la romería, y las imágenes del Cristo

del Calvario, san Blas, santa Polonia y el santo Ángel fueron trasladadas a la iglesia de San Jerónimo.

También en febrero, y más o menos alto por ser movible la
Cuaresma, se celebraba el Carnaval, que llenaba las calles de Madrid de máscaras. Unas eran Pierrots, y Colombinas, que podemos
considerar como disfraz de «clase media». Los más ricos acudían
a los casinos luciendo costosos disfraces de caballeros y damas
medievales, o dieciochescos, casacas, miriñaques, pelucas empol-
vadas, etc. Y las clases más pobres se disfrazaban con lo que
tenían a mano. El hombre con el vestido más viejo de su mujer,
y la mujer con los pantalones y la chaqueta más astrosa del hombre, y con las caras tiznadas se echaban a la calle provistos de un
escobón y un delantal, un pañuelo viejo a la cabeza, y unos zapatos puestos al contrario, el del pie derecho en el izquierdo y vice-
versa.

Las máscaras callejeras, proletarias, se llamaban «destrozonas».
Las pintó el genial pintor Solana en muchos de sus cuadros, desde
el baile grotesco hasta la borrachera, la riña, las puñaladas, y la
máscara grotesca tendida sobre «la piedra» del departamento ana-
tómico forense donde se hacían las autopsias.

El Carnaval terminaba con el miércoles de Ceniza, en que se
colgaba el «pelele», que era una figura de hombre vestido con
ropas de verdad, la cabeza de trapo o de paja, y que servía de
chirigota. También se paseaba una sardina en un ataúd, a lo que
se llamaba «el entierro de la sardina». Estas diversiones, que tuvieron su máxima expresión en el siglo XVIII, fueron retratadas
por Goya en algunos de los cartones de sus tapices.

Mes de marzo

El resto de la Cuaresma lo único que se hacía era ir a visitar
la «cara de Dios», retrato auténtico de la faz de Cristo en un paño
de la santa mujer Verónica, en la capilla de la plazuela de los
Afligidos, junto al cuartel de los Guardias de Corps y palacio de
Liria, y visitar al famoso Cristo del palacio de Medinaceli. La «cara
de Dios» estuvo también un tiempo en la calle de la Princesa, por
obras de su capilla.

Mes de abril

Generalmente, la Semana Santa caía en abril, y en esos siete
días salían muchas procesiones de las principales iglesias madrileñas, y se celebraban oficios en los templos.

El jueves Santo salían las muchachas y las señoras, vestidas
con mantilla, traje enterizo de seda negra, peineta de carey alta,
mantilla sujeta con prendedor y claveles rojos, guantes, rosario de
nácar o de azabache colgado de la muñeca como una pulsera,
libro devocionario con los brochecillos de cierre de plata afiligra-
nada, y zapatos de tacón. Las mujeres así ataviadas quedaban ele-
gantísimas, y salían acompañadas del novio o del esposo a visitar
los sagrarios, es decir lo que se llamaba «visitar monumentos»,
puesto que en las iglesias se montaba el Monumento Eucarístico,
especie de altar con hileras de velas y flores, que acompañaban a la
Custodia en la que se exponía la hostia, que permanecía el jueves
entero en exposición, y el Viernes Santo era consumida apagándose
las luces y quedando los altares con las velas y cruces acostadas
sobre el mantel, lo que se llamaba «el expolio», hasta el sábado
de Gloria, en que se volvían a poner las velas y las cruces en pie.

El día 19 de abril, si no caía en Semana Santa, se celebraba la
romería de San Marcos en su ermita, situada a las afueras de la
Puerta de Fuencarral, por donde ahora está la Glorieta de Bilbao,
también en un cerrillo. Como ya era buen tiempo, la gente dejaba
atrás las capas y los gabanes, aparecían las chaquetas, y los más
osados se presentaban a la romería en blusa, dispuestos si hacía
frío a calentarse por dentro con el calor del vino de Arganda. Por
esta razón de ir ya sin las ropas del invierno se decía «ir de
trapillo», y la fiesta acabó por llamarse «la romería del Trapillo»
en vez de la «romería de San Marcos».

Mes de mayo

El día primero de mayo, cuando aún no habían instaurado la
fiesta del Trabajo las organizaciones obreras, se celebraba en Madrid desde siglos atrás la romería de Santiago el Verde, a la orilla
del río, a la izquierda del Puente de Toledo, donde después ha
estado la llamada Pradera del Canal. Pero recordaremos que a la
vez era el día de las «Mayas». En cada barrio se elegía «Maya»,
o sea reina de mayo, a la muchacha más hermosa, o más galana.

La costumbre venía de muy lejos, pues ya en el siglo XVI Lope de Vega cita repetidamente las «Mayas». Y aún hay quienes opinan que de «maya» vino «maja», y que las majas y majos madrileños deben su nombre precisamente a esta costumbre tradicional. Porque se empieza por decirle «maya», o sea guapa de mayo, a una muchacha, pero lo natural es hacer extensivo el calificativo a todas las otras, porque, ¿qué muchacha no es bonita? Así se generalizaría el término a lo largo del siglo XVIII, y se mantendría el XIX para perderse y olvidarse en el XX. ¿Quién llama hoy «majas» y «majos» a los mozos y mozas madrileños?

El día 2 de mayo se celebraba la conmemoración de la Guerra de la Independencia, con misa de campaña ante el Obelisco, desfile de soldados de artillería en honor de Daoíz y Velarde, y verbena en el barrio de Monteleón. También participaba la Asociación de Milicianos Nacionales, que aún existe y tiene su sede en la Real Sociedad Económica Matritense.

El 3 de mayo, día de la Santa Cruz, se ponían las Cruces de Mayo en los patios de vecindad. Se erigían altarcillos en las plazuelas, y los chicos y chicas pedían «una limosnita para la Cruz de Mayo», pero curiosamente los niños y muchachas llevaban un cepillo y a quien les daba una moneda le cepillaban los hombros y la espalda. Con el dinero recaudado se compraban las flores y luces para el exhorno de la Cruz, y además se contrataba un pianillo de manubrio para amenizar la noche con bailoteo popular.

El 15 de mayo, gran fiesta madrileña: el día de san Isidro, patrono de la villa. La romería de San Isidro, en la pradera del santo a la que se iba por los puentes de Toledo y Segovia, pero también por el «pontón de pago» que cruzaba el río. Misa, procesión alrededor de la ermita, rifa de roscas y subasta de bailes, en la que quien más pagaba era el que bailaba con la señorita cuyo baile se subastaba, a beneficio de los pobres. Un detalle típico de la romería de San Isidro era el comprar en los puestos una campanita de barro. La romería del santo duraba varios días, hasta empalmarse con la de San Antonio de la Florida.

En la ermita del santo había una fuente que tenía varias jarritas de cobre para que bebieran los visitantes, pero sujetas cada una con una cadena, para que no se las llevasen.

Mes de junio

La principal fiesta de junio era, naturalmente, el Corpus Christi. Era uno de los tres días grandes del año:

Tres jueves hay en el año
que relucen más que el sol:
Jueves Santo, Corpus Christi
y el día de la Ascensión.

La víspera del Corpus salía el «Mojigón», o anuncio, que era una especie de cortejo o desfile por las calles principales, en el que un moharracho o cachidiablo, disfrazado con botarga colorada, asustaba a los chiquillos golpeándoles con una vejiga puesta en la punta de una caña. Acompañaban al Mojigón un niño vestido de arcángel, que de vez en cuando gritaba al cachidiablo, y le obligaba a obedecer y arrodillarse, entre los aplausos del público. También desfilaba una comparsa de moros y cristianos, con trompetería y atambores, los cuales eran en el siglo XIX soldados del cuartel del conde-duque, gustosamente cedido por el capitán general, y más tarde músicos de la plaza de toros.

El día del Corpus era la fiesta de mayor gala, asistiendo a la procesión personalidades de todos los rangos, representaciones militares y civiles, cofradías y hermandades, asociaciones piadosas, y las comunidades de frailes de todos los conventos y parroquias con sus cruces y ciriales. Después de la procesión se veían por las calles del centro, y en el paseo del Prado y en el de Recoletos, militares con sus uniformes de gala, señoras con sombrero, caballeros de chaqué, académicos de frac, y, en fin, una sociedad lucidísima, que tras la procesión acudía a pasear y a tomar refrescos en los establecimientos de más tono.

El mismo día de Corpus por la tarde, o el domingo siguiente, salía por el barrio de San Andrés la procesión de la Minerva, en conmemoración de la consagración del templo de Minerva, la diosa romana, al convertirse en templo cristiano. Esta procesión recorría la plaza de la Cebada, las Vistillas, los Terceros y la plazuela de los Carros.

El día 12 de junio, víspera de san Antonio de la Florida, se iniciaba la verbena de este santo, de gran tradición madrileña.

La primera verbena
que Dios envía
es la de san Antonio
de la Florida.

lo cual era cierto, pues los festejos populares de los meses anteriores eran romerías pero no verbenas. La primera es la de san Antonio. Las mujeres esperaban con impaciencia y reclamaban al novio o al marido que las llevase:

Llévame a la verbena
de san Antonio
que por ser la primera
no hay que faltar.

La ermita de San Antonio se edificó el año de 1720, costeada por el Resguardo de las Rentas Reales, es decir por el Ministerio de Hacienda. ¿Qué tendría que ver el Ministerio de Hacienda con san Antonio, el picado de viruelas, que como único pecado de su vida tuvo el de mandarle a un pintor que le retratase muy guapo y con la cara tan linda que desde entonces se dijo para festejar a alguien bonito: «Eres más lindo que un san Antonio»? La ermita se reedificó en 1770, y después en 1790, y en esta última ocasión fue cuando don Francisco de Goya pintó los famosísimos frescos que la decoran.

Mes de julio

La verbena del Carmen. Esta verbena empezó celebrándose en la calle de Alcalá, ante la iglesia de San José de la Orden Carmelitana, pero cuando la «calle Alcalá» se convirtió en zona demasiado transitada de vehículos (el problema de tráfico era tremendo, pues pasaban al día hasta doscientos coches y otros tantos carros), hubo que trasladar la verbena al barrio de Chamberí y al Puente de Vallecas, que la acogieron con gran entusiasmo. Esta verbena se celebraba los días 15 y 1 de julio, y si detrás venía el domingo se prolongaba también a esa fecha.

El 25 de julio se celebraba la verbena de Santiago, en la plaza de Oriente. Parece que ésta se inició en el siglo XVIII, durante las obras de construcción del nuevo palacio real, pues no hay noticias de que se celebrase ante el Alcázar en la época de los Austrias.

Mes de agosto

Los días 5 y 6 de agosto se celebraba la verbena de san Cayetano, ante su iglesia, y ocupando desde la cabecera del Rastro hasta el Portillo de Embajadores. Con evidente exageración se decía de este santo:

San Cayetano bendito
padre de la Providencia.

El día 9 y 10 se organizaba la verbena de San Lorenzo, que ocupaba el barrio de la antigua judería, es decir, el Lavapiés, el Campillo de la Manuela, y las calles de la Fe y del Ave María.

Aún quedaba otra verbena en este mes, y acaso la que ha pasado a la historia como la más importante, merced al genio del escritor Ricardo de la Vega y del músico Tomás Bretón, que en la famosísima zarzuela *La verbena de la Paloma* legaron el más exacto y valioso retrato costumbrista del Madrid de finales del siglo XIX. La devoción a la Virgen de la Paloma no goza de la misma antigüedad y tradición que la de la Almudena o la de Atocha. Es una devoción muy moderna, pues acaba de cumplir doscientos años. En el de 1787, una mujer de Alcalá de Henares vio unos muchachos que arrastraban un cuadro viejo de lienzo, y que se disponían a encender con él una fogata. Les compró el cuadro por unas monedas y lo trajo a Madrid. Se trataba de una Virgen Dolorosa, y muy pronto en todo el Madrid castizo cundió la devoción a esta Virgen, a la que se le instaló una capillita en la calle de la Paloma, de donde tomó su nombre. Le reina María Luisa de Parma, y más tarde Isabel II, se interesaron por su culto, y el arquitecto Francisco Sánchez, discípulo de Ventura Rodríguez, le construyó su templo actual. Escondida durante los tres años de la Guerra Civil en diversas casas particulares, volvió a su templo en 1939.

La verbena de la Paloma, además de su aspecto religioso, ha servido para darnos una serie de noticias sobre la vida madrileña de los finales del siglo XIX.

> *Por ser la Virgen de la Paloma*
> *un mantón de la China*
> *te voy a regalar*

se dice en el célebre dúo. Cuando esto se decía, España aún tenía sus colonias del océano Pacífico: las Filipinas, las Marianas, las Carolinas, las Palaos, y hasta los dos archipiélagos que aún son nuestros, aunque hayamos hecho dejación de ellos. Los dos archipiélagos de Os Guedes y As Coroas, que heredamos de Portugal, y que al no incluirse en el Tratado de París de 1899, seguirán siendo nuestros hasta el 31 de diciembre de 1999, el siglo de plazo para la prescripción.

Pues bien, desde aquellos lejanos archipiélagos nos llegaban los productos de China, a través del puerto de Manila. Por eso los mantones con sus pagodas, sus pavos reales y sus cabecitas de chinos de marfil, los bellísimos mantones, nos llegaban con ambos nombres, «un mantón de la China» o «un mantón de Manila».

La verbena de la Paloma comprendía todo el barrio de Cata-
trava, la calle de Toledo, y la plaza de la Cebada.

Una tradición piadosa y muy madrileña era llevar a los niños
recién nacidos a la iglesia de la Paloma para presentárselos a la
Virgen y pedirle que los protegiera.

Mes de setiembre

La verbena de la Virgen del Puerto se celebraba el día 8 de
setiembre en el Soto de la Virgen y cerrillo de las Vistillas. Una
verbena menos urbana, con honores de romería.

Y en seguida la feria de san Mateo, una de las ferias más
antiguas de España, y que fue concedida a Madrid por privilegio
expedido por el rey don Juan II, padre de Isabel *la Católica*, en
los primeros años del siglo XV. Esta feria se hizo como feria de
ganados, y se montaba en la calle de Alcalá, la cual era «cañada
real» o «camino de cordel» hasta hace poco tiempo. Tan poco, que
la hemos conocido en los años de 1940, cortándose el tráfico roda-
do para que pasaran por ella, dos veces al año, los rebaños de
ovejas merinas que desde Soria se dirigían o regresaban en su
viaje anual a la Extremadura.

> *Ya se van los pastores*
> *a la Extremadura*
> *ya se queda la sierra*
> *triste y oscura.*

Los rebaños, acogidos al privilegio de la Honrada Mesta (especie de sindicato ganadero medieval, pues esto de los sindicatos
no lo han inventado en el siglo XIX), defendían el derecho de paso,
y con una copia de la ley en la mano, y con un cordel que llevaba
en sus dos puntas dos sellos de plomo, troquelados por el fiel
contraste de pesos y medidas, el mayoral del rebaño iba avanzando
delante de su grey, y en los lugares donde veía que le habían dejado
menos anchura de la pertinente, medía con el cordel «la canal» o
ancho de la calle, y presentaba ante la autoridad la denuncia.

La feria de san Mateo, mercado ganadero, pasó desde la calle
Alcalá a la Cuesta de Moyano y Paseo de Atocha, pero ya no era
ni sombra de lo que fue, y de venderse puntas de ganado, vacadas
enteras, piaras de cochinos lustrosos, se degradó hasta convertirse
en mercadillo de baratijas, pitos, reolinas y gorros de cartón.

Y sin solución de continuidad, la feria de san Miguel, los tres

últimos días de setiembre. La feria de san Miguel se celebra en
el mismo sitio y tiene el mismo carácter. En realidad era, valiéndose de otro privilegio, una forma de prolongar el mercado ganadero para que durase una semana entera. Y alrededor del mercado, los naturales medios de expansión y regocijo, los puestos de
refrescos, vinos y aguardientes, alguna barraca de «vistas», alguna
rifa, y la concurrencia de fulanitas al olor del dinero ganado por
los tratantes en sus ventas de ganado.

Mes de octubre

En octubre no había verbenas ni romerías. Únicamente la visita
a la iglesia de San Francisco el Grande, el día 4, en que había gran
misa cantada, con orquesta por ser el día del titular. Y el 15 la
fiesta y procesión de santa Teresa por los alrededores del convento
de las Teresas. Es lógico que falten fiestas en octubre, pues el vecindario de los barrios suburbanos no era un proletariado industrial, sino un campesinado de huertas limítrofes con Madrid, y en
ese mes los campesinos tienen harta labor que hacer en sus campos. Y la honrada menestralía del casticismo madrileño había quedado con los bolsillos exhaustos después de los prolongados regocijos de las ferias de san Mateo y san Miguel, y con sus corridas
de toros en las Ventas o en Carabanchel.

Mes de noviembre

El día 1 se celebraba una conmemoración mitad religiosa mitad
cívica: la «procesión del terremoto», conmemorando el terremoto
del 1 de noviembre de 1755, que destruyó a Lisboa y otras ciudades
europeas, y que providencialmente no dañó a Madrid, por lo que
se hacía una misa y procesión en acción de gracias a la Virgen de
la Almudena y a san Isidro, patrono de Madrid, acudiendo los madrileños al desfile religioso que iba de uno a otro templo.
También era fiesta propia de estos días, 1 y 2 de noviembre, la
visita a los cementerios. Es lástima que mientras otras ciudades
europeas, y hasta españolas, miman sus cementerios, convirtién-
dolos en jardines floridos, y preservan las lápidas antiguas, que
son de algún modo páginas de la historia local, Madrid no ha cui-
do nunca sus cementerios. La pérdida de las tumbas de Lope de

Vega y de Cervantes en las iglesias donde fueron enterrados ya nos da la medida del cuidado que Madrid tiene para con sus muertos. Y es lástima que igual que ocurrió en las iglesias haya ocurrido en las necrópolis. Podríamos tener un cementerio romántico en el que pasear por entre las tumbas de personajes famosos de las Letras, las Artes, las Ciencias, el Teatro, etc., como los cementerios románticos de París, pero lamentablemente Madrid no ha sabido hacerlo.

Pero sigamos con las fiestas. El 15 de noviembre, la romería de san Eugenio. Aunque los montes de El Pardo estaban cerrados al público por ser sitio real, el día de san Eugenio, por un antiquísimo privilegio, se abrían las cancelas de la «Puerta de Hierro», construida en 1750 por los arquitectos Francisco Nangle y Francisco Moradillo y el escultor Olivieri.

La gente salía de Madrid en calesas de alquiler, o sobre democráticas alpargatas, un pie tras otro, y echaban el día en los montes de El Pardo, tras la obligada visita a la ermita del santo, comiendo las bellotas tradicionales, acompañadas de chorizos, escabeches, tortillas y todo género de viandas, bebiendo vino y bailando bajo las encinas.

Parece que los montes de El Pardo habían sido en tiempos remotos propiedad de la Villa, que los cedió al rey, pero conservando sobre ellos un dominio que se patentizaba una vez al año, con esa incursión del vecindario para pisar el terreno con sus pies y comer las bellotas en señal de propiedad de sus frutos.

La fiesta de san Eugenio aparece reflejada en numerosas coplas y estampas populares. Recordemos el cuplé de *El relicario*:

> *Un día de san Eugenio*
> *yendo hacia el Pardo*
> *lo conocí,*
> *era el torero de más tronío*
> *y el más castizo de tó Madrid.*

y las desenfadadas estrofas que canta *Lamparilla* el protagonista de *El barberillo de Lavapiés*, la más representativa de las zarzuelas madrileñas, verdadero tesoro folclórico que todo madrileño debería conocer, escrita por Luis Mariano de Larra, hijo de *Fígaro*, y compuesta por el extraordinario músico Francisco Asenjo Barbieri:

> *—Salud, dinero y bellotas.*
> *—El barbero Lamparilla.*
> *—Aquí está para serviros*
> *lo peor que hay en la villa.*
> *—¿Qué viene buscando el mozo*

de más fama de Madrid?
—A rezar a san Eugenio
y a comerme un celemín.

Con la romería de san Eugenio se cerraba el ciclo de las fiestas populares. Porque en diciembre, las Navidades tenían un carácter casi estrictamente familiar. Pero de todos modos algo encontraremos en las antiguas costumbres para el último mes del año.

Mes de diciembre

En los días anteriores a la Navidad era frecuente ver en las calles de Madrid, como anticipo de las fiestas y en cierto modo como un pregón, a los coros de campanilleros, muchachos que, provistos de panderetas y zambombas, cantaban villancicos, pidiendo unas monedas a los transeúntes para instalar los nacimientos. En los barrios más modestos se solían instalar nacimientos con figuritas de barro en los corrales o patios de vecindad.

En la plaza Mayor se situaban centenares de puestecillos que vendían las panderetas y zambombas, y en el centro, al pie del caballo de Felipe III, se cerraba con tablas y cuerdas una serie de corrales en los que los madrileños compraban los clásicos pavos. Aunque es verdad que el pavo no fue el plato predilecto de los madrileños castizos sino que, conservando una viejísima tradición religiosa de ser el día de Nochebuena día de «abstinencia de carnes», era preferido el besugo, que por ser pescado era permitido en la mesa en el menú de vigilia.

Lo más importante, sin embargo, en los días navideños, herencia del Siglo de Oro del teatro, eran las representaciones teatrales del *Nacimiento del Mesías* en el teatrillo de «Talía» que estaba en la calle de las Aguas, y la asistencia el día de Navidad por la tarde a todos los teatros de la villa, que aun siendo diciembre hacían su agosto entre Navidad y el fin de año.

Y así, en el girar de la noria volvía a empezar el año, otra vez con los «estrechos» o versos en los juguetes de mesa, y las clásicas «vueltas» de la calle de Hortaleza en la fiesta de san Antón.

Fiestas que la mayoría se han perdido y las pocas que sobreviven lo hacen de forma artificial, subvencionadas o manipuladas. Porque, hágase lo que se quiera, cada cosa tiene su época, y es inútil empeñarse en detener el natural curso del tiempo, y, todavía más, en intentar que anden hacia atrás las manecillas del reloj de la Historia.

DE CÓMO EL OSO DEL MADROÑO NO ES OSO SINO OSA

Hemos querido dejar para el final de este libro, a manera de apéndice, algo que muy bien podría haber ido al principio. El Escudo de la Villa de Madrid.

Como todo el mundo sabe, el escudo de la Villa de Madrid se describe como «En campo de plata un árbol de madroño, y acostado a él un oso. Rodeado de una bordura de azur con siete estrellas de seis rayos. Timbrado de corona Real».

Sin embargo, lo que muy pocos saben es que el oso del escudo de Madrid no es un oso sino una osa. El descubrimiento se debe a un erudito investigador, director del Archivo Histórico de la Villa que se llama don José María Bernáldez Montalvo, quien encontró un documento, relativo a las Cortes de Valladolid, en que se describe correctamente el escudo.

Pero antes de llegar a ese punto, empecemos por el principio:

Los escudos se inventaron como arma defensiva en la más remota antigüedad. Y los guerreros griegos para asustar a sus enemigos ponían sobre el escudo en relieve, algún monstruo espantable, como la hidra, o la cabeza de la gorgona, pero solamente con una finalidad supersticiosa.

Sin embargo en la Edad Media es cuando el escudo va a servir como signo de identificación de las personas y de los municipios. Esto se debe a que yendo los guerreros cubiertos por una armadura de hierro, con un casco, cubierto por delante el rostro con la celada, era imposible distinguir el rostro de cada uno. Y para evitar confundirse los de un bando con los del enemigo, empeza-

ron a pintar en el escudo ciertos signos en forma de clave fácilmente descifrable. Así el caballero que se apellidaba García pintaba una garza en su escudo; el que se apellidaba Puente un puente, el que se apellidaba Chaves, unas llaves. La fecha más antigua
que conocemos de aparecer un blasón o símbolo pintado en un
escudo es en 1141. La costumbre se generalizó muy pronto y en
1150 ya los magnates tienen su escudo, que llevan ellos y sus
soldados.

Pero no eran todas las tropas mesnadas de reyes o de magnates, sino que también los concejos o municipios enviaban sus tropas a la guerra. Así lo vemos en la Reconquista cuando el rey san
Fernando decide avanzar desde Ciudad Real para conquistar Jaén,
Córdoba y Sevilla. El rey hace un llamamiento a las Órdenes Militares de Santiago, Calatrava, Alcántara, el Temple y San Juan, a
los Rico-homes o Grandes que tienen hueste propia, y a los Concejos para que hagan una leva formando una mesnada proporciona-
da a la importancia de su población.

A mi juicio, y mientras no se demuestre lo contrario, debió
ser entonces, en 1247 cuando se creó el escudo de Madrid, a fin de
que las tropas del concejo madrileño que iban mandadas por el
adalid Gome Ruiz de Manzanedo, pudieran distinguirse de las tropas de los otros concejos que participaban en la campaña.

Por documentos y crónicas que obran en el Archivo Histórico
Municipal de Sevilla, sabemos que las tropas enviadas por el Concejo de Madrid fueron de las primeras en llegar a las puertas de
Sevilla, y que el rey San Fernando, apenas con su mesnada particular y la hueste madrileña, que formaban un reducido ejército, se
atrevió a poner cerco a Sevilla. Más tarde es cuando llegaron las
tropas de los otros concejos (Repartimiento. Julio González).

También sabemos por un documento Real que cuando el rey
San Fernando decidió cambiar el Campamento Real desde la Torre
del Caño hacia el Campo de Tablada, fueron los madrileños mandados por Gómez de Manzanedo quienes aseguraron este traslado,
y habiéndose dado cuenta los moros de que la impedimenta emba-
razaba el movimiento del ejército, hicieron una poderosa salida, a
la que se enfrentaron los madrileños trabándose una encarnizada
batalla, de la que Gómez Manzanedo y su gente consiguieron salir
airosos, rechazando a los moros y obligándoles a replegarse y encerrarse otra vez tras las murallas de Sevilla.

Creemos, pues, que es en esta fecha de la campaña de 1247
cuando Madrid, necesitando un símbolo para la identificación de
sus hombres, pinta en el escudo de éstos el oso, pero sin madroño,
pues lo que acompaña al animal no es el árbol, sino una torre.
Además, el oso no está de pie, es decir, empinado, sino que está
pasante, o sea caminando.

Así, pues, la descripción inicial del escudo era «En campo de plata una torre y una osa pasante ante ella».

Este escudo aparece por primera vez en documentos que se conservan actualmente en un sello de cera, adherido a un documento del año 1381, siendo rey de Castilla don Juan I. El sello, de cera como decimos, muestra estar hecho con un molde o matriz de metal que ya estaba muy deteriorado para esa fecha, lo que nos demuestra que la utilización de aquel escudo, que empezó siendo militar, ya tenía efectos civiles mucho antes de 1381.

Como en todo suceso histórico aparece en seguida la leyenda, deformándolo y embelleciéndolo, algunos achacan el símbolo del oso a «un mui grande oso pardo» que el rey Alfonso XI mató en los montes de Madrid. La verdad histórica es muy otra. El rey Alfonso XI, en efecto, mató un «mui grande oso pardo» en uno de los montes de Madrid, y para diferenciar este monte de los otros se le llamó «el monte del Pardo» que se hizo luego extensivo a una zona mucho más amplia. La cacería del famoso pardo consta en la *Crónica* de Alfonso XI.

Pero la verdad histórica de la muerte del oso, nos sirve para negar la leyenda, el animal que figura en el escudo no puede ser, en absoluto, el que mató el rey, ya que éste era, según el testimonio documental «un mui grande oso», o sea, macho, mientras que el que figura en el escudo de Madrid es una osa.

Lo sabemos gracias al citado descubrimiento de Bernáldez Montalvo. Se trata de una petición formulada por el Concejo de Madrid al rey Carlos I, Emperador, en las Cortes reunidas en Valladolid en 1548. La petición es para que se mejore el escudo del Concejo de Madrid. Y el documento dice cómo es el escudo, y cómo se pide que sea. Ya para esa época había desaparecido del escudo la torre, sustituida por el árbol madroño, pues la descripción que se dice: «Otrosí, al blasón de este Concejo, que lleva *una osa e un madroño* en campo blanco, se sirva Vuestra Majestad otorgar que lleve una corona dentro del escudo, o una orla azul con siete estrellas de ocho rayos, en señal del claro y extendido cielo que cubre esta Villa.» En la petición se alude también a que los grandes servicios que ha prestado el concejo de Madrid y su gente «tanto en la paz como en la guerra», alude claramente a la participación en la reconquista de Andalucía.

Así que no es un oso, sino una osa. Y lo dice nada menos que el Concejo en una petición al Emperador ante las Cortes.

¿Por qué una osa y no un oso? Porque en heráldica las hembras simbolizan la fecundidad y la abundancia. Se simboliza así la abundancia de caza mayor en los montes, y campos que la circundan. El madroño yo es otra cuestión. Desaparece la torre por evitar la confusión con otros escudos, la mayoría de los del reino de Castilla, que llevan una torre o un castillo. En cambio el madroño sirve de «armas parlantes» o sea que su nombre se puede asociar mnemotécnicamente con el nombre de la villa, por comenzar con la sílaba MAD, así MADroño nos recuerda el nombre de MADrid. Esto era muy frecuente en la Edad Media y en el Renacimiento. Por ejemplo en el escudo de «armas menores» del Ayuntamiento de Sevilla, una madeja de hilo, con la sílaba NO delante, y la sílabo DO detrás suena como NOMADEJADO, es decir, «NO me ha dejado» concedido este símbola por Alfonso X *el Sabio* a Sevilla, porque fue la única ciudad que no le dejó, pues las otras le abandonaron para ponerse en el bando de su hijo rebelde Sancho. Acrósticos, enigmas, jeroglíficos, fueron muy del gusto de aquellas gentes que disponían de más tiempo para estas cosas, que nosotros.

A partir de aquella fecha de las Cortes, 1548, Madrid tiene el siguiente escudo: «DE PLATA, CON UN ÁRBOL MADROÑO DE SINOPLE, SUPERADO DE UNA CORONA REAL ANTIGUA, DE ORO, Y UNA OSA AL NATURAL EMPINADA ACOSTADA AL TRONCO. BORDURA DE AZUR CON SIETE ESTRELLAS DE PLATA DE A OCHO RAYOS.»

Lo que traducido del lenguaje heráldico al lenguaje común significa: «Escudo con fondo de plata y pintado sobre él un árbol madroño verde, y por encima de él una corona real antigua de oro, y una osa en su color natural puesta de pie y apoyada en el tronco. Orlado el escudo por una franja azul con siete estrellas de plata cada una de ocho rayos.»

Éste es el escudo auténtico de Madrid, aunque algunas veces, por simplificar su dibujo, se le ponen seis puntas o rayos a las estrellas, y aunque se le suprima la corona antigua que va por encima del madroño.

Todavía puntualizaremos más: el madroño, aunque con apariencia de árbol, si es corpulento no es propiamente un árbol, ya que en Botánica se le clasifica como arbusto, y su nombre no es madroño, sino madroñero, pues el madroño es el fruto pero no la planta.

O sea que en puridad debería decirse de Madrid «la Villa de la osa y el madroñero». Pero como se lleva siglos diciéndolo, y las costumbres hacen leyes, seguiremos llamándole «la Villa del oso y del madroño», cediendo, como tantas otras veces, el rigor histórico y filológico, ante la fuerza irresistible de la tradición y la leyenda.